零基础过经济师考试系列
全国经济专业技术资格考试用书
全新版

克|题|制|胜 1

财政税收专业知识和实务 初级

「精选章节习题集」

环球网校经济师考试研究院 编

全真机考模拟 ◁
以题促学 ◁
考前实战 ◁

立信会计出版社
LIXIN ACCOUNTING PUBLISHING HOUSE

图书在版编目(CIP)数据

财政税收专业知识和实务(初级)精选章节习题集/环球网校经济师考试研究院编. —上海:立信会计出版社,2023.1(2025.8重印)

全国经济专业技术资格考试用书

ISBN 978－7－5429－7188－3

Ⅰ.①财… Ⅱ.①环… Ⅲ.①财政管理-资格考试-习题集②税收管理-资格考试-习题集 Ⅳ.①F81－44

中国版本图书馆 CIP 数据核字(2022)第 250735 号

责任编辑　蔡伟莉
助理编辑　胡蒙娜

财政税收专业知识和实务(初级)精选章节习题集

Caizheng Shuishou Zhuanye Zhishi He Shiwu(Chuji) Jingxuan Zhangjie Xitiji

出版发行	立信会计出版社		
地　　址	上海市中山西路 2230 号	邮政编码	200235
电　　话	(021)64411389	传　　真	(021)64411325
网　　址	www.lixinaph.com	电子邮箱	lixinaph2019@126.com
网上书店	http://lixin.jd.com		http://lxkjcbs.tmall.com
经　　销	各地新华书店		
印　　刷	三河市中晟雅豪印务有限公司		
开　　本	787 毫米×1092 毫米　　1/16		
印　　张	15		
字　　数	328 千字		
版　　次	2023 年 1 月第 1 版		
印　　次	2025 年 8 月第 4 次		
书　　号	ISBN 978－7－5429－7188－3/F		
定　　价	47.00 元		

如有印订差错,请与本社联系调换

环球君带你学『经济师』

初级经济师是国家认可的初级职称,是经济专业技术资格的一种,是国家对多个行业内从事经济相关职业人员从业能力的认可。

初级经济师考试实行机考,总共考核两个科目,即"经济基础知识"和"专业知识与实务"。每个科目的考试时间为1.5小时,两门考试中间有40分钟休息时间。

如果备考经济师是一场战役,那么考前60天一定是决定战役能否胜利的关键节点。考生该如何更好地利用考前60天呢?除了要学习重要的知识点,还要进行刷题训练,通过做题提升学习效率,保持做题的题感。

环球网校经济师考试研究院的老师们对初级经济师考试进行了系统研究分析,结合历年辅导大批考生的经验,编写了本书,期望能够帮助大家顺利通过考试。本书分为三大版块:

第一版块:刷题练习。本部分按照章节顺序呈现习题,旨在让考生能够对每个常考知识点都能以习题形式进行练习。本部分的每道题都是环球网校经济师考试研究院的老师根据考试频率和知识点的考查方向精挑细选出来的,便于考生复习,打好扎实的知识基础。

第二版块:思维导图。本部分以思维导图的形式展现了各章的重点内容,便于考生直观明了、高效快捷地掌握知识体系。

第三版块:全真机考模拟。考生在精做章节练习题、掌握知识脉络后,一定要做成套试卷进行模拟考试。本部分旨在让考生在仿真机考环境中进行模拟练习,进而胸有成竹地参加考试。

在做题过程中,考生应当注意对错题进行整理和分析,从而完善自身的知识体系。建议考生针对每一道错题都问自己以下几个问题:

(1) 这道题考查的知识点是什么?

(2) 与本题考查的知识点相关的内容有哪些?

(3) 我是怎么运用相关知识点解决这道题的问题的?

(4) 这道题的解题过程是什么?

(5) 为什么我做错了这道题?

(6) 这道题还有其他做法吗?

思考上述问题可以帮助考生从知识掌握、能力提升、解题习惯等方面分析错误,有针对性地进行复习,高效备考。

如果考生在做题中遇到了自己研究不明白的题目,可以扫描相关二维码听老师讲解该知识点。本书在每一章最后设置了"学习笔记"栏目,考生可以记录在学习中遇到的难点、雷点,从而准确地找到自己的薄弱点,然后想办法去攻克它。

学习是日积月累、循序渐进的过程,要系统、全面地掌握知识,就要采用有效的方法坚持不懈、持之以恒地学习。希望通过这60天的学习,大家能够养成良好的学习习惯,顺利通过初级经济师考试,为以后的职业发展奠定良好的基础。

环球网校经济师考试研究院

目录

第一章 财政的概念与职能 ………… 1
Day 1 ………………………………… 1
考点：财政产生的经济条件 ………… 1
考点：财政产生的政治条件 ………… 1
考点：市场效率 ……………………… 2
考点：市场失灵 ……………………… 2
考点：政府干预 ……………………… 2
Day 2 ………………………………… 4
考点：公共物品 ……………………… 4
考点：财政的一般特征 ……………… 4
考点：财政概念的一般表述 ………… 5
Day 3 ………………………………… 6
考点：资源配置职能 ………………… 6
考点：收入分配职能 ………………… 6
考点：经济稳定职能 ………………… 7
参考答案及解析 ……………………… 10

第二章 财政支出理论与内容 ……… 15
Day 4 ………………………………… 15
考点：财政支出的概念 ……………… 15
考点：财政支出的范围 ……………… 16
考点：财政支出的公平与效率 ……… 16
考点：财政支出的原则 ……………… 16
Day 5 ………………………………… 18
考点：财政支出的分类 ……………… 18
考点：购买性支出的一般性分析 …… 19
考点：政府消费性支出 ……………… 19

Day 6 ………………………………… 20
考点：财政投资性支出 ……………… 20
考点：社会保障支出 ………………… 20
Day 7 ………………………………… 22
考点：财政补贴支出 ………………… 22
考点：税收支出 ……………………… 23
参考答案及解析 ……………………… 25

第三章 财政收入概述 ……………… 29
Day 8 ………………………………… 29
考点：财政收入的含义 ……………… 29
考点：财政收入的分类 ……………… 29
考点：财政收入规模 ………………… 30
考点：财政收入结构 ………………… 30
Day 9 ………………………………… 32
考点：从发展经济入手、增加财政收入
原则 ………………………………… 32
考点：利益兼顾原则 ………………… 32
考点：合理负担原则 ………………… 32
考点：公平与效率兼顾原则 ………… 32
考点：财政收入效应的含义 ………… 33
考点：财政收入对经济的影响 ……… 33
参考答案及解析 ……………………… 35

第四章 税收基础知识 ……………… 39
Day 10 ………………………………… 39
考点：税收的概念 …………………… 39
考点：税收的特征 …………………… 40

考点：税收的职能 ·················· 40
Day 11 ···························· 42
考点：纳税相关主体 ·················· 42
考点：征税对象 ······················ 42
考点：税率 ·························· 42
Day 12 ···························· 44
考点：减免税 ························ 44
考点：纳税环节 ······················ 44
考点：纳税期限 ······················ 44
考点：税收分类 ······················ 44
Day 13 ···························· 46
考点：税制结构的概念 ················ 46
考点：我国现行税制结构 ·············· 46
考点：深化税制改革 ·················· 46
考点：税收征收管理 ·················· 46
Day 14 ···························· 48
考点：税收征收管理制度 ·············· 48
参考答案及解析 ······················ 51

第五章 货物和劳务税制度 ·············· 57
Day 15 ···························· 57
考点：增值税概述 ···················· 57
考点：增值税的纳税人和扣缴义务人 ···· 58
Day 16 ···························· 60
考点：增值税的征税范围 ·············· 60
考点：增值税的税率与征收率 ·········· 61
Day 17 ···························· 62
考点：增值税应纳税额的计算 ·········· 62
Day 18 ···························· 65
考点：增值税的税收优惠 ·············· 65
考点：增值税的征收管理 ·············· 65
Day 19 ···························· 67
考点：消费税的概念 ·················· 67
考点：消费税的纳税人 ················ 67
考点：消费税的征税范围 ·············· 67

考点：消费税的税率 ·················· 67
Day 20 ···························· 69
考点：消费税应纳税额的计算 ········ 69
考点：消费税的税收优惠 ·············· 70
考点：消费税的征收管理 ·············· 70
Day 21 ···························· 72
考点：关税的税率 ···················· 72
考点：关税的完税价格和应纳税额的计算
 ···································· 72
考点：关税的税收优惠 ················ 73
考点：关税的征收管理 ················ 73
参考答案及解析 ······················ 76

第六章 所得税制度 ···················· 86
Day 22 ···························· 86
考点：企业所得税的纳税人 ············ 86
考点：企业所得税的征税对象 ·········· 87
考点：企业所得税的税率 ·············· 87
考点：企业所得税的计税依据 ·········· 87
Day 23 ···························· 89
考点：企业所得税的收入确认 ·········· 89
Day 24 ···························· 91
考点：企业所得税的税前扣除 ·········· 91
Day 25 ···························· 93
考点：资产的税务处理 ················ 93
考点：企业所得税应纳税额的计算 ···· 93
Day 26 ···························· 95
考点：企业所得税的税收优惠 ·········· 95
考点：企业所得税的征收管理 ·········· 96
Day 27 ···························· 97
考点：个人所得税的征税对象 ·········· 97
考点：个人所得税的税率 ·············· 97
考点：个人所得税的计税依据 ·········· 97
Day 28 ···························· 99
考点：个人所得税应纳税额的计算 ··· 99
考点：个人所得税的税收优惠········· 100

Day 29 ……………………………………… 101	*Day 39* ……………………………………… 146
考点：个人所得税的征收管理……… 101	考点：政府非税收入的分成管理…… 146
参考答案及解析………………………… 104	考点：政府非税收入的收缴管理…… 146
第七章 财产和行为税制度 ……… 114	考点：政府非税收入的票据管理…… 146
Day 30 ……………………………………… 114	考点：政府非税收入的预算管理…… 146
考点：房产税……………………………… 114	考点：政府非税收入的监督检查…… 146
考点：城镇土地使用税………………… 116	考点：政府非税收入的法制建设…… 147
Day 31 ……………………………………… 117	参考答案及解析………………………… 149
考点：土地增值税……………………… 117	**第九章 公债** ……………………………… 153
Day 32 ……………………………………… 119	*Day 40* ……………………………………… 153
考点：契税………………………………… 119	考点：公债的概念……………………… 153
Day 33 ……………………………………… 121	考点：公债的特征……………………… 154
考点：耕地占用税……………………… 121	考点：公债的功能……………………… 154
考点：印花税…………………………… 121	*Day 41* ……………………………………… 155
Day 34 ……………………………………… 123	考点：公债的分类……………………… 155
考点：城市维护建设税………………… 123	考点：公债规模的含义………………… 155
考点：教育费附加和地方教育附加… 124	考点：公债的负担……………………… 155
Day 35 ……………………………………… 125	*Day 42* ……………………………………… 157
考点：车船税…………………………… 125	考点：公债的限度及衡量指标……… 157
考点：车辆购置税……………………… 125	考点：公债的结构……………………… 157
考点：船舶吨税………………………… 126	*Day 43* ……………………………………… 159
Day 36 ……………………………………… 127	考点：公债的发行和推销机构……… 159
考点：环境保护税……………………… 127	考点：公债的发行价格………………… 159
考点：资源税…………………………… 127	考点：公债的发行方式………………… 159
考点：烟叶税…………………………… 128	*Day 44* ……………………………………… 161
参考答案及解析………………………… 130	考点：公债的利率……………………… 161
第八章 政府非税收入 ………………… 141	考点：公债的偿还方式………………… 161
Day 37 ……………………………………… 141	考点：偿债的资金来源………………… 161
考点：政府非税收入的概念与特点… 141	参考答案及解析………………………… 164
考点：政府非税收入的性质与种类… 142	**第十章 政府预算管理** ……………… 170
Day 38 ……………………………………… 144	*Day 45* ……………………………………… 171
考点：公共物品与非税收入的取得… 144	考点：政府预算的概念………………… 171
考点：外部经济与非税收入的取得… 144	考点：政府预算的产生………………… 171
考点：国有产权与非税收入的取得… 144	*Day 46* ……………………………………… 172
考点：分类分级管理政府非税收入… 144	考点：政府预算的基本特征………… 172

· 3 ·

考点：政府预算的期限与组成……172
Day 47 ……174
考点：分类的一般方法……174
考点：分类的主要内容……174
考点：政府预算编制的原则、部门设置与程序……174
Day 48 ……176
考点：政府预算收支测算的基本方法……176
考点：部门预算的编制及管理……176
Day 49 ……178
考点：跨年度预算平衡机制……178
考点：地方债务预算管理……178
考点：总预算的编制……178
考点：政府预算的审查批准……179
Day 50 ……180
考点：政府预算执行的组织体系及其职责……180
Day 51 ……182

考点：政府预算收支的执行……182
Day 52 ……184
考点：政府预算执行中的调整和调剂……184
考点：政府决算草案的编制……184
考点：政府决算草案的审查批准……184
Day 53 ……186
考点：政府预算的绩效管理……186
考点：政府预算违法行为的法律责任……186

参考答案及解析……189

思维导图……199
Day 54 ……199
Day 55 ……206
Day 56 ……213
Day 57 ……220

全真机考模拟……228
Day 58 至 ***Day 60*** ……228

第一章 财政的概念与职能

学习指导

本章为开篇章节，内容相对来说更容易掌握，考试重点也比较突出。本章集中有以下几个考点：财政产生的条件、市场失灵与政府干预、公共物品、财政三大职能。要注意区分财政三大职能的主要内容。本章历年考查分数在 6 分左右。

建议考生学习本章内容时，理解记忆各知识点，熟练掌握重点及常考知识点，打好基础。

日期	考点
Day1	➢财政产生的经济条件 ➢财政产生的政治条件 ➢市场效率 ➢市场失灵 ➢政府干预
Day2	➢公共物品 ➢财政的一般特征 ➢财政概念的一般表述
Day3	➢资源配置职能 ➢收入分配职能 ➢经济稳定职能

▶▶▶ Day 1

▼ **考点**：财政产生的经济条件

1. ［多选］财政产生的经济条件有（　　）。

   A. 生产力的发展　　　　　　　　B. 剩余产品的出现

   C. 私有制的出现　　　　　　　　D. 阶级的出现

   E. 国家的出现

▼ **考点**：财政产生的政治条件

2. ［单选］财政是随着（　　）的产生而产生的。

   A. 资本主义　　　　　　　　　　B. 封建制度

   C. 社会化大生产　　　　　　　　D. 国家

▼ 考点：市场效率

3. [多选] 决定市场规模和容量的要素有（   ）。
  A. 购买者
  B. 生产者
  C. 销售者
  D. 购买力
  E. 购买欲望

4. [单选] 市场效率得以充分实现所依靠的外部条件是（   ）。
  A. 政府的干预
  B. 完全竞争状态
  C. 国家计划的实施
  D. 财政参与分配

5. [单选] 完全竞争市场是指竞争充分而不受任何阻碍和干扰的一种市场结构。这种市场类型应该具备的条件不包括（   ）。
  A. 大量的买者和卖者
  B. 产品同质性
  C. 资源流动性
  D. 信息不完全性

6. [单选] 厂商进入或退出一个行业是完全自由和毫无困难的，这体现的完全竞争市场的条件是（   ）。
  A. 大量生产者和消费者
  B. 产品同质性
  C. 资源流动性
  D. 信息流动性

▼ 考点：市场失灵

7. [单选] 市场经济条件下，解决公共物品供求均衡问题的方式是（   ）。
  A. 市场方式
  B. 协商方式
  C. 非市场方式
  D. 谈判方式

8. [多选] 在市场经济中，市场失灵的表现有（   ）。
  A. 行政干预
  B. 垄断
  C. 外部效应
  D. 经济波动与失衡
  E. 收入与财富分配不公

9. [单选] 在充分尊重市场机制作用的前提下，市场仍然无法有效配置资源和正常发挥作用的现象被称为（   ）。
  A. 政府失灵
  B. 市场失灵
  C. 政府干预
  D. 市场扭曲

▼ 考点：政府干预

10. [单选] 国家为了治理通货膨胀而实行冻结工资，这种政府干预的手段是（   ）。
  A. 经济手段
  B. 法律手段
  C. 市场手段
  D. 行政手段

11. [多选] 政府干预失灵的原因和表现包括（　　）。
    A. 获取信息的有效性
    B. 政府决策失误
    C. 良好的激励机制
    D. 寻租
    E. 政府职能的"越位"和"缺位"

12. [单选] 政府直接包揽或参与本来可以由市场机制办好的事情，如政府变相经营企业。这种属于政府干预失灵的（　　）表现。
    A. 寻租　　　　　　　　　　　　B. 垄断
    C. 越位　　　　　　　　　　　　D. 缺位

✎ 学习笔记

Day 2

考点：公共物品

1. [单选] 兼有公共物品特征与私人物品特征的产品应该称为（　　）。
   A. 公共物品　　　　　　　　　　B. 私人物品
   C. 共同物品　　　　　　　　　　D. 混合物品

2. [多选] 下列各项中具有广泛的外部经济效益，因而具有公共物品的性质的有（　　）。
   A. 国防　　　　　　　　　　　　B. 生态环境保护
   C. 私人住宅　　　　　　　　　　D. 邮政
   E. 电力

3. [多选] 与私人物品相比，公共物品的特征包括（　　）。
   A. 效用的不可分割性　　　　　　B. 受益的排他性
   C. 提供目的的营利性　　　　　　D. 取得方式的非竞争性
   E. 产品的公有制性质

4. [单选] 政府提供公共物品的目的是（　　）。
   A. 经济利益的最大化　　　　　　B. 社会效益的最大化
   C. 公司福利的最大化　　　　　　D. 企业效益的最大化

5. [单选] 某个人或集团对公共物品的消费，并不影响或者妨碍其他个人或者集团同时消费该公共物品，也不会影响其他个人或集团消费该公共物品的数量和质量，这是公共物品具有的（　　）特征。
   A. 效用的不可分割性　　　　　　B. 受益的非排他性
   C. 取得方式的非竞争性　　　　　D. 提供目的的非营利性

6. [多选] 在公共物品所具有的特征中，占据核心地位的有（　　）。
   A. 效用的不可分割性　　　　　　B. 受益的非排他性
   C. 取得方式的非竞争性　　　　　D. 提供目的的非营利性
   E. 外部效应

7. [单选] 某个人或集团对公共物品的享用，不排斥和妨碍其他个人或集团同时享用，消费者的增加不引起生产成本的增长，即增加一个消费者，边际成本等于0。这体现的是公共物品的（　　）特征。
   A. 效用的不可分割性　　　　　　B. 受益的非排他性
   C. 取得方式的非竞争性　　　　　D. 提供目的的非营利性

考点：财政的一般特征

8. [单选] 财政分配的主体是（　　）。
   A. 国家　　　　　　　　　　　　B. 企业
   C. 居民　　　　　　　　　　　　D. 社会团体

9. [多选] 下列关于财政一般特征的说法，正确的有（　　）。
   A. 国家是财政分配活动的组织者
   B. 财政分配的主动权在国家

C. 国家是财政分配的执行者
D. 财政资金的使用方向取决于国家意志
E. 财政分配具有社会性和分散性

10. [单选] 财政分配的对象是（　　）。
    A. 全部社会产品　　　　　　　　B. 全部剩余产品
    C. 全部国民收入　　　　　　　　D. 剩余产品的一部分

11. [单选] 在财政分配中居主导地位的是（　　）。
    A. 国有企业　　　　　　　　　　B. 居民
    C. 国家　　　　　　　　　　　　D. 公民

▼ 考点：财政概念的一般表述

12. [单选] 财政是国家为了满足社会公共需要，对一部分社会财富进行的集中性分配，即（　　）。
    A. 国家分配　　　　　　　　　　B. 社会分配
    C. 企业分配　　　　　　　　　　D. 个人分配

✏ 学习笔记

Day 3

▼ **考点**：资源配置职能

1. [多选] 下列属于资源配置职能的主要内容的有（　　）。
   A. 调节资源在政府部门和非政府部门之间的配置
   B. 调节资源在地区之间的配置
   C. 优化支出结构，保障一般支出，压缩重点支出
   D. 合理安排财政投资的规模和结构
   E. 创新财政资源配置方式

2. [单选] 在市场经济条件下，对资源配置起基础性作用的是（　　）。
   A. 国家　　　　　　　　　　　B. 计划
   C. 财政　　　　　　　　　　　D. 市场

3. [单选] 下列关于资源配置职能手段的说法，不正确的是（　　）。
   A. 增加对资源的直接配置，大力提倡采取政府和社会资本合作模式
   B. 优化支出结构，保证重点支出，压缩一般支出，改善资源配置的结构和提高资源配置的效率
   C. 政府部门支配使用的资源与其承担的责任相适应
   D. 财政投资要坚持退出竞争性领域

▼ **考点**：收入分配职能

4. [单选] 财政调节不同经济主体的收入水平，主要体现其（　　）职能。
   A. 资源配置
   B. 收入分配
   C. 经济稳定
   D. 监督管理

5. [多选] 财政收入分配职能的目标是实现（　　）。
   A. 税负公平　　　　　　　　　B. 地区公平
   C. 经济公平　　　　　　　　　D. 社会公平
   E. 个人公平

6. [多选] 下列属于财政分配职能的机制和手段的有（　　）。
   A. 划清市场分配和财政分配的界限与范围
   B. 合理安排财政投资的规模和结构
   C. 规范工资制度
   D. 加强税收的调节作用
   E. 转移支付

7. [多选] 以下各项中，可以调节个人财产分配的有（　　）。
   A. 征收个人所得税　　　　　　B. 征收遗产税
   C. 征收赠与税　　　　　　　　D. 征收增值税
   E. 征收资源税

8. [多选] 一般财政不宜直接介入，而应通过再分配进行间接调节的有（　　）。
   A. 财产收入
   B. 医疗卫生
   C. 社会福利
   D. 股息收入
   E. 租金收入

▽ **考点**：经济稳定职能

9. [单选] 充分就业中的"充分"是指（　　）。
   A. 就业人口全部就业
   B. 国有或集体经济中的就业率达到了社会认可的水平
   C. 就业率达到了某一社会认可的比率
   D. 全社会没有失业者

10. [多选] 经济稳定的含义包括（　　）。
    A. 充分就业
    B. 个人收入稳定
    C. 物价稳定
    D. 国际收支出现较大的顺差
    E. 银行利率的稳定

11. [单选] 下列关于经济稳定与经济增长的说法，错误的是（　　）。
    A. 经济稳定和经济增长是相辅相成的
    B. 经济稳定是一种静态稳定
    C. 经济稳定包含经济增长的内容
    D. 经济稳定是指保持经济的持续、稳定、协调发展

12. [单选] 政府要保持宏观经济的稳定，关键是（　　）。
    A. 保持国际收支平衡
    B. 保证商品的供应量
    C. 保证总供给与总需求的平衡
    D. 保证货币供应量

13. [单选] 在财政支出方面，发挥"内在稳定器"作用的主要是（　　）。
    A. 预算调节　　　　　　　　B. 增加投资
    C. 偿还国债　　　　　　　　D. 社会保障

14. [单选] 当社会总需求大于社会总供给时，财政预算应该采取的政策是（　　）。
    A. 收支平衡政策
    B. 赤字政策
    C. 结余政策
    D. 积极财政政策

15. [单选] 下列不属于经济稳定职能主要内容的是（   ）。

    A. 通过财政预算进行调节

    B. 通过制度性安排，发挥财政"内在稳定器"的作用

    C. 通过购买性支出进行调节

    D. 通过财政投资、财政补贴和税收等多方面的安排进行调节

本章学习检查表

知识点名称	初次学习		第一次复习		第二次复习	
	做对题目数/总题目数	学习日期	做对题目数/总题目数	复习日期	做对题目数/总题目数	复习日期
财政产生的经济条件						
财政产生的政治条件						
市场效率						
市场失灵						
政府干预						
公共物品						
财政的一般特征						
财政概念的一般表述						
资源配置职能						
收入分配职能						
经济稳定职能						

填写建议：

"做对题目数/总题目数"记录自己各知识点做题的情况，比如，某知识点总题目数10题，自己做对了其中7题，记录为7/10。

"学习日期"和"复习日期"记录自己学习和复习各知识点的日期。

备忘录

参考答案及解析

Day 1

1. **AB** [解析] 生产力的发展、剩余产品的出现，是财政产生的物质基础，是财政产生的经济条件。

2. **D** [解析] 私有制、阶级和国家的出现是财政产生的政治条件，财政是随着国家的产生而产生的。

> **●考点再现**
>
> Q_{1-2} 财政产生的条件。
>
> （1）生产力的发展、剩余产品的出现，是财政产生的物质基础，是财政产生的经济条件；财政是社会生产力和生产关系发展到一定历史阶段，伴随着国家的产生而产生的。
>
> （2）私有制、阶级和国家的出现，是财政产生的政治条件，财政是随着国家的产生而产生的。
>
> 财政既是一个经济范畴，又是一个历史范畴。

3. **ADE** [解析] 决定市场规模和容量的要素有购买者、购买力、购买欲望。

4. **B** [解析] 市场效率是指市场在完全竞争状态下所达到的帕累托最优效率，因此，市场效率得以充分实现所依靠的外部条件是完全竞争状态。

5. **D** [解析] 完全竞争市场应具备的条件包括：①大量生产者（卖者）和消费者（买者）；②产品同质性；③资源流动性；④信息完全性。

6. **C** [解析] 资源流动性意味着厂商进入或退出一个行业是完全自由和毫无困难的。

> **●考点再现**
>
> Q_{5-6} 完全竞争市场的条件。
>
> （1）大量生产者和消费者。市场上有众多的生产者和消费者，任何一个生产者和消费者都不能影响市场价格。
>
> （2）产品同质性。市场上有许多企业，每个企业生产的某种产品不仅是同质的产品，而且在质量、性能、外形包装等方面也无差别。
>
> （3）资源流动性。资源流动性意味着厂商进入或退出一个行业是完全自由和毫无困难的。
>
> （4）信息完全性。市场上的每一个生产者和消费者都掌握着与自己的经济决策有关的一切信息，因此，他们都可以根据自己掌握的完全信息，做出对自己最优的经济决策，从而获得最大的经济效益。

7. **C** [解析] 市场失灵具体体现在公共物品、垄断、外部效应、非对称信息、收入与财富分配不公和经济波动与失衡方面。从市场失灵的表现来看，我们在理论上承认市场经济有效性的同时，也必须看到市场缺陷的存在：市场经济不具备调配全部社会经济活动的能力，即在某些领域市场资源配置无法达到资源的最佳配置状态的，我们就必须寻求非市场的解决办法，由政府对资源配置进行干预，克服和矫正市场失灵的问题。

8. **BCDE** [解析] 市场失灵的表现包括：①公共物品；②外部效应；③垄断；④非对称信

息；⑤收入与财富分配不公；⑥经济波动与失衡。

9. B [解析] 市场失灵是指在充分尊重市场机制作用的前提下，市场仍然无法有效配置资源和正常发挥作用的现象。

10. D [解析] 行政手段指政府依靠公共权力，通过行政命令，对企业和个人的经济行为进行鼓励、限制或者禁止，以此来调节和管理经济的手段。例如，为了治理通货膨胀实行冻结工资等措施；在战争或出现重大自然灾害时征用企业、个人财产物资。

11. BDE [解析] 政府干预失灵的原因和表现包括：①获取信息的有限性；②政府决策失误；③时滞性问题；④寻租；⑤缺乏激励机制；⑥政府职能的"越位"和"缺位"。

12. C [解析] 政府的越位是指政府直接包揽或参与本来可以由市场机制办好的事情，比如，政府变相经营企业，使企业长期处于政府的管束和庇护之下，无法成为自主经营、自负盈亏的法人。

Day 2

1. D [解析] 兼有公共物品特征与私人物品特征的，或不完全的私人物品和不完全的公共物品特征的，称为混合物品。

2. ABDE [解析] 外部效应指在实际经济活动中，生产者或者消费者的活动对其他生产者或消费者带来的非市场性影响。这种影响可能是有益的，也可能是有害的。有益的影响被称为外部效益。A、B、D、E四项具有广泛的外部效益，具有公共物品的性质。C项，私人住宅具有竞争性和排他性，属于私人物品，不具有公共物品的性质。

3. AD [解析] 公共物品的特征包括效用的不可分割性、受益的非排他性、取得方式的非竞争性、提供目的的非营利性。

4. B [解析] 政府提供公共物品不以营利为目的，而是追求社会效益和社会福利的最大化。

5. B [解析] 受益的非排他性是指某个人或集团对公共物品的消费，并不影响或者妨碍其他个人或者集团同时消费该公共物品，也不会影响其他个人或集团消费该公共物品的数量和质量。例如，航海中的灯塔。

6. BC [解析] 公共物品的核心特征是受益的非排他性和取得方式的非竞争性，而效用的不可分割性与提供目的的非营利性是非排他性和非竞争性的自然延伸。

7. C [解析] 取得方式的非竞争性是指某个人或集团对公共物品的享用，不排斥和妨碍其他个人或集团同时享用，消费者的增加不引起生产成本的增加，即增加一个消费者，其边际成本等于0。

● 考点再现

Q_{3-7} 公共物品的特征如表1-1所示。

表1-1 公共物品的特征

特征	含义
效用的不可分割性	公共物品是向整个社会提供的，具有共同受益与消费的特点，其效用为整个社会成员所共同享有，不能将其分割为若干部分，分别归个人或者集团享用。例如，"国防"

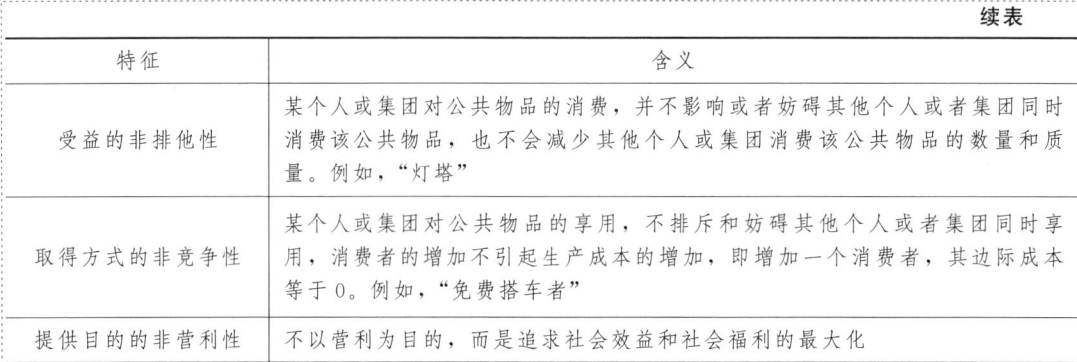

续表

特征	含义
受益的非排他性	某个人或集团对公共物品的消费，并不影响或者妨碍其他个人或者集团同时消费该公共物品，也不会减少其他个人或集团消费公共物品的数量和质量。例如，"灯塔"
取得方式的非竞争性	某个人或集团对公共物品的享用，不排斥和妨碍其他个人或者集团同时享用，消费者的增加不引起生产成本的增加，即增加一个消费者，其边际成本等于0。例如，"免费搭车者"
提供目的的非营利性	不以营利为目的，而是追求社会效益和社会福利的最大化

8. A ［解析］财政的一般特征为：①财政分配的主体是国家；②财政分配的对象是社会产品；③财政分配的目的是满足国家实现其职能的需要。

9. ABCD ［解析］财政分配具有社会性和集中性，E项错误。

10. D ［解析］从财政分配的实际内容来考察，财政分配的对象是社会产品，主要是剩余产品，但不是剩余产品的全部，只是剩余产品的一部分。

11. C ［解析］国家是财政分配活动的决定者、组织者和执行者，在财政分配中处于主动的、支配的地位。

12. A ［解析］财政是国家为了满足社会公共需要，对一部分社会财富进行的集中性分配，即国家分配。

Day 3

1. ABDE ［解析］资源配置职能的主要内容包括：①调节资源在政府部门和非政府部门之间的配置；②调节资源在地区之间的配置；③优化支出结构，保证重点支出，压缩一般支出，改善资源配置的结构和提高资源配置的效率；④合理安排财政投资的规模和结构；⑤创新财政资源配置方式。

2. D ［解析］在不同的经济体制下，资源配置的方式是不同的。在传统的计划经济体制下，计划配置在整个社会经济中起着主导作用；在市场经济体制下，起主导作用的是市场配置。从总体上来说，市场配置是有效率的。

3. A ［解析］创新财政资源配置方式，应该大幅度减少对资源的直接配置，大力提倡采取政府和社会资本合作模式，引导民间资本投资，同时对每项生产性投资的确定和考核都要进行成本效益分析，降低成本，提高质量，增进效益。A项错误。

4. B ［解析］财政的收入分配职能主要是通过调节企业利润水平和居民的个人收入水平来实现的。而企业和居民就是不同的经济主体。

5. CD ［解析］收入分配的目标是实现公平分配。一般来说，公平包括经济公平和社会公平两个层次。

6. ACDE ［解析］财政分配职能的机制和手段有：①划清市场分配和财政分配的界限与范围；②规范工资制度；③加强税收的调节作用；④转移支付。B项属于资源配置职能的主要内容。

7. BC ［解析］税收是调节收入分配的主要手段：①国家通过间接税调节各类商品的相对价

格,从而调节各经济主体的要素分配;②国家通过企业所得税调节公司的利润水平;③国家通过个人所得税调节个人的劳动收入和非劳动收入,使之维持合理的差距;④国家通过资源税调节由于资源条件和地理条件而形成的级差收入;⑤国家通过遗产税、赠与税调节个人财产分配。

8. ADE [解析] 财产收入、股息收入、租金收入,甚至作为法人经济主体的企业的工资收入,一般财政不宜直接介入,而应通过再分配进行间接调节,而医疗卫生、社会福利、社会保障等领域,则应改变过去"企业办社会"的陈规,而应由国家财政集中举办,实现社会化。

● 考点再现

Q_{6-8} 财政分配职能的机制与手段如表1-2所示。

表1-2 财政分配职能的机制与手段

财政分配职能的机制与手段	主要内容
划清市场分配和财政分配的界限与范围	(1) 财政不宜直接介入:财产收入、股息收入、租金收入、作为法人经济主体的企业的工资收入 (2) 财政集中举办:医疗卫生、社会福利、社会保障
规范工资制度	指由国家财政拨款支付工资的政府机关公务员的工资制度和视同政府机关的事业单位职工的工资制度
加强税收的调节作用	(1) 间接税调节各类商品的相对价格,调节各经济主体的要素分配 (2) 企业所得税调节公司的利润水平 (3) 个人所得税调节个人的劳动收入和非劳动收入,使之维持合理的差距 (4) 资源税调节由于资源条件和地理条件而形成的级差收入 (5) 遗产税、赠与税调节个人财产分配
转移性支出	社会保障支出、救济金、补贴

9. C [解析] 充分就业并不意味着就业人口全部都就业了,而是指就业率(已就业人口占全部劳动年龄人口的比率)达到了某一社会认可的比率,如95%、97%等。

10. AC [解析] 经济稳定通常是指充分就业、物价稳定和国际收支平衡。

11. B [解析] 经济稳定是在经济适度增长中的稳定,即动态稳定,而不是静态稳定。B项错误。因此,经济稳定包含经济增长的内容,就是指要保持经济的持续、稳定、协调的发展。

12. C [解析] 要实现经济的稳定增长,关键是要实现社会总供给与社会总需求的平衡,包括总量平衡和结构平衡。

13. D [解析] 财政利用"内在稳定器"调节的主要手段表现在:①在收入方面,主要是实行累进所得税制;②在财政支出方面,主要体现在转移性支出(社会保障、财政补贴、税收支出等)的安排上(D项正确)。

14. C [解析] 通过财政预算进行调节所采取的政策包括:①社会总需求大于社会总供给时,实行国家预算收入大于支出的结余政策进行调节;②社会总供给大于社会总需求时,实行国家预算支出大于收入的赤字政策进行调节;③社会总供求平衡时,国家预算应该实行收支平衡的中性政策。

15. C [解析] 经济稳定职能的主要内容包括：①通过财政预算进行调节；②通过制度性安排，发挥财政"内在稳定器"的作用；③通过财政投资、财政补贴和税收等多方面的安排进行调节；④通过转移性支出进行调节。

● 考点再现

Q_{12-15} 经济稳定职能的主要内容。

要实现经济的稳定增长，关键是做到社会总供给与总需求的平衡，包括总量平衡和结构平衡。财政在调节社会供求总量方面的作用主要表现在以下方面。

(1) 通过财政预算进行调节。

财政利用预算调节社会供求的主要手段是通过作为财政收支计划的国家预算来进行的，调整国家预算收支之间的关系，就可以起到调节社会供求总量的作用。通常有三种情况：①当社会总需求大于社会总供给时，实行国家预算收入大于支出的结余政策；②当社会总供给大于社会总需求时，实行国家预算支出大于收入的赤字政策；③当社会供求总量平衡时，实行收支平衡的中性政策。

(2) 通过制度性安排，发挥财政"内在稳定器"的作用。

财政利用"内在稳定器"调节的主要手段，表现为财政收入和支出两方面的制度：①在财政收入方面，主要是实行累进所得税制；②在财政支出方面，主要体现在转移性支出（社会保障、财政补贴、税收支出等）的安排上，其效应正好同税收相配合。

(3) 通过财政投资、财政补贴和税收等多方面的安排进行调节。

国家通过财政、税收等的安排，加快农业、能源、交通运输、邮电通信等的发展，消除经济增长中的"瓶颈"，并支持第三产业的兴起，加快产业结构调整，保障国民经济稳定与高速发展。

(4) 通过转移性支出进行调节。

财政首先应切实保证民生性的社会公共需要。避免某些发展中国家曾出现的"有增长而无发展"或"没有发展的增长"的现象。

本章强化测试

第二章 财政支出理论与内容

> **学习指导**

本章是比较重要的一章,所涉知识点内容虽多但比较简单,考试的重点也比较突出。常考的知识点有:财政支出的分类、财政支出的原则、购买性支出的一般性分析和转移性支出(社会保障支出、财政补贴支出、税收支出)。本章历年考查分数在14分左右。

建议考生在学习本章的内容时,要将前后节内容联系起来,抓住重点题目,注意细节内容。

日期	考点
Day4	➢财政支出的概念 ➢财政支出的范围 ➢财政支出的公平与效率 ➢财政支出的原则
Day5	➢财政支出的分类 ➢购买性支出的一般性分析 ➢政府消费性支出
Day6	➢财政投资性支出 ➢社会保障支出
Day7	➢财政补贴支出 ➢税收支出

▶▶▶ Day 4

▼ **考点**:财政支出的概念

1. [单选] 我国的财政年度是指(　　)。
   A. 公历的1月1日至12月31日
   B. 当年的10月1日至次年9月30日
   C. 当年的3月1日至次年的3月31日
   D. 当年的8月1日至次年的7月31日

2. [单选] 财政支出的内容是由(　　)确定的。
   A. 经济发展速度   B. 国内生产总值
   C. 法律、法规   D. 财政收入内容

▼ 考点：财政支出的范围

3. [多选] 我国财政支出的范围包括（   ）。
   A. 维持国家机器正常运转的必要费用
   B. 满足社会事业发展的保障费用
   C. 建设公共基础设施的费用
   D. 维持社会公平的支持费用
   E. 企业的债务支出

4. [多选] 就保障对象的社会属性来看，财政支出的对象包括（   ）。
   A. 公共物品   B. 纯公共物品
   C. 私人物品   D. 混合物品
   E. 准公共物品

5. [单选] 维护社会公平的支持费用不包括（   ）。
   A. 社会保障支出
   B. 财政补贴支出
   C. 社会福利支出
   D. 公共经费支出

▼ 考点：财政支出的公平与效率

6. [单选] 下列关于公平与效率关系的说法，错误的是（   ）。
   A. 公平是提高效率的前提
   B. 效率是公平的基础
   C. 既要反对平均主义，又要防止收入分配过于悬殊
   D. 初次分配注重公平，再分配注重效率

7. [单选] 经济学中的公平是指（   ）。
   A. 社会收入分配公平
   B. 社会生产收益公平
   C. 经济商品交易公平
   D. 交易方式选择公平

▼ 考点：财政支出的原则

8. [多选] 在我国的财政支出中必须坚持的原则有（   ）。
   A. 年度财政支出等于财政收入的原则
   B. 量入为出、收支结合原则
   C. 统筹兼顾、全面安排原则
   D. 厉行节约、讲求效益原则
   E. 量出为入原则

9. [单选] 财政在安排政府消费性支出时，首先应该安排的是（   ）。
   A. 政府消费资料的最低需要量
   B. 生产性基本建设支出

C. 增加国家的物资储备

D. 公共基础设施的投资

10. [单选] 在安排财政支出时,应按照科学的支出顺序安排财政资金的使用,相应的支出原则是( )。

A. 量出为入原则

B. 量入为出、收支结合原则

C. 统筹兼顾、全面安排原则

D. 厉行节约、讲求效益原则

11. [单选] 从社会角度来讲,节约财政资金、提高资金使用效率的关键是( )。

A. 合理地使用人力、物力和财力

B. 建立健全全方位的民主监督体系

C. 严把财政预算关

D. 财政部门做好本职工作

✎ 学习笔记

Day 5

▽ **考点**：财政支出的分类

1. [单选] 将财政支出按（　　）分类，可以全面反映财政资金的安排和使用，有利于各级预算的编制和执行，可以更好地对各项财政支出进行管理和监督。
   A. 具体用途
   B. 政府级次
   C. 政府职能
   D. 财政在社会再生产中的作用

2. [多选] 按政府的级次对财政支出进行分类，下列属于中央财政支出的有（　　）。
   A. 一般公共服务　　　　　　　　B. 转移性支出
   C. 外交支出　　　　　　　　　　D. 国防支出
   E. 补偿性支出

3. [多选] 下列支出项目中，属于积累性支出的有（　　）。
   A. 基本建设支出
   B. 生产性支农支出
   C. 企业挖潜改造支出
   D. 国防支出
   E. 国家物资储备支出

4. [单选] 财政支出中的抚恤和社会福利救济费属于（　　）。
   A. 补偿性支出　　　　　　　　　B. 消费性支出
   C. 积累性支出　　　　　　　　　D. 购买性支出

5. [多选] 按财政支出在社会再生产中的作用分类，可以将财政支出分为（　　）。
   A. 补偿性支出　　　　　　　　　B. 消费性支出
   C. 转移性支出　　　　　　　　　D. 购买性支出
   E. 积累性支出

6. [单选] 在财政支出中，不反映政府部门占用社会经济资源的要求的是（　　）。
   A. 积累性支出　　　　　　　　　B. 补偿性支出
   C. 转移性支出　　　　　　　　　D. 购买性支出

7. [单选] 按照财政支出的经济性质分类，下列属于转移性支出的是（　　）。
   A. 政府各部门的人员经费支出
   B. 各种事业的经费支出
   C. 政府部门的投资拨款支出
   D. 公债利息支出

8. [多选] 下列支出项目中，属于购买性支出的有（　　）。
   A. 行政管理费支出　　　　　　　B. 财政投资性支出
   C. 社会保障支出　　　　　　　　D. 国防支出
   E. 财政补贴支出

▼ **考点**：购买性支出的一般性分析

9. [多选] 下列关于政府消费性支出的说法，正确的有（　　）。
   A. 政府消费性支出是经济运行的结果
   B. 政府消费性支出是社会总需求的有机组成部分
   C. 政府消费性支出具有刺激民间消费的作用
   D. 政府消费性支出规模缩小，会使社会购买力提高
   E. 政府消费性支出受价格波动的影响比个人消费小

10. [单选] 我国当前经济增长中人力资本要素和资源消耗的作用仍十分明显，在这种条件下，（　　）的不断增长就非常重要，它对经济发展具有强有力的促进作用。
    A. 政府消费性支出　　　　　　　　B. 政府投资性支出
    C. 行政管理费支出　　　　　　　　D. 文教科学卫生支出

▼ **考点**：政府消费性支出

11. [单选] 世界各国行政管理支出规模变化的一般规律是（　　）。
    A. 行政管理支出绝对数增长，在财政支出总额中的比重也增长
    B. 行政管理支出绝对数增长，在财政支出总额中的比重却呈下降趋势
    C. 行政管理支出绝对数减少，在财政支出总额中的比重也减少
    D. 行政管理支出绝对数和在财政支出总额中的比重都呈增长趋势

12. [多选] 下列各项中，属于按财政支出用途划分的行政管理支出有（　　）。
    A. 经常性支出　　　　　　　　　　B. 专项支出
    C. 人员经费　　　　　　　　　　　D. 公用经费
    E. 行政支出

13. [多选] 下列各项中，属于中国的国防支出组成部分的有（　　）。
    A. 人员生活费　　　　　　　　　　B. 训练维持费
    C. 工资、津贴　　　　　　　　　　D. 装备费
    E. 人员经费

14. [单选] 下列关于医疗卫生支出的说法中，不正确的是（　　）。
    A. 国家不能干预私人医疗市场
    B. 政府也不是包揽所有医疗卫生市场，而是选择加入政府应当加入的主要方面
    C. 政府可以加入提供医疗卫生领域的纯公共物品和部分准公共物品
    D. 政府可以弥补由信息不对称造成的市场缺陷，使医疗保险兼顾效率和公平

✎ **学习笔记**

Day 6

▽ **考点**：财政投资性支出

1. [多选] 政府投资的特点包括（　　）。
   A. 资金来源大部分是无偿的
   B. 投资项目必须有较高的盈利水平
   C. 注重社会效益
   D. 可以投资长期项目
   E. 主要投资社会基础设施

2. [多选] 下列关于财政投融资的说法，正确的有（　　）。
   A. 财政投融资的政策性很强
   B. 财政投融资完全脱离市场
   C. 财政投融资往往通过政策性银行运作
   D. 财政投融资通过多种渠道获得资金
   E. 财政投融资是基础产业部门发展的重要政策工具

3. [单选] 政策性银行资本金的主要组成部分是（　　）。
   A. 政府预算投资　　　　　　　　B. 居民储蓄
   C. 商业银行存款　　　　　　　　D. 中央银行吸纳的存款准备金

4. [单选] 建立财政投融资制度，较为成功的做法是（　　）。
   A. 发展政策性银行
   B. 改造商业银行
   C. 由中央银行代理业务
   D. 直接吸收居民存款

5. [多选] 下列属于财政支农资金范围的有（　　）。
   A. 农业基本建设支出　　　　　　B. 农业综合开发支出
   C. 支援农业生产支出　　　　　　D. 乡镇企业投资
   E. 农林部门的事业费支出

6. [单选]（　　）是指财政向银行增拨信贷资金，作为银行自有资金来源，而后由银行向农村发放贷款的支农方式。
   A. 价格支援　　　　　　　　　　B. 信贷支援
   C. 税收优惠　　　　　　　　　　D. 预算外资金

▽ **考点**：社会保障支出

7. [单选] 在社会保障的主要内容中，（　　）是基础的、最低层次的社会保障。
   A. 社会保险　　　　　　　　　　B. 社会救助
   C. 社会福利　　　　　　　　　　D. 社会优抚

8. [单选]（　　）逐渐成为发达国家居首位的支出。
   A. 社会保障支出　　　　　　　　B. 军事建设支出
   C. 科研支出　　　　　　　　　　D. 财政支农支出

9. [单选] 凯恩斯认为，（　　）是宏观经济调控的内在稳定器。
   A. 财政投资性支出   B. 购买性支出
   C. 社会保障支出   D. 财政补贴支出

10. [单选] 现代社会保障制度的核心内容是（　　）。
    A. 社会保险   B. 社会救助
    C. 社会福利   D. 社会优抚

11. [多选] 社保资金来源主要有（　　）。
    A. 住房公积金   B. 用人单位缴纳的社保费
    C. 职工缴纳的社保费   D. 彩票公益金
    E. 财政支出

12. [单选] 失业保险应采用的筹资模式是（　　）。
    A. 现收现付制   B. 部分基金制
    C. 完全基金制   D. 预算拨付制

13. [单选] 英国实行的社会保障资金的管理模式是（　　）。
    A. 高度集中的管理模式   B. 分散管理模式
    C. 统分结合的管理模式   D. 市场调节的管理模式

14. [单选] 下列各项中，不属于我国社会养老保险制度类型的是（　　）。
    A. 城镇企业职工基本养老保险   B. 城乡居民基本养老保险
    C. 机关事业单位工作人员养老保险   D. 商业养老保险

15. [单选] 下列关于我国社会保险项目的说法中，不正确的是（　　）。
    A. 工伤保险基金的筹资主要来自财政补贴
    B. 2016年我国明确提出将生育保险和基本医疗保险合并实施
    C. 城镇职工医疗保险实行社会统筹和个人账户相结合的方式
    D. 我国企业职工养老保险模式是社会统筹与个人账户相结合的方式

16. [单选] 下列关于社会保险支出的说法中，不正确的是（　　）。
    A. 社会保险采取部分基金制运作方式
    B. 社会保险基金体现在一般公共预算中
    C. 社会保险支出是我国社会保障支出的主体
    D. 我国社会保险基金保持了迅速增长的趋势

✎ 学习笔记

Day 7

考点： 财政补贴支出

1. ［单选］下列关于财政补贴的说法，错误的是（　　）。
   A. 财政补贴的主体是企业和居民
   B. 财政补贴是无偿的
   C. 补贴的目的是贯彻一定的政策
   D. 补贴是一种社会财富的再分配

2. ［单选］财政补贴与社会保障支出的区别主要体现在（　　）。
   A. 对象不同
   B. 主体不同
   C. 目的不同
   D. 与相对价格体系的关系不同

3. ［单选］财政企业亏损补贴的对象是（　　）。
   A. 商品
   B. 企业
   C. 居民
   D. 银行

4. ［多选］按照经济性质确定的财政补贴包括（　　）。
   A. 价格补贴
   B. 财政贴息
   C. 企业亏损补贴
   D. 中央财政补贴
   E. 生产补贴

5. ［多选］按财政补贴的环节分类，生产环节的财政补贴有（　　）。
   A. 农用生产资料价格补贴
   B. 粮、棉、油价差补贴
   C. 工业生产企业亏损补贴
   D. 民用煤销售价差补贴
   E. 粮、棉、油加价款补贴

6. ［多选］我国财政补贴以（　　）为主要项目。
   A. 价格补贴
   B. 企业亏损补贴
   C. 利息补贴
   D. 居民生活补贴
   E. 财政贴息

7. ［单选］下列各项中，不属于财政补贴积极效应的是（　　）。
   A. 有效贯彻国家的经济政策
   B. 消除"排挤效应"
   C. 社会经济的稳定效应
   D. 扭曲了价格体系和合理的消费结构

▼ **考点**：税收支出

8. [多选] 税收支出作为一种特殊的财政政策形式，其特点有（   ）。
   A. 法制性	B. 宏观性
   C. 专项性	D. 独立性
   E. 完整性

9. [单选] 在税收优惠中，准予纳税人把一些合乎规定的特殊支出，以一定的比例或全部从应纳税所得中扣除，以减轻其税负的是（   ）。
   A. 盈亏相抵	B. 纳税扣除
   C. 税收抵免	D. 税收豁免

10. [多选] 税收支出的形式有（   ）。
   A. 盈亏相抵	B. 加速折旧
   C. 抵扣进项税额	D. 税收抵免
   E. 优惠税率

11. [单选] 关于税收支出的具体形式的说法，错误的是（   ）。
   A. 税收豁免是对纳税人的某些应税项目不予征税
   B. 纳税扣除是把合乎规定的特殊支出从其应纳税额中扣除
   C. 优惠税率是对合乎规定的纳税人采取较低的税率征税
   D. 延期纳税是税款延期缴纳

12. [单选] 下列税收支出的形式中，对于纳税人来讲，具有获得一笔无息贷款效应的是（   ）。
   A. 税收豁免	B. 纳税扣除
   C. 优惠税率	D. 加速折旧

✏️ 学习笔记

本章学习检查表

知识点名称	初次学习		第一次复习		第二次复习	
	做对题目数/总题目数	学习日期	做对题目数/总题目数	复习日期	做对题目数/总题目数	复习日期
财政支出的概念						
财政支出的范围						
财政支出的公平与效率						
财政支出的原则						
财政支出的分类						
购买性支出的一般性分析						
政府消费性支出						
财政投资性支出						
社会保障支出						
财政补贴支出						
税收支出						

填写建议：

"做对题目数/总题目数"记录自己各知识点做题的情况，比如，某知识点总题目数10题，自己做对了其中7题，记录为7/10。

"学习日期"和"复习日期"记录自己学习和复习各知识点的日期。

备忘录

参考答案及解析

Day 4

1. A [解析] 我国的财政年度采用自然年度,即从当年1月1日起至12月31日止。
2. C [解析] 财政支出的内容是由法律、法规确定的。
3. ABCD [解析] 财政支出范围包括:①维持国家机器正常运转的必要费用;②满足社会事业发展的保障费用;③建设公共基础设施的费用;④维持社会公平的支持费用。
4. BD [解析] 就保障对象的社会属性来看,只有纯公共物品和混合物品才可以被列为财政支出对象。
5. D [解析] 维持社会公平的支持费用包括社会保障支出、财政补贴支出、抚恤与救济支出和社会福利支出等。
6. D [解析] 初次分配注重效率,利用市场机制,鼓励一部分人通过诚实劳动、合法经营先富起来;再分配注重公平,要加强政府对收入分配的调节职能,调节收入差距过大的状况。
7. A [解析] 经济学中的公平是指社会收入分配公平。社会收入分配公平又包括两层含义:机会公平和结果公平。
8. BCD [解析] 我国财政支出中必须坚持的原则包括:①量入为出、收支结合原则;②统筹兼顾、全面安排原则;③厉行节约、讲求效益原则。
9. A [解析] 科学的财政支出顺序是先维持后发展。财政支出要保证政府以前年度的消费水平。为保证政府以前年度的消费水平不降低,财政安排政府消费性支出时应按以下顺序进行:①要满足消费资料的最低需要量;②要保证非生产性基本建设支出的最低需要量。
10. C [解析] 贯彻统筹兼顾、全面安排原则,应从以下三方面入手:①安排财政支出时要做到统筹兼顾与重点突出相结合;②应按科学的财政支出顺序来安排财政资金的使用;③安排财政支出时应引入国际上先进的预算编制技术手段。
11. B [解析] 从社会角度来讲,节约财政资金、提高资金使用效率的关键是建立健全全方位的民主监督体系。

Day 5

1. A [解析] 将财政支出按具体用途分类,即按预算科目分类,是最常用的一种财政支出的分类方法。它可以全面反映财政资金的安排和使用,有利于各级预算的编制和执行,可以更好地对各项财政支出进行管理和监督。
2. ACD [解析] 按政府的级次分类,财政支出分为中央财政支出和地方财政支出。其中,中央财政支出包括一般公共服务支出、外交支出、国防支出、公共安全支出,以及中央政府调整国民经济结构、协调地区发展、实施宏观调控的支出等。
3. ABE [解析] 积累性支出是财政直接增加社会物质财富及国家物资储备的支出,主要包括基本建设支出、国家物资储备支出、生产性支农支出等。
4. B [解析] 消费性支出是财政用于社会共同消费方面的支出。属于消费性支出的项目包括文教科学卫生事业费、抚恤和社会福利救济费、行政管理费、国防费等项支出。

5. ABE [解析] 按财政支出在社会再生产中的作用分类，可以将财政支出分为补偿性支出、消费性支出、积累性支出。

• 考点再现

Q_{3-5} 按在社会再生产中的作用，财政支出分为补偿性支出、消费性支出、积累性支出。三项支出的具体内容如表2-1所示。

表2-1 三项支出的具体内容

分类结果	作用	具体内容
补偿性支出	用于补偿生产过程中消耗掉的生产资料方面的支出	在我国经济体制改革之前，它曾是我国财政支出的重要内容；经济体制改革之后，补偿性支出大大削减
消费性支出	用于社会共同消费方面的支出	包括文教科学卫生事业费、抚恤和社会福利救济费、行政管理费、国防费等
积累性支出	财政直接增加社会物质财富和国家物资储备的支出	包括基本建设支出、国家物资储备支出、生产性支农支出等

6. C [解析] 转移性支出不存在任何交换的问题。这类支出并不反映政府部门占用社会经济资源的要求，相反，转移只是在社会成员之间的资源再分配，政府部门只充当中介人的作用。

7. D [解析] 转移性支出直接表现为资金无偿地、单方面地转移，主要包括政府部门用于补贴、债务利息、社会保障等方面的支出。

8. ABD [解析] 购买性支出是政府购买商品或劳务的活动产生的支出，既包括购买进行日常政务活动所需的商品和劳务的支出，也包括用于进行国家投资所需的商品和劳务的支出，如政府各部门的行政管理费支出、各项事业的经费支出、政府各部门的投资拨款等。C、E两项属于转移性支出。

9. ABCE [解析] 政府消费性支出规模缩小，会使社会购买力降低，D项错误。

10. B [解析] 我国当前经济增长中人力资本要素和资源消耗的作用仍十分明显，在这种条件下，政府投资性支出的不断增长就非常重要，它对经济发展具有强有力的促进作用。

11. B [解析] 世界各国行政管理支出规模变化的一般规律是：行政管理支出的绝对数是增长的，但行政管理支出在财政支出总额中所占的比重却呈下降趋势。

12. CD [解析] 按支出用途划分，可以将行政管理支出分为人员经费和公用经费两类。A、B两项是按照行政管理支出性质划分的，E项是按照行政管理支出的使用单位划分的。

13. ABD [解析] 中国的国防支出主要由人员生活费、训练维持费和装备费组成，各部分大体各占三分之一。

14. A [解析] 各国政府的医疗卫生支出在医疗卫生总花费中都占有很大份额，几乎囊括所有医疗卫生支出项目，并通过各种手段和机制干预私人医疗市场。当然，政府也不是包揽所有医疗卫生市场，而是选择加入政府应当加入的主要方面：一是提供医疗卫生领域的纯公共物品和部分准公共物品，使这些公共物品的供给和消费达到最优状态。二是弥补由信息不对称造成的市场缺陷，使医疗保险兼顾效率和公平。三是补助穷人，为他们负担必要的保险，使他们获得相应的基本医疗服务。A项错误。

Day 6

1. ACDE [解析] 政府可以投资社会效益好而经济效益一般的项目，B项错误。

2. ACDE [解析] 虽然财政投融资的政策性和计划性很强，但它并不完全脱离市场，而应以市场参数作为配置资金的重要依据，B项错误。

3. A [解析] 一般来说，政策性银行的资本金主要应由政府预算投资形成。

4. A [解析] 建立财政投融资制度，较为成功的做法是发展政策性银行。

5. ABCE [解析] 财政支农支出包括：①农业基本建设支出；②农业综合开发支出；③农林部门科技三项费用；④农林、水利、气象部门的事业费支出；⑤支援农业生产支出等。

6. B [解析] 信贷支援是指财政向银行增拨信贷资金，作为银行自有资金来源，而后由银行向农村发放农业贷款的支农方式。

7. B [解析] 社会救助是基础的、最低层次的社会保障。

8. A [解析] 受失业率上升，以及人口老龄化等因素的影响，社会保障支出逐渐成为发达国家居首位的支出。

9. C [解析] 凯恩斯理论认为，社会保障支出是宏观经济调控的内在稳定器。

10. A [解析] 社会保险是现代社会保障的核心内容。

11. BCE [解析] 社会保障的资金来源包括两个方面：①由取得工资收入的职工和职工的雇主各缴纳一定比例的社会保障税；②财政支出中的转移支付。

12. A [解析] 失业保险、医疗保险等由于其对未来的不确定性和短期性，难以预测，以实行现收现付制为宜。

13. A [解析] 高度集中的管理模式是在全国或整个地区建立一个管理机构，集中管理社会保险事务，如英国、新加坡实行的就是这种模式。

14. D [解析] 我国的社会养老保险主要分为城镇企业职工基本养老保险、城乡居民基本养老保险和机关事业单位工作人员养老保险三种类型。

15. A [解析] 工伤保险基金的筹资主要来自雇主缴费，但政府也承担财政补贴的责任。

16. B [解析] 社会保险基金并不体现在一般公共预算中，2014年之前一直作为预算外收支项目，由各地自收自支，直到2014年以后才在独立的社会保险基金预算中得到反映。

Day 7

1. A [解析] 财政补贴的主体是国家；补贴的对象是企业和居民；补贴的目的是贯彻一定的政策，满足某种特定的需要，实现特定的政治、经济和社会目标；补贴的性质是通过财政资金的无偿补助而进行的一种社会财富的再分配。

2. D [解析] 财政补贴支出与社会保障支出作为转移性支出的两种形式，存在明显的差别，主要体现在与相对价格体系的关系上。财政补贴总是与相对价格的变动联系在一起，社会保障支出则与产品和劳务的价格不发生直接联系。

3. B [解析] 企业亏损补贴的对象是企业。

4. ABC [解析] 按经济性质确定的财政补贴，包括价格补贴、财政贴息和企业亏损补贴等。

5. ACE [解析] 生产补贴，又称生产性补贴，是指对社会再生产的流通环节进行的补贴，其补贴项目主要有粮、棉、油加价款补贴，农用生产资料价格补贴和工业生产企业亏损补贴等。粮、棉、油价差补贴和民用煤销售价差补贴属于流通环节的补贴。

6．AB［解析］我国财政补贴以价格补贴和企业亏损补贴为主要项目。

7．D［解析］财政补贴的积极效应包括：①有效贯彻国家的经济政策；②以少量财政资金带动社会资金，扩大财政资金的经济效应；③加大技术改造力度，推动产业升级；④消除"排挤效应"；⑤社会经济的稳定效应。

8．AB［解析］税收支出作为一种特殊的财政政策形式，其特点是：①税收支出具有很强的法制性；②税收支出具有显著的宏观性。

9．B［解析］A项，盈亏相抵是指准许企业以某一年度的亏损，抵消以后年度的盈余，以减少其以后年度的应纳税款；或者冲抵以前年度的盈余，申请退还以前年度已纳的部分税款。B项，纳税扣除是指准许企业把一些合乎规定的特殊支出，以一定的比例或全部从应税所得中扣除，以减轻其税负。C项，税收抵免是指允许纳税人从其某种合乎奖励规定的支出中，以一定比率从其应纳税额中扣除，以减轻其税负。D项，税收豁免是指在一定期间内，对纳税人的某些所得项目或所得来源不予征税，或对其某些活动不列入征税范围等，以减轻其税收负担。

10．ABDE［解析］税收支出的形式包括税收豁免、纳税扣除、税收抵免、优惠税率、延期纳税、盈亏相抵、加速折旧、优惠退税。

11．B［解析］税收豁免是对纳税人的某些应税项目不予征税，A项正确；纳税扣除是指把合乎规定的特殊支出，从其应纳税所得额中扣除，而不是从应纳税额中扣除，B项错误；优惠税率是对合乎规定的纳税人采取较低的税率征税，C项正确；延期纳税是税款延期缴纳，D项正确。

12．D［解析］加速折旧是指国家为鼓励特定行业或部门的投资行为，允许纳税人在固定资产使用年限的初期提取较多的折旧，以提前收回投资的税收优惠措施。加速折旧可以使企业的纳税负担向后推延，减轻企业当前的税收负担，其性质相当于政府给企业提供了一笔无息贷款，可以有效激发企业固定资产投资的积极性。

本章强化测试

第三章　财政收入概述

> **学习指导**

　　本章所涉知识点内容不多，但其中一部分内容需要反复记忆，还有一部分需要重点理解。需要记忆的知识点有：财政收入的分类、财政收入规模、财政收入结构。需要重点理解的知识点是财政收入效应的含义及财政收入对经济的影响。本章历年考查分数在10分左右。

　　建议考生在学习本章知识点时，对考试要求理解的知识一定要多学几遍、理解透彻，对概念性的易混淆知识需要通过反复做题来加强记忆。

日期	考点
Day8	➢财政收入的含义 ➢财政收入的分类 ➢财政收入规模 ➢财政收入结构
Day9	➢从发展经济入手、增加财政收入原则 ➢利益兼顾原则 ➢合理负担原则 ➢公平与效率兼顾原则 ➢财政收入效应的含义 ➢财政收入对经济的影响

Day 8

▽ **考点**：财政收入的含义

1. [单选] 财政收入是指一定量的货币收入，即国家占有的以货币表现的一定量的社会产品的价值，主要是（　　）。
   A. m
   B. $c+v$
   C. $v+m$
   D. v

▽ **考点**：财政收入的分类

2. [单选] 与生产资料的占有没有直接关系，不受生产资料归属限制的财政收入是（　　）。
   A. 利润收入
   B. 国有资产处置收入
   C. 股息收入
   D. 税收收入

3. [多选] 下列财政收入中，属于利用国家权力取得的非税收入有（　　）。
   A. 行政事业性收费收入
   B. 政府性基金
   C. 罚没收入
   D. 社会保险费

E. 中央银行收入

4. [多选] 下列项目中,属于非强制性财政收入的有( )。
   A. 企业所得税
   B. 自由公债收入
   C. 教育费附加
   D. 捐赠收入
   E. 罚没收入

5. [单选] 下列税种中,属于中央税的是( )。
   A. 消费税
   B. 城镇土地使用税
   C. 契税
   D. 企业所得税

6. [单选] 利用政府投资建设的城市道路和公共场地设置停车泊位取得的收入,属于( )。
   A. 行政事业性收费
   B. 国有资本经营收益
   C. 国有资产有偿使用收入
   D. 主管部门集中收入

7. [单选] 下列财政收入中,属于预支"未来"收入的是( )。
   A. 税收
   B. 收费
   C. 国有资产收益
   D. 公债

▼ 考点:财政收入规模

8. [单选] 影响一国财政规模的最主要因素是( )。
   A. 财政支出需要
   B. 经济发展水平
   C. 居民收入水平
   D. 市场价格变动

9. [单选] 最能体现政府收入分配政策的是( )。
   A. 国营企业上缴利润政策
   B. 公债政策
   C. 收费政策
   D. 税收政策

10. [单选] 价格变动对财政收入的影响,首先表现在( )。
    A. 农副产品价格的升降
    B. 工业品价格的升降
    C. 消费品价格的升降
    D. 物价总水平的升降

11. [单选] 当物价上涨率高于财政收入增长率时,财政收入会出现( )。
    A. 名义增长,实际也增长
    B. 名义正增长,而实际为负增长
    C. 只有名义增长,而实际不增不减
    D. 不确定变化

▼ 考点:财政收入结构

12. [单选] ( )是指来自不同经济成分的财政收入在财政收入总额中所占的比重。
    A. 财政收入的部门构成
    B. 财政收入的项目构成
    C. 财政收入的所有制构成
    D. 财政收入构成

13. [单选]（　　）是创造 GDP 的主要部门，也是财政收入的主要来源。
    A. 工业
    B. 农业
    C. 第三产业
    D. 旅游业

14. [单选] 在我国税制改革史上，突破了对国营企业不征所得税的改革是（　　）。
    A. 1978 年工商税制改革
    B. 1983 年第一步"利改税"
    C. 1984 年第二步"利改税"
    D. 1994 年税制改革

✎学习笔记

Day 9

考点：从发展经济入手、增加财政收入原则

1. [多选] 组织财政收入的原则主要包括（　　）。
   A. 从发展经济入手、增加财政收入原则
   B. 公平优先，兼顾效率的原则
   C. 合理负担的原则
   D. 利益兼顾的原则
   E. 公平与效益兼顾的原则

2. [单选] 组织财政收入的首要原则是（　　）。
   A. 发展经济
   B. 利益兼顾
   C. 合理负担
   D. 兼顾公平与效率

考点：利益兼顾原则

3. [多选] 要做到利益兼顾原则，应该做好（　　）。
   A. 处理好国家、集体、个人三者之间的关系
   B. 发展经济，增加财政收入
   C. 要坚持纵向公平和横向公平
   D. 在组织财政收入时，不仅要讲求公平，还要讲求效率
   E. 处理好中央政府和地方政府之间的物质利益关系

考点：合理负担原则

4. [单选] 组织财政收入的基本原则是（　　）。
   A. 合理负担原则
   B. 公平与效率兼顾原则
   C. 利益兼顾原则
   D. 从发展经济入手、增加财政收入原则

5. [单选] 具有相同纳税能力的人应当缴纳相同的税收体现的是（　　）。
   A. 横向公平　　　　　　　　　B. 纵向公平
   C. 合理负担　　　　　　　　　D. 普遍纳税

考点：公平与效率兼顾原则

6. [多选] 组织财政收入要讲求效率，即讲求（　　）。
   A. 征税过程本身的效率
   B. 征税对经济运行效率的影响
   C. 征税的最终收入规模
   D. 用收入手段直接减少企业的投资规模
   E. 用税收直接控制人们的收入水平

▽ 考点：财政收入效应的含义

7. [单选] 政府征税对纳税人的生产和消费行为会产生收入效应和（　　）。
   A. 挤出效应　　　　　　　　　　　B. 替代效应
   C. 配置效应　　　　　　　　　　　D. 分割效应

▽ 考点：财政收入对经济的影响

8. [单选] 税收对劳动供给的影响表现为替代效应和收入效应。其中税收对劳动力供给的替代效应表现为（　　）。
   A. 政府征税之后减少了个人的税后可支配收入，促使其为维持既定的收入水平和消费水平而减少或放弃闲暇，增加工作时间，增加劳动力供给
   B. 政府征税会使闲暇的价格相对降低，因此个人以闲暇代替劳动，从而促使人们减少劳动供给
   C. 政府征税会降低企业纳税人的投资收益，如果因此而降低了对投资者的吸引力，将导致投资者减少投资
   D. 政府征税减少了投资者的税后净收益，投资者为了维持原有收益水平增加投资

9. [单选] 在政府征收的各种税收中，对劳动力供给的影响较大的是（　　）。
   A. 个人所得税　　　　　　　　　　B. 企业所得税
   C. 利息税　　　　　　　　　　　　D. 消费税

10. [多选] 一般而言，影响居民储蓄的因素主要有（　　）。
    A. 个人收入水平　　　　　　　　　B. 储蓄利率水平
    C. GDP　　　　　　　　　　　　　D. CPI
    E. 家庭收入水平

11. [单选] 在对储蓄利息不征利息税的情况下，征收个人所得税将会减少个人税后可支配收入，迫使纳税人降低当前的消费水平和储蓄水平，由此产生征税的（　　）。
    A. 替代效应　　　　　　　　　　　B. 财政效应
    C. 收入效应　　　　　　　　　　　D. 均衡效应

12. [多选] 政府可以通过对一些收入项目（　　）等特殊规定，增加低收入阶层的实际收入。
    A. 不予征税　　　　　　　　　　　B. 进行税额抵免
    C. 所得扣除　　　　　　　　　　　D. 规定扣除限额
    E. 税额不变

✎ 学习笔记

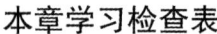

本章学习检查表

知识点名称	初次学习		第一次复习		第二次复习	
	做对题目数/总题目数	学习日期	做对题目数/总题目数	复习日期	做对题目数/总题目数	复习日期
财政收入的含义						
财政收入的分类						
财政收入规模						
财政收入结构						
从发展经济入手、增加财政收入原则						
利益兼顾原则						
合理负担原则						
公平与效率兼顾原则						
财政收入效应的含义						
财政收入对经济的影响						

填写建议：

"做对题目数/总题目数"记录自己各知识点做题的情况，比如，某知识点总题目数10题，自己做对了其中7题，记录为7/10。

"学习日期"和"复习日期"记录自己学习和复习各知识点的日期。

备忘录

参考答案及解析

Day 8

1. A [解析] 按照马克思的再生产理论,社会产品的价值由 c(生产资料)、v(职工工资)、m(剩余产品价值)三部分构成。其中 m 是新创造的归社会支配的剩余产品价值部分,从我国实际情况看,m 是财政分配的主要对象,是财政收入的主要来源。

2. D [解析] 税收收入是凭借国家的政治权力或者说是法律赋予的权力强制地、无偿地征收的收入,因而税收具有的基本特征之一就是强制性。所以,税收收入与利润收入、股息收入不同,它同生产资料的占有没有直接的关系,它不受生产资料归属的限制。

3. ABCE [解析] 非税收入是政府参与国民收入初次分配和再分配的一种形式,属于财政资金范畴,是指除税收以外的政府财政收入,在财政收入中具有相当重要的地位和作用。政府非税收入管理范围主要包括:行政事业性收费收入、政府性基金收入、罚没收入、国有资源(资产)有偿使用收入、国有资本收益、彩票公益金收入、特许经营收入、中央银行收入、以政府名义接受的捐赠收入、主管部门集中收入、政府收入的利息收入、其他非税收入等。社会保险费、住房公积金(指计入缴存人个人账户部分)不纳入政府非税收入管理范围。

4. BD [解析] 非强制性财政收入是政府依据法定的非强制性财政征收权取得的财政收入,主要内容包括国有资产收益、自由公债收入、规费收入、其他收入(捐赠收入等)。A、C、E 三项为强制性财政收入。

5. A [解析] 中央税种应是税源集中、收入较大的税种。我国将维护国家权益、实施宏观调控所必需的税种均划为中央税,如关税、消费税、海关代征的增值税、消费税、车辆购置税等。B、C 两项是地方税,D 项为中央地方共享税。

● 考点再现

$Q_{3\text{-}5}$ 财政收入的分类如表 3-1 所示。

表 3-1 财政收入的分类

分类标准	分类结果	具体内容
以财政收入的形式为标准分类	税收收入	税收
	非税收入	行政事业性收费收入、政府性基金收入、国有资源(资产)有偿使用收入、国有资本收益、彩票公益金收入、特许经营收入、中央银行收入、罚没收入、以政府名义接受的捐赠收入、主管部门集中收入、政府收入的利息收入、其他非税收入等
以财政收入的征收权力为标准分类	强制性财政收入	税收收入、罚没收入、强制公债
	非强制性财政收入	国有资产收益、自由公债收入、规费收入、其他收入(捐赠收入)
以财政收入的来源为标准分类	以财政收入来源中的所有制结构为标准	国有经济收入、集体经济收入、中外合资经济收入、私营经济收入、外商独资经济收入和个体经济收入等
	以财政收入来源中的部门结构为标准	工业部门收入、农业部门收入、商业流通部门收入、建筑业收入、邮电通信业收入等

续表

分类标准	分类结果	具体内容
以财政收入的管理权限为标准分类	中央税	关税、消费税、海关代征的增值税、消费税、车辆购置税等
	地方税	契税、城镇土地使用税、耕地占用税、土地增值税、房产税、车船税、环境保护税等
	中央与地方共享税	增值税、企业所得税、个人所得税、资源税和印花税等

6. C [解析] 国有资产有偿使用收入包括国家机关、财政拨款事业单位、代行政府职能的社会团体以及其他组织的固定资产和无形资产出租、出借、处置等取得的收入，利用政府投资建设的城市道路和公共场地设置停车泊位取得的收入，城市基础设施开发权、使用权、冠名权、广告权、特许经营权等无形资产招标和拍卖收入，以及利用其他国有资产取得的收入。

7. D [解析] 当税收、收费、国有资产收益无法满足政府的财政支出需要时，就有必要预支"未来"收入，即发行公债。

8. B [解析] 影响财政收入规模的主要因素包括：①经济发展水平。经济发展水平是影响财政收入高低的主要因素。②收入分配政策和分配制度。③市场价格变动。

9. D [解析] 一般而言，政府的分配政策，最主要地反映在税收政策上。

10. D [解析] 价格变动对财政收入的影响，首先表现在物价总水平的升降的影响。在市场经济条件下，物价总水平在一定范围内上涨是正常的现象，当物价持续大幅度上涨时就形成了通货膨胀；反之，物价持续地下降就会形成通货紧缩。A、B、C三项不是首要表现，都是单方面的。

11. B [解析] 物价变动对财政收入的影响可能出现各种不同的情况：①当财政收入增长率高于物价上涨率时，财政收入名义增长，实际也增长；②当物价上涨率高于财政收入增长率时，财政收入名义正增长，而实际为负增长；③当财政收入增长率与物价上涨率大体一致时，财政收入只有名义增长，而实际不增不减。

12. C [解析] 财政收入的所有制构成是指来自不同经济成分的财政收入在财政收入总额中所占的比重。A项，对财政收入的部门结构进行分析，是为了说明各生产流通部门在提供财政收入方面的贡献及其贡献程度。B项，财政收入的项目构成是指按财政收入形式分析财政收入结构及其变化趋势。D项，财政收入结构包括财政收入的项目构成、财政收入的所有制构成、财政收入的部门构成。

13. A [解析] 工业和农业是国民经济中的两大部门。农业是国民经济的基础。工业是创造国内生产总值（GDP）的主要部门，是财政收入的主要来源。C项，第三产业部门则属于繁衍于有形物质财富之上的无形财富的生产部门，包括商业、金融业、保险业、运输业、服务业、公益事业等部门，简称为广义的服务业。D项，旅游业属于第三产业。

14. B [解析] 我国征税的发展历程：①我国1983年进行了国营企业"利改税"第一步改革，在我国的财政改革史上迈出了重大的一步，即对国营企业开征企业所得税。突破了对国营企业不征所得税的改革。②1984年进行了第二步改革，又将原来已经简并过的工商税重新划分为产品税、增值税、营业税和盐税，同时开征或恢复了资源税等其他税种，这大大增加了税收的财政收入作用和经济调节作用。③1986年年底，我国对国营企业实行企业包干制。但在财政核算上仍将包干收入计在税收之下，在形式上维持了税收在财政收入中的主导地位。④1994年，我国对工商税制进行全面改革，最终奠定了税收在财政收入中的主导地位。

Day 9

1. ACDE [解析] 组织财政收入的原则包括：①从发展经济入手、增加财政收入原则；②利益兼顾原则；③合理负担原则；④公平与效率兼顾原则。B项，公平优先，兼顾效率的原则是构建我国公共政策的基本原则。

2. A [解析] 从发展经济入手，增加财政收入是组织财政收入的首要原则。在组织财政收入时必须从发展经济的角度出发，扩大财政收入的来源。

3. AE [解析] 利益兼顾原则应做到：①兼顾国家、集体和个人三者之间的物质利益；②兼顾中央政府与地方政府之间的物质利益。B项属于从发展经济入手，增加财政收入原则的内容。C项属于合理负担原则的内容。D项属于公平与效率兼顾原则的内容。

4. A [解析] 组织财政收入的原则包括：①从发展经济入手，增加财政收入是组织财政收入的首要原则；②利益兼顾原则；③合理负担原则，是组织财政收入的基本原则；④公平与效率兼顾原则。注意区分首要原则和基本原则，首要原则是发展经济，基本原则是合理负担。

5. A [解析] 合理负担原则是指在组织财政收入时，纳税人的税收负担要与其负担能力相适应，要坚持横向公平和纵向公平。对企业的税收还应保证机会均等。具有相同纳税能力的人应当缴纳相同的税收体现的是横向公平。纵向公平是指具有不同纳税能力的人应当缴纳不同的税收。普遍纳税是指征税遍及税收管辖权范围内所有法人和自然人，所有的有纳税能力的人只要发生了纳税义务，都必须毫无例外的依法纳税。

6. AB [解析] 组织财政收入的原则之一是公平与效率兼顾原则，即政府在组织财政收入时不仅要讲求公平，同时还必须讲求效率。其中，效率包括两个方面：①征税过程本身的效率，即较少的征收费用、便利的征收方法等（A项正确）；②征税对经济运行效率的影响，也就是有效地发挥税收的经济调节功能（B项正确）。

7. B [解析] 由于财政收入对纳税人的经济行为会产生替代效应和收入效应，政府可利用征税这一手段，来实现其宏观调控经济目标。

8. B [解析] 税收对劳动供给的影响表现为替代效应和收入效应。税收的替代效应指政府征税会使闲暇的价格相对降低，引起个人以闲暇代替劳动，从而促使人们减少劳动供给。A项，税收的收入效应指政府征税之后减少了个人的税后可支配收入，促使其为维持既定的收入水平和消费水平而减少或放弃闲暇，增加工作时间。C、D两项为政府征税对投资的影响。

9. A [解析] 在政府征收的各种税中，个人所得税对劳动供给的影响较大。在人们收入水平既定的前提下，通过征收个人所得税影响人们的实际收入，能够改变人们对工作和闲暇的选择。

10. AB [解析] 一般而言，影响居民储蓄的因素主要有个人收入水平和储蓄利率水平。国内生产总值（GDP）是国民经济核算的核心指标，也是衡量一个国家或地区经济状况和发展水平的重要指标。CPI是居民消费价格指数的简称。

11. C ［解析］财政收入对纳税人的经济行为会产生两个方面的效应，即替代效应和收入效应。替代效应指当政府对不同的商品实行征税或不征税、重税或轻税的区别对待时，会影响商品的相对价格，使经济主体减少对征税或重税商品的购买量，而增加对无税或轻税商品的购买量，即以无税或轻税商品替代征税或重税商品。收入效应指由于政府为取得财政收入而向纳税人征税，导致纳税人的收入水平下降，从而降低了纳税人对商品的购买量和消费水平。

12. ABC ［解析］政府可以通过对一些收入项目不予征税、进行税额抵免或所得扣除等方式，增加低收入阶层的实际收入。如医疗费用扣除、老年人和残疾人所得扣除、事业福利扣除、社会保险扣除等。D、E两项说法不正确，规定扣除限额和税额不变都不能增加低收入阶层的实际收入。

本章强化测试

第四章 税收基础知识

> **学习指导**

本章是税收部分的基础知识，学好本章知识点内容对于学习后面章节中的货物和劳务税、所得税等制度非常有帮助。本章常考的知识点有：税收的特征和职能、税制要素中的征税对象和税率以及税收的分类。另外，考生需要格外注意税收管理制度中的细节知识点。本章历年考查分数在 12 分左右。

在学习本章时，考生首先要注意对税制要素的对比记忆，其次应注意对税收管理制度的归纳整理，先梳理清楚知识框架，再进行总结记忆。

日期	考点
Day10	➢ 税收的概念 ➢ 税收的特征 ➢ 税收的职能
Day11	➢ 纳税相关主体 ➢ 征税对象 ➢ 税率
Day12	➢ 减免税 ➢ 纳税环节 ➢ 纳税期限 ➢ 税收分类
Day13	➢ 税制结构的概念 ➢ 我国现行税制结构 ➢ 深化税制改革 ➢ 税收征收管理
Day14	➢ 税收征收管理制度

▶▶▶ Day 10

▽ 考点：税收的概念

1. ［多选］下列关于税收的说法，正确的有（   ）。
   A. 税收的目的是满足行政事业单位的需要
   B. 税收体现的是一种分配关系
   C. 税收的手段是凭借政治权力，依据法律规定

D. 税收所表现出来的特征是非强制的，有偿的

E. 国家征税对每一个纳税人来说都存在直接返还性

2. [单选] 下列关于税收的说法，错误的是（　　）。

A. 税收只能由国家征收

B. 税收属于分配范畴

C. 税收反映的是等价交换关系

D. 征税的目的是满足社会共同需要

▼ 考点：税收的特征

3. [多选] 税收"三性"即（　　）。

A. 无偿性

B. 固定性

C. 有偿性

D. 强制性

E. 稳定性

4. [单选] 国家以法律形式预先规定征税范围和征收比例，便于征纳双方共同遵守。这体现了税收的（　　）特征。

A. 强制性

B. 无偿性

C. 固定性

D. 稳定性

5. [多选] 下列关于税收固定性含义的说法，正确的有（　　）。

A. 税收征收总量的有限性

B. 税收征收操作的确定性

C. 税收分配关系建立的固定性

D. 税收征收过程具有固定性

E. 政府获得税收收入后需要向纳税人直接支付报酬

6. [多选] 下列关于税收特征的说法，正确的有（　　）。

A. 无偿性是指政府获得税收收入后无须向纳税人直接支付任何报酬

B. 无偿性是指政府征得的税收收入不再直接返还给纳税人

C. 无偿性是区分税收收入和其他财政收入形式的重要特征

D. 固定性是指税收征收总量的有限性

E. 修订税法与税收的固定性是相矛盾的

▼ 考点：税收的职能

7. [单选]（　　）职能是税收首要的、基本的职能。

A. 经济

B. 财政

C. 监督

D. 资源配置

8. [多选] 我国的税收监督表现在（　　）两个方面。

A. 国家通过对税收状况和税源的分析，可以及时准确地反映微观和宏观全局、各经济部门、各地区经济活动的状况和整个国民经济的运行状况

B. 影响国家利率的调整

C. 影响国家公债的发行

D. 国家通过税法和其他相关的经济法规的贯彻及各项税收征管制度的执行，监督纳税人认真执行税法和财会法规

E. 影响货币政策的执行

9. ［多选］下列关于税收的说法，正确的有（　　）。

   A. 征税权力归国家所有
   B. 税收的职能具有客观性
   C. 监督职能是税收的首要职能
   D. 税收可以调节居民消费结构
   E. 税收的监督职能涉及宏观和微观两个层次

10. ［单选］税收的经济职能是指（　　）。

    A. 税收具有改变利益分配格局的功能
    B. 税收具有组织财政收入的功能
    C. 税收具有及时反映企业经营信息的职能
    D. 税收具有监督纳税人认真执行税法的职能

学习笔记

Day 11

考点：纳税相关主体

1. ［单选］在我国，造成纳税人与负税人不一致的是（　　）。
   A. 由于价格和价值背离，引起税负转移或转嫁造成的
   B. 由于税法规定两者不一致造成的
   C. 由于税收优惠造成的
   D. 由于税率差异造成的

2. ［单选］下列关于纳税人与代扣代缴义务人的说法，正确的是（　　）。
   A. 纳税人不包括自然人
   B. 代扣代缴义务人不包括自然人
   C. 纳税人不能成为代扣代缴义务人
   D. 代扣代缴义务人可以不是纳税人

考点：征税对象

3. ［单选］（　　）是税制诸要素中的基础性要素。
   A. 计税依据　　　　　　　　　　B. 税目
   C. 减免税　　　　　　　　　　　D. 征税对象

4. ［单选］代表征税广度的税制要素是（　　）。
   A. 税目　　　　　　　　　　　　B. 税源
   C. 税率　　　　　　　　　　　　D. 纳税人

5. ［多选］下列关于征税对象与计税依据的说法，正确的有（　　）。
   A. 征税对象是指征税的目的物，计税依据是在目的物已经确定的基础上，对目的物计算税款的依据或标准
   B. 征税对象是从质的方面对征税所作的规定
   C. 计税依据是从量的方面对征税所作的规定，是征税对象的量化
   D. 计税依据是征税对象的具体化
   E. 计税依据反映具体的征税范围，代表征税的广度

考点：税率

6. ［单选］（　　）是计算税额的尺度，是税收制度的中心环节。
   A. 税率　　　　　　　　　　　　B. 税目
   C. 纳税人　　　　　　　　　　　D. 征税对象

7. ［单选］征税对象的全部数额都按照相应等级的税率征税的税率形式为（　　）。
   A. 全额累进税率　　　　　　　　B. 超额累进税率
   C. 超率累进税率　　　　　　　　D. 超倍累进税率

8. ［单选］速算扣除数等于（　　）。
   A. 全额累进税率计算的税额
   B. 全额累进税率计算的税额减去超额累进税率计算的税额后的余额

C. 超额累进税率计算的税额减去全额累进税率计算的税额后的余额

D. 超额累进税率计算的税额

9. [单选] 下列关于累进税率的表述中，不正确的是（　　）。

   A. 全额累进税率计算较为简单

   B. 全额累进税率下税收负担不够合理

   C. 全额累进税率下税收负担比较合理

   D. 超额累进税率下税收负担比较合理

10. [单选] 王先生的应纳税所得额为 20 000 元，假设该项所得适用二级超额累进税率，不超过 10 000 元的，税率为 10%；超过 10 000 元的，税率为 20%。则王先生应纳税额为（　　）元。

    A. 1 000

    B. 2 000

    C. 3 000

    D. 4 000

11. [单选] 下列关于税率的说法，正确的是（　　）。

    A. 在超额累进税率下，税收负担不合理

    B. 在全额累进税率下，累进幅度比较缓和

    C. 在比例税率下，征税对象数额越大，应纳税额越大

    D. 平均税率随着边际税率的提高而降低

学习笔记

Day 12

考点：减免税

1. [单选] 下列不属于税基式减免手段的是（　　）。
   A. 起征点
   B. 免征额
   C. 项目扣除
   D. 减半征收

2. [单选] 在减免形式中，被称为"困难减免"的是（　　）。
   A. 法定减免
   B. 特定减免
   C. 税基式减免
   D. 临时减免

3. [单选] 下列关于起征点的说法，正确的是（　　）。
   A. 当纳税人收入达到起征点时，不征税
   B. 当纳税人的收入超过起征点时，只对超过部分征税
   C. 当纳税人的收入达到起征点时，对收入全额征税
   D. 起征点比免征额更优惠

4. [单选] 王先生某月取得劳务收入为 5 000 元，假设当地规定的起征点为 2 000 元，则王先生本月应税收入为（　　）元。
   A. 2 000
   B. 3 000
   C. 5 000
   D. 7 000

考点：纳税环节

5. [多选] 按照纳税环节的多少，可以将税收课征制度划分为（　　）。
   A. 统一课征制
   B. 一次课征制
   C. 分次课征制
   D. 多次课征制
   E. 阶段课征制

考点：纳税期限

6. [单选] 我国现行税制的纳税期限有三种形式，不包括（　　）。
   A. 按期纳税
   B. 按次纳税
   C. 按年计征，分期预缴
   D. 全额征收

7. [单选] 下列关于纳税期限的说法，正确的是（　　）。
   A. 同一税种的纳税人的纳税期限相同
   B. 增值税与企业所得税的纳税期限相同
   C. 纳税人的具体纳税期限由主管税务机关核定
   D. 不同生产规模的纳税人的纳税期限相同

考点：税收分类

8. [多选] 货物和劳务税包括以商品流转额和非商品流转额为征税对象的税种，包括（　　）。
   A. 增值税
   B. 消费税
   C. 企业所得税
   D. 个人所得税

E. 印花税

9. ［单选］按照征税标准不同进行分类，可以把税收分为（　　）。
   A. 从价税和从量税
   B. 所得税、货物和劳务税、财产税、行为税和资源税
   C. 价内税和价外税
   D. 间接税和直接税

10. ［单选］价外税一般是指（　　）。
    A. 消费税
    B. 增值税
    C. 关税
    D. 个人所得税

11. ［多选］下列关于税收类型的表述中，错误的有（　　）。
    A. 消费税属于所得税
    B. 所得税属于间接税
    C. 财产税属于直接税
    D. 车船税属于从量税
    E. 增值税属于从价税

12. ［多选］下列税种属于中央税的有（　　）。
    A. 关税
    B. 消费税
    C. 增值税
    D. 企业所得税
    E. 房产税

✏️ 学习笔记

Day 13

▽ **考点**：税制结构的概念

1. [单选] 下列关于税制结构概念的说法，错误的是（　　）。
   A. 税制结构是税收体系的布局问题
   B. 税制结构是实现税收职能作用的首要前提
   C. 税收不仅是筹集财政收入的手段，更是经济的调节手段
   D. 现代商品经济社会，采用的是对农业课征的单一的税制结构

▽ **考点**：我国现行税制结构

2. [单选] 我国现行税制结构是以（　　）为主体，其他税种配合发挥作用的税制体系。
   A. 企业所得税、财产税
   B. 房产税、资源税
   C. 行为、目的税、所得税
   D. 货物和劳务税、所得税

3. [多选] 下列属于财产和行为税类的有（　　）。
   A. 房产税
   B. 个人所得税
   C. 消费税
   D. 土地增值税
   E. 资源税

▽ **考点**：深化税制改革

4. [多选] 深化税制改革的目标是形成（　　）的税收制度体系，促进科学发展、社会公平和市场统一。
   A. 税法统一
   B. 税负公平
   C. 调节有度
   D. 统一税种
   E. 统一税制

5. [多选] 下列关于深化税制改革的措施，正确的有（　　）。
   A. 完善直接税体系
   B. 健全间接税体系
   C. 简化地方税体系
   D. 积极稳妥推进地方税体系改革
   E. 全面落实税收法定原则

▽ **考点**：税收征收管理

6. [多选] 税收管理权限包括（　　）。
   A. 税收立法权
   B. 税收管理权
   C. 税法制定权
   D. 税法公布权
   E. 税法监督权

7. [多选] 下列权力中，属于税收管理权的有（　　）。
   A. 税法制定权
   B. 税种的开征与停征权
   C. 减免税的审批权
   D. 税法审议权
   E. 税法公布权

8. ［多选］下列关于中央政府与地方政府税收收入划分的说法，正确的有（　　）。

   A. 增值税（不含海关代征的进口环节部分），中央政府分享50%，地方政府分享50%

   B. 自2016年1月1日起，证券交易印花税收入全部调整为中央收入

   C. 海洋石油企业缴纳的资源税归中央政府

   D. 个人所得税中央与地方政府按60%与40%的比例分享

   E. 契税属于中央政府收入

✎ 学习笔记

Day 14

考点：税收征收管理制度

1. [单选] 下列关于"五证合一、一照一码"登记制度的说法，不正确的是（   ）。
   A. "五证合一"登记制度改革是将税务登记取消
   B. 新设立企业、农民专业合作社领取由国家市场监督管理部门核发加载法人和其他组织统一社会信用代码的营业执照后，无须再次进行税务登记，不再领取税务登记证
   C. 企业办理涉税事宜时，在完成补充信息采集后，凭加载统一代码的营业执照可代替税务登记证使用
   D. 营业执照在税务机关完成信息补录后具备税务登记证的法律地位和作用

2. [单选] 个体工商户的税务登记制度是（   ）。
   A. 个体工商户实施营业执照税务登记制度
   B. 个体工商户实施税务登记证登记制度
   C. 个体工商户实施"五证合一、一照一码"登记制度
   D. 个体工商户实施营业执照和税务登记证"两证整合"登记制度

3. [单选] 从事生产、经营的纳税人应当自领取营业执照之日起（   ）日内，将其财务、会计制度或者财务、会计处理办法报送主管税务机关备案。
   A. 10　　　　　　　　　　　　B. 15
   C. 30　　　　　　　　　　　　D. 60

4. [单选] 下列关于账簿凭证管理的说法，不正确的是（   ）。
   A. 生产、经营规模小又确无建账能力的纳税人，可以聘请经批准从事会计代理记账业务的专业机构或者经税务机关认可的财会人员代为建账和办理账务
   B. 小规模纳税人聘请专业机构或者人员有实际困难的，需经省市级以上税务机关批准，按照税务机关的规定，建立收支凭证粘贴簿、进货销货登记簿或者使用税控装置
   C. 纳税人、扣缴义务人会计制度健全，能够通过计算机正确、完整计算其收入和所得或者代扣代缴、代收代缴税款情况的，其计算机输出的完整的书面会计记录，可视同会计账簿
   D. 纳税人使用计算机记账的，应当在使用前将会计电算化系统的会计核算软件、使用说明书及有关资料报送主管税务机关备案

5. [单选] 扣缴义务应当自税收法律、行政法规规定的扣缴义务发生之日起（   ）日内，按照所代扣代收的税种，分别设置代扣代缴、代收代缴税款账簿。
   A. 5　　　　　　　　　　　　　B. 10
   C. 15　　　　　　　　　　　　 D. 30

6. [单选] 对于财务会计制度健全、能履行纳税义务的纳税单位适用的税款征收方式是（   ）。
   A. 查定征收　　　　　　　　　 B. 查验征收
   C. 定期定额征收　　　　　　　 D. 查账征收

7. [多选] 税务机关有权核定纳税人应纳税额的情形有（　　）。
   A. 擅自销毁账簿的
   B. 拒不提供纳税资料的
   C. 账目混乱的
   D. 未设置账簿的
   E. 有根据认为纳税人有逃避纳税义务行为的

8. [单选] 下列物品中，属于可以对其采取税收保全措施的是（　　）。
   A. 厨具
   B. 仅有的一套住房
   C. 单价为 2 000 元的冰箱
   D. 收藏的字画

9. [单选] 税收保全措施必须经（　　）以上税务局（分局）局长批准。
   A. 乡级
   B. 县级
   C. 市级
   D. 省级

10. [单选] 纳税人、扣缴义务人应按照法律、行政法规规定缴纳或者解缴税款。纳税人因有特殊困难，不能按期缴纳税款的，经省、自治区、直辖市税务局批准，可以延期缴纳税款，但是一般最长不得超过（　　）。
    A. 1 个月
    B. 3 个月
    C. 6 个月
    D. 1 年

11. [单选] 纳税人未按照规定期限缴纳税款的，扣缴义务人未按照规定期限解缴的，税务机关除了责令限期缴纳，从滞纳税款之日起按日加收（　　）。
    A. 滞纳税款的万分之五
    B. 滞纳税款的千分之五
    C. 滞纳税款的万分之一
    D. 滞纳税款的千分之一

12. [多选] 下列情形中，税务机关可以调整其应纳税额的有（　　）。
    A. 购销业务按照独立企业之间的业务往来作价
    B. 融通资金所支付或者收取的利息超过或者低于独立企业之间所能同意的数额
    C. 提供劳务，未按照独立企业之间业务往来收取或者支付劳务费
    D. 转让财产、提供财产使用权等业务往来，未按照独立企业之间业务往来作价或者收取、支付费用
    E. 融通资金所支付或者收取的利率超过或者低于同类业务的正常利率

✏️ 学习笔记

本章学习检查表

知识点名称	初次学习		第一次复习		第二次复习	
	做对题目数/总题目数	学习日期	做对题目数/总题目数	复习日期	做对题目数/总题目数	复习日期
税收的概念						
税收的特征						
税收的职能						
纳税相关主体						
征税对象						
税率						
减免税						
纳税环节						
纳税期限						
税收分类						
税制结构的概念						
我国现行税制结构						
深化税制改革						
税收征收管理						
税收征收管理制度						

填写建议：

"做对题目数/总题目数"记录自己各知识点做题的情况，比如，某知识点总题目数10题，自己做对了其中7题，记录为7/10。

"学习日期"和"复习日期"记录自己学习和复习各知识点的日期。

备忘录

参考答案及解析

Day 10

1. BC [解析] 国家征税的目的是实现国家的各种职能，用以满足社会全体成员的共同需要，A 项错误。税收是国家为了实现其职能，按照法律规定，凭借其政治权力，参与社会产品的分配，强制地、无偿地取得财政收入的一种规范形式，C 项正确。税收是一个分配范畴，是国家参与社会产品分配的一种主要形式，且这种分配具有无偿性，即国家征税对每一具体的纳税人来说不存在直接返还性，B 项正确，D、E 两项错误。

2. C [解析] 税收具有法律强制性，因此其反映的不是等价交换关系，C 项错误。

3. ABD [解析] 税收"三性"是税收本身固有的，是一切社会形态下税收的共性。税收"三性"即无偿性、强制性、固定性。

4. C [解析] 固定性指国家以法律形式预先规定征税范围和征收比例，便于征纳双方共同遵守。

5. AB [解析] 税收的固定性包括两方面的含义：一是税收征收总量的有限性，二是税收征收操作的确定性。

6. ABCD [解析] 税收无偿性体现在两个方面：一方面是政府获得税收收入后无须向纳税人直接支付任何报酬；另一方面是政府征得的税收收入不再直接返还给纳税人。税收的无偿性是区分税收收入和其他财政收入形式的重要特征。税收的固定性包括两层含义：第一，税收征收总量的有限性；第二，税收征收具体操作的确定性。当然，税收的固定性是相对于某一个时期而言的。国家可以根据经济和社会发展需要适时地修订税法，但这与税收整体的相对固定性并不矛盾。E 项错误。

• 考点再现 •

Q_{3-6} 税收的特征如表 4-1 所示。

表 4-1 税收的特征

税收特征	定义	具体体现
无偿性	通过征税，社会成员的一部分收入转归国家所有，国家不向纳税人支付任何报酬或代价	(1) 政府获得税收收入后无须向纳税人直接支付任何报酬 (2) 政府征得的税收收入不再直接返还给纳税人
强制性	国家依据法律征税，而并非纳税人自愿缴纳，纳税人必须依法纳税，否则就要受到法律的制裁（征税方式的强制性是由税收的无偿性决定的）	(1) 税收分配关系的建立具有强制性 (2) 税收的征收过程具有强制性
固定性	国家以法律形式预先规定征税范围和征收比例，便于征纳双方共同遵守	(1) 税收征收总量的有限性 (2) 税收征收具体操作的确定性

7. B [解析] 税收的职能是指税收固有的职责和功能，税收职能的特征在于它的内在性和客观性。税收的职能包括财政职能、经济职能和监督职能，其中财政职能是首要的、基本的

职能。

8. AD [解析] 税收的监督职能包括反映和监督两方面，通过对税收状况和税源的分析，可以及时准确地反映微观和宏观全局，以及各经济部门、各地区经济活动的状况和整个国民经济的运行状况，A项正确。国家通过税法和其他相关的经济法规的贯彻及各项税收征管制度的执行，监督纳税人认真执行税法和财会法规，D项正确。

9. ABDE [解析] 税收这种工具是由国家来掌握和运用的，因此，征税权利归国家所有，A项正确。尽管在不同的社会形态和经济形态下，税收形式不尽相同，但其体现特殊分配关系的本质是不变的，因此，税收的职能也具有客观性，B项正确。财政职能是税收首要的和基本的职能，C项错误。税收可以调节居民消费结构，D项正确。税收的监督职能涉及宏观和微观两个层次，E项正确。

10. A [解析] 税收的经济职能是指税收具有调节经济的职能，即税收在组织财政收入的过程中，必然改变国民收入在各部门、各地区、各纳税人之间的分配比例，改变利益分配格局。

Day 11

1. A [解析] 纳税人是直接向税务机关缴纳税款的单位和个人，纳税人如果能够通过一定途径把税款转嫁出去，纳税人就不再是负税人，否则纳税人同时也是负税人。

2. D [解析] 纳税人是税法中规定直接附有纳税义务的单位和个人，一般分为两种，即自然人和法人，A项错误。代扣代缴义务人是指有义务从其持有的纳税人的收入中扣除纳税人应纳税款并代为缴纳的企业、单位和个人，因此，代扣代缴义务人包括自然人，B项错误。纳税人也可以成为代扣代缴义务人；只要持有纳税人的收入，就可以扣除纳税人的应纳税金并代为缴纳，C项错误。

3. D [解析] 征税对象是税制诸要素中的基础性要素。

4. A [解析] 税目是征税对象的具体化，反映具体的征税范围，代表征税的广度。一般征税对象都比较复杂，需要规定税目，但不是所有的税种都规定税目。税源是指税收课征的经济源泉。税率是应纳税额与征税对象之间的比例。纳税人是税法中规定直接负有纳税义务的单位和个人，也称"纳税主体"。

5. ABC [解析] 税目是征税对象的具体化，D项错误。税目反映具体的征税范围，代表征税的广度，E项错误。

6. A [解析] 税率是应纳税额与征税对象之间的比例，是计算税额的尺度，代表征税的深度，关系着国家收入的多少和纳税人的负担程度，因而它是体现税收政策的中心环节。

7. A [解析] 全额累进税率是指将征税对象的绝对额划分为若干级距，每个级距规定的税率随征税对象的增大而提高，将纳税人全部征税对象按与之相适应的级距税率计算纳税额的税率制度。超额累进税率是把征税对象划分为若干等级，对每个等级部分分别规定相应税率，分别计算税额，各级税额之和为应纳税额。超率累进税率即以征税对象数额的相对率为累进依据划分若干级距，分别规定相应的差别税率，相对率每超过一个级距的，对超过的部分就按高一级的税率计算征税。超倍累进税率是指以征税对象数额相当于计税基数的倍数为累进依据，计算应纳税额的税率。

8. B ［解析］ 全额累进税率计算的税额减去超额累进税率计算的税额后的余额为速算扣除数。

9. C ［解析］ 全额累进税率的计算方法简单，但税收负担不合理，特别是在各级征税对象数额的分界处，税收负担相差悬殊，甚至会出现增加的税额超过增加的征税对象数额的现象，不利于鼓励纳税人增加收入。A、B两项正确，C项错误。超额累进税率的计算方法比较复杂，但累进幅度比较缓和，税收负担较为合理。D项正确。

10. C ［解析］ 已知不超过 10 000 元的，税率为 10%；超过 10 000 元的，税率为 20%。则王先生应纳税额 = 10 000 × 10% + 10 000 × 20% = 3 000（元）。

11. C ［解析］ 在超额累进税率下，税收超额累进税率负担较为合理，A项错误。在超额累进税率下，累进幅度比较缓和，B项错误。在比例税率下，征税对象数额越大，应纳税额越大，C项正确。平均税率是相对于边际税率而言的，它是指全部税额与征税对象全部数额之比。因此，平均税率不会随边际税率的提高而有所变动，D项错误。

Day 12

1. D ［解析］ 减免税的基本形式包括税基式减免、税率式减免和税额式减免。税基式减免是通过直接缩小计税依据的方式减税免税，具体包括起征点、免征额、项目扣除以及跨期结转等方式。税率式减免具体包括重新确定税率、选用其他税率、零税率等形式。税额式减免包括全部免征、减半征收、核定减免率、另定减征税额等。D项属于税额式减免。

2. D ［解析］ 减免税的其他形式包括：①法定减免，具有长期的适用性；②特定减免，分为无限期或有限期；③临时减免，又称困难减免，通常是定期的或一次性的减免税。C项税基式减免是减免税的基本形式。

3. C ［解析］ 当纳税人收入达到或超过起征点时，就其收入全额征税，A、B两项错误，C项正确。享受免征额的纳税人要比享受同额起征点的纳税人税负轻，D项错误。

4. C ［解析］ 起征点是征税数额达到一定数额后开始征税的起点。免征额是在征税对象的全部数额中免予征税的数额。王先生的收入超过起征点，应全额征税。

5. BD ［解析］ 纳税环节是指税法规定的征税对象从生产到消费的流转过程中应当缴纳税款的环节。按照纳税环节的多少，可将税收课征制度划分为两类：一次课征制和多次课征制。

6. D ［解析］ 我国现行税制的纳税期限有三种形式：按期纳税；按次纳税；按年计征，分期预缴。一般来说，货物和劳务税大多采用"按期纳税"形式，所得税采用"按年计征，分期预缴"形式。D项，全额征收就是按收到的销售款和价外费用全额计税，同时取得法定扣税凭证可以依法抵扣，其不是我国纳税期限的形式。

7. C ［解析］ 同一税种的纳税人因应纳税额或交通条件等不同，纳税期限也不相同，A项错误。增值税和企业所得税属于两种不同性质的税种，其纳税期限不相同，B项错误。不同生产规模的纳税人的纳税期限不相同，D项错误。

8. AB ［解析］ 货物和劳务税包括增值税、消费税。个人所得税和企业所得税属于所得税的税种。印花税属于行为税的税种。

9. A ［解析］ 按照征税标准不同分类，可以把税收分为从价税和从量税。B项是按征税对象分类；C项是按税收与价格的关系分类；D项是按税收负担能否转嫁分类。

10. B [解析] 以税收与价格的关系为区分标准,可以把税收分为价内税和价外税两类。价内税是指税款在应税商品价格内,作为商品价格一个组成部分的一类税,如我国现行的消费税和关税等税种。价外税是指税款不在商品价格之内,不作为商品价格一个组成部分的一类税,如我国现行的增值税。

11. AB [解析] A 项,消费税属于货物和劳务税;B 项,所得税属于直接税。

12. AB [解析] 以税收的管理权限为标准,可以把税收分为中央税、地方税、中央与地方共享税。中央税有关税、消费税等;地方税有房产税、车船税等;中央与地方共享税有增值税、企业所得税等。C、D 两项是中央与地方共享税,E 项是地方税。

● 考点再现

Q_{8-12} 税收分类如表 4-2 所示。

表 4-2 税收分类

分类依据	分类内容	具体税种
按征税对象分类	所得税	企业所得税、个人所得税
	货物和劳务税	增值税、消费税
	财产税	房产税、车船税
	行为、目的税	印花税
	资源税	城镇土地使用税
按征税标准分类	从价税	增值税
	从量税	车船税
按税收与价格的关系分类	价内税	消费税、关税
	价外税	增值税
按税收负担能否转嫁分类	直接税	所得税、财产税
	间接税	货物和劳务税
按税收的管理权限为标准分类	中央税	消费税、增值税
	地方税	房产税、车船税
	中央与地方共享税	增值税、企业所得税

Day 13

1. D [解析] 税制结构就是税收体系的布局问题,是实现税收职能作用的首要前提,决定着税收作用的广度和深度。在现代商品经济社会,分工细密、关系复杂,税收不仅是筹集财政收入的手段,更是经济的调节手段,在社会再生产的生产、分配、交换和消费中发挥杠杆作用。生产力水平低下、商品经济不发达的社会形态实行的主要是对农业课征的单一的税制结构;而现代商品经济社会则采用与税收职能作用相适应的复合税制结构。D 项错误。

2. D [解析] 我国现行税制结构是以货物和劳务税、所得税为主体,其他税种配合发挥作用的税制体系。

3. ADE [解析] 财产和行为税类,包括房产税、城镇土地使用税、土地增值税、契税、耕地占用税、印花税、城市维护建设税、车船税、车辆购置税、船舶吨税、环境保护税、资源税、烟叶税，主要是对某些财产和行为发挥调节作用。

• 考点再现

Q2-3 我国现行税制结构是以货物和劳务税、所得税为主体，其他税种相互配合发挥作用的税制体系。从我国的国情来看，建立货物和劳务税、所得税并重的税收体系是适宜的。我国现行税种按其性质和作用的分类如表4-3所示。

表4-3 我国现行税种的分类

税类	具体内容	主要作用
货物和劳务税类	增值税、消费税、关税	主要在生产、流通或者服务业中发挥调节作用
所得税类	企业所得税、个人所得税	主要在国民收入形成后对生产经营者的利润和个人的纯收入发挥调节作用
财产和行为税类	房产税、城镇土地使用税、土地增值税、契税、耕地占用税、印花税、城市维护建设税、车船税、车辆购置税、船舶吨税、环境保护税、资源税、烟叶税	主要是对某些财产和行为发挥调节作用

4. ABC [解析] 深化税制改革的目标是形成税法统一、税负公平、调节有度的税收制度体系，促进科学发展、社会公平和市场统一。

5. ABDE [解析] 深化税制改革的内容包括：①完善直接税体系；②健全间接税体系；③积极稳妥推进地方税体系改革；④全面落实税收法定原则。

6. AB [解析] 税收管理权限包括税收立法权和税收管理权两个方面。

7. BC [解析] 税收立法权包括税法制定权、审议权、表决权、公布权。税收管理权包括税种的开征与停征权、税法的解释权、税目的增减与税率的调整权和减免税的审批权。A、D、E三项是税收立法权。

8. ABCD [解析] 地方政府固定收入包括城镇土地使用税、耕地占用税、土地增值税、房产税、车船税、契税，E项错误。

Day 14

1. A [解析] A项，需要明确的是，"五证合一"登记制度改革并非将税务登记取消了，税务登记的法律地位仍然存在，只是政府简政放权，将此环节改为由国家市场监督管理部门"一口受理"并核发一个加载法人和其他组织统一社会信用代码的营业执照，营业执照在税务机关完成信息补录后具备税务登记证的法律地位和作用。

2. D [解析] 个体工商户实施营业执照和税务登记证"两证整合"登记制度。"两证整合"登记制度是指将个体工商户登记时依次申请，分别由国家市场监督管理部门核发营业执照、税务部门核发税务登记证，改为一次申请，由国家市场监督管理部门核发一个营业执照的登记制度。

3. B [解析] 从事生产、经营的纳税人应当自领取营业执照之日起15日内，将其财务、会计制度或者财务、会计处理办法报送主管税务机关备案。

4. B [解析] 生产、经营规模小又确无建账能力的纳税人，可以聘请经批准从事会计代理记账业务的专业机构或者经税务机关认可的财会人员代为建账和办理账务；聘请上述机构或者人员有实际困难的，经县以上税务机关批准，可以按照税务机关的规定，建立收支凭证粘贴簿、进货销货登记簿或者使用税控装置。B项错误。

5. B［解析］扣缴义务应当自税收法律、行政法规规定的扣缴义务发生之日起10日内，按照所代扣代收的税种，分别设置代扣代缴、代收代缴税款账簿。

6. D［解析］税款征收的方式包括：①查定征收，适用于账册不够健全，但是能够控制材料或进销货的纳税人；②查验征收，适用于经营品种比较单一、经营地点、时间和商品来源不固定的纳税人；③定期定额征收，适用一些无完整考核依据的纳税人；④查账征收，指税务机关按照纳税人提供的账表所反映的经营情况，依照适用税率计算缴纳税款的办法，适用于财务会计制度健全、能认真履行纳税义务的纳税人。

7. ABCD［解析］纳税人有下列情形之一的，税务机关有权核对其应纳税额：①依照法律、行政法规的规定可以不设置账簿的；②依照法律、行政法规的规定应当设置账簿但未设置账簿的（D项正确）；③擅自销毁账簿或者拒不提供纳税资料的（A、B两项正确）；④虽设置账簿，但账目混乱或成本资料、收入凭证、费用凭证残缺不全，难以查账的（C选项正确）；⑤发生纳税义务，未按照规定的期限办理纳税申报，经税务机关责令限期申报，逾期仍不申报的；⑥纳税人申报的计税依据明显偏低，又无正当理由的。

8. D［解析］税务机关责令纳税人提供纳税担保而纳税人拒绝提供纳税担保的或无力提供纳税担保的，经县级以上税务局（分局）局长批准，税务机关可以采取税收保全措施有：①书面通知纳税人开户银行或其他金融机构冻结纳税人的金额相当于应纳税款的存款；②扣押、查封纳税人的价值相当于应纳税款的商品、货物或其他财产。个人及其所抚养家属维持生活的必需的住房和用品，不在税收保全措施范围之内。因此，A、B、C三项均不可以采取税收保全措施。

9. B［解析］税务机关责令纳税人提供纳税担保而纳税人拒绝提供纳税担保或无力提供纳税担保的，经县级以上税务局（分局）局长批准，税务机关可以采取税收保全措施。

10. B［解析］纳税人、扣缴义务人应按照法律、行政法规规定缴纳或者解缴税款。纳税人因有特殊困难，不能按期缴纳税款的，经省、自治区、直辖市税务局批准，可以延期缴纳税款，但是一般最长不得超过3个月。

11. A［解析］纳税人未按照规定期限缴纳税款的，扣缴义务人未按照规定期限解缴的，税务机关除了责令限期缴纳，从滞纳税款之日起按日加收滞纳税款的万分之五的滞纳金。

12. BCDE［解析］有下列情形之一的，税务机关可以调整其应纳税额：①购销业务未按照独立企业之间的业务往来作价；②融通资金所支付或者收取的利息超过或者低于独立企业之间所能同意的数额，或者利率超过或者低于同类业务的正常利率；③提供劳务，未按照独立企业之间业务往来收取或者支付劳务费用；④转让财产、提供财产使用权等业务往来，未按照独立企业之间业务往来作价或者收取、支付费用；⑤未按照独立企业之间业务往来作价的其他情形。

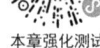

本章强化测试

第五章 货物和劳务税制度

> **学习指导**

本章是核心章节,是历年真题中计算题、案例题考查的重点,因此,本章知识点是本书的重中之重。本章常考的知识点有:增值税的征税范围、税率、计税依据和应纳税额的计算、消费税和关税应纳税额的计算等。本章历年考查分数在 24 分左右。

考生在学习本章时,切忌急于求成,要反复学习,通过做题目检验。不要过早练习,在学习透彻之后再做题才有效果。

日期	考点
Day15	➢增值税概述 ➢增值税的纳税人和扣缴义务人
Day16	➢增值税的征税范围 ➢增值税的税率与征收率
Day17	➢增值税应纳税额的计算
Day18	➢增值税的税收优惠 ➢增值税的征收管理
Day19	➢消费税的概念 ➢消费税的纳税人 ➢消费税的征税范围 ➢消费税的税率
Day20	➢消费税应纳税额的计算 ➢消费税的税收优惠 ➢消费税的征收管理
Day21	➢关税的税率 ➢关税的完税价格和应纳税额的计算 ➢关税的税收优惠 ➢关税的征收管理

▶▶▶ Day 15

✓ 考点:增值税概述

1. [单选] 增值税的课税对象是( )。

　　A. 货物生产和提供劳务各环节的产值

B. 提供劳务各环节的增值额

C. 货物生产和提供劳务各环节的增值额

D. 货物生产和提供劳务各环节的收入额

2. [单选] 《中华人民共和国增值税暂行条例》（以下简称《增值税暂行条例》）规定，自2009年1月1日起，允许增值税一般纳税人抵扣固定资产的进项税额。这种类型的增值税称为（　　）。

A. 生产型增值税　　　　　　　　　　B. 收入型增值税

C. 消费型增值税　　　　　　　　　　D. 积累型增值税

3. [单选] 对同一商品而言，无论流转环节的多少，只要增值额相同，税负就相同，不会影响商品的生产结构、组织结构和产品结构。上述特征体现的增值税特点为（　　）。

A. 普遍征收　　　　　　　　　　　　B. 保持税收中性

C. 实行价外税制度　　　　　　　　　D. 税收负担由商品的最终消费者承担

4. [单选] 下列关于增值税特点的说法，错误的是（　　）。

A. 增值税不重复征税

B. 增值税属于间接税

C. 最终消费者是全部税款的承担者

D. 增值税的主要作用是调节收入差距

▼ **考点**：增值税的纳税人和扣缴义务人

5. [单选] 甲酒厂受托加工一批果木酒，白酒由乙酒厂提供，甲酒厂收取加工费5 000元，并代垫部分辅助材料。该项业务增值税的纳税人是（　　）。

A. 甲酒厂　　　　　　　　　　　　　B. 甲酒厂代扣代缴

C. 乙酒厂　　　　　　　　　　　　　D. 乙酒厂代扣代缴

6. [单选] 某木器加工厂将企业承包给他人经营，承包人应是该企业增值税的（　　）。

A. 纳税人　　　　　　　　　　　　　B. 负税人

C. 代扣代缴义务人　　　　　　　　　D. 代收代缴义务人

7. [单选] 下列关于增值税纳税人的说法中，不正确的是（　　）。

A. 对代理进口货物，以海关开具的完税凭证上的纳税人为增值税纳税人

B. 进口货物的收货人或办理报关手续的单位和个人，为进口货物增值税的纳税人

C. 资管产品运营过程中发生的增值税应税行为，以资管产品投资人为增值税纳税人

D. 企业租赁或承包给他人经营的，以承租人或承包人为纳税人

8. [单选] 根据现行增值税制度，从事货物生产或者提供应税劳务的小规模纳税人，年应征增值税销售额应在（　　）万元以下。

A. 500　　　　　　　　　　　　　　　B. 80

C. 100　　　　　　　　　　　　　　　D. 150

9. [多选] 现行增值税制度将纳税人划分为一般纳税人和小规模纳税人的依据主要有（　　）。

A. 纳税人资产总额的大小　　　　　　B. 纳税人职工人数的多少

C. 纳税人年应税销售额的大小　　　　D. 纳税人职工薪酬的多少

E. 纳税人会计核算水平

10. [多选] 年应税销售额是指纳税人在连续不超过 12 个月或 4 个季度的经营期内累计应征增值税销售额，其中不包括（　　）。

A. 纳税申报销售额　　　　　　　　　B. 稽查查补销售额

C. 纳税人偶然发生的转让不动产的销售额　　D. 税收滞纳金

E. 纳税评估调整销售额

学习笔记

Day 16

考点：增值税的征税范围

1. [单选] 下列业务中，属于增值税修理修配劳务的是（　　）。
   A. 钟表维修　　　　　　　　　　B. 住宅装修
   C. 道路维修　　　　　　　　　　D. 房屋修缮

2. [多选] 以下属于增值税征税范围的应税服务有（　　）。
   A. 陆路运输服务　　　　　　　　B. 铁路运输服务
   C. 鉴证咨询服务　　　　　　　　D. 餐饮住宿服务
   E. 个人未达增值税起征点的劳务

3. [多选] 下列说法中，符合增值税法有关规定的有（　　）。
   A. 纳税人销售货物向购买方收取的价外费用，应视为含税收入，在征税时换算成不含税收入并入销售额
   B. 纳税人销售啤酒收取的包装物押金，应于包装物押金逾期时，并入销售额中征税
   C. 纳税人采取以旧换新方式销售货物的，一律按照新货物的同期销售价格减去旧货物作价后的金额作为计税依据
   D. 采取以物易物方式销售货物的，双方都不得抵扣换进货物的进项税额
   E. 纳税人采取还本销售货物的，不得从销售额中减除还本支出

4. [多选] 下列关于增值税中兼营行为的说法，正确的有（　　）。
   A. 纳税人兼营免税、减税项目的，应当分别核算免税、减税项目的销售额
   B. 纳税人兼营免税、减税项目的，未分别核算免税、减税项目的，亦可获得免税或减税优惠
   C. 纳税人兼营的项目适用不同税率或者征收率的，应当分别核算适用不同税率或者征收率的销售额
   D. 纳税人兼有不同税率和征收率的销售行为，未分别核算销售额的，从高适用税率或征收率
   E. 纳税人兼有不同税率和征收率的销售行为，未分别核算销售额的，从低适用税率或征收率

5. [多选] 下列属于增值税视同销售行为的有（　　）。
   A. 将外购的货物用于基建工程
   B. 将外购的货物抵付员工工资
   C. 将自产货物作为股利分配给股东
   D. 将委托加工收回的货物用于个人消费
   E. 在同一个县（市）范围内设有一个机构并实行统一核算的，将货物从一个机构移送另一个机构用于销售

6. [单选] 纳税人经专业化处理后产生货物，且货物归属受托方的，受托方属于提供"专业技术服务"，其收取的处理费用适用（　　）的增值税税率。
   A. 6%　　　　　　　　　　　　　B. 9%

C. 3% D. 13%

▼ 考点：增值税的税率与征收率

7. ［单选］增值税一般纳税人提供有形动产租赁服务，适用的增值税税率是（   ）。
   A. 13% B. 9%
   C. 5% D. 3%

8. ［单选］下列货物中，适用的增值税税率为13%的是（   ）。
   A. 杂志 B. 石油液化气
   C. 面包 D. 食用植物油

9. ［单选］图书、报纸、杂志的应纳税额应按（   ）的增值税税率来计算。
   A. 0 B. 6%
   C. 9% D. 13%

10. ［单选］作为一般纳税人的自来水公司销售自来水，按简易办法依照（   ）的征收率征收增值税。
    A. 0 B. 13%
    C. 3% D. 9%

11. ［单选］下列不属于一般纳税人销售的按简易办法依照3%的征收率计缴增值税的是（   ）。
    A. 自产的商品混凝土
    B. 寄售商店代销寄售物品
    C. 典当业销售死当物品
    D. 食用植物油

✏ 学习笔记

Day 17

▼ **考点**：增值税应纳税额的计算

1. [多选] 某增值税一般纳税人2016年3月购进的下列货物中，按照规定不能作为进项税额抵扣的有（   ）。
   A. 用于分配给股东的外购货物
   B. 用于职工集体福利的外购食用油
   C. 用于个人消费的外购货物
   D. 既用于应税产品生产又用于免税产品生产的外购机器设备
   E. 发生非正常损失的产品所耗用的外购材料

2. [多选] 增值税的销售额为纳税人销售货物或提供应税劳务向购买方收取的全部价款和价外费用，下列费用中不属于价外费用的有（   ）。
   A. 向购买方收取的增值税税款
   B. 向购买方收取的手续费
   C. 向购买方收取的包装费
   D. 向购买方收取的储备费
   E. 受托加工应征消费税的消费品所代收代缴的消费税

3. [单选] 2018年6月，某商场采取以旧换新方式销售洗衣机，新洗衣机含税销售价为1 620元/台，共销售10台。旧洗衣机根据新旧程度不同对5台按市价给予20%的折价，另外，5台给予60%的折价，则此商场的销售行为应征增值税。下列计算应税销售额的算式中，正确的是（   ）。
   A. 1 620÷（1+13%）×10＝14 336.28（元）
   B. 1 620×10＝16 200（元）
   C. 1 620×10－（1 620×5×20%）－（1 620×5×60%）＝9 720（元）
   D. [（1 620×10）－（1 620×5×20%）－（1 620×5×60%）]÷（1+13%）＝8 602（元）

4. [单选] 自2023年9月22日至2027年12月31日，从事二手车经销业务的纳税人销售其收购的二手车，纳税人应按（   ）计算缴纳增值税。
   A. 3%   B. 5%
   C. 2%   D. 0.5%

5. [单选] 某企业是增值税一般纳税人，2019年5月销售一栋房产，取得含税价500万元，该栋房产是2015年5月购入的，当时购买房产原值为300万元，则该企业销售此栋房产应纳的增值税税额为（   ）万元。
   A. 30
   B. 25
   C. 10.5
   D. 9.52

6. [单选] 某增值税一般纳税人购进免税农产品一批,支付给农业生产者的收购价格为10 000元,验收入库后,因管理人员保管不善损失1/4。则该项业务准予抵扣的进项税额为（　　）元。
   A. 750
   B. 675
   C. 1 000
   D. 1 100

7. [单选] 甲企业为增值税一般纳税人,2018年7月初,购买货物一批,支付增值税进项税额18万元,当月下旬,因管理不善,该批货物发生变质,经核实造成30%的损失。则甲企业当月可以抵扣的进项税额为（　　）万元。
   A. 0
   B. 5.4
   C. 12.6
   D. 18

8. [单选] 下列关于加计抵减政策,说法不正确的是（　　）。
   A. 集成电路企业按照当期可抵扣进项税额的15%计提当期加计抵减额
   B. 工业母机企业按照当期可抵扣进项税额的10%计提当期加计抵减额
   C. 集成电路企业可计提但未计提的加计抵减额,可在确定适用加计抵减政策当期一并计提
   D. 工业母机企业抵减前的应纳税额等于零的,当期可抵减加计抵减额全部结转下期抵减

9. [单选] 纳税人进口货物,按照组成计税价格和规定的税率计算增值税应纳税额,不得抵扣任何税额,组成计税价格计算公式为（　　）。
   A. 组成计税价格＝关税完税价格＋关税
   B. 组成计税价格＝关税完税价格＋消费税
   C. 组成计税价格＝关税完税价格＋关税＋增值税
   D. 组成计税价格＝关税完税价格＋关税＋消费税

10. [单选] 一般纳税人销售自己使用过的属于规定的不得抵扣且未抵扣进项税额的固定资产,其应纳税额的计算公式为（　　）。
    A. 应纳税额＝含税销售额/(1＋3%)×2%
    B. 应纳税额＝含税销售额/(1＋2%)×3%
    C. 应纳税额＝含税销售额/(1＋3%)×3%
    D. 应纳税额＝含税销售额/(1＋2%)×2%

11. [案例] 某生产小电器的企业是增值税小规模纳税人,2023年6月发生下列业务：
    (1) 外购材料一批用于生产,取得的增值税专用发票注明价款10 000元,增值税1 300元；外购一台生产设备,取得的增值税发票注明价款30 000元,增值税3 900元。
    (2) 委托外贸企业进口一批塑料原料,关税完税价格为15 000元,关税税率为6%,支付了相关税费,将该原料运回企业。
    (3) 销售50件自产A型小家电,共取得含税收入12 360元。
    (4) 将2件A型小家电赠送客户试用。
       假设不考虑增值税征收率的优惠政策。

根据以上资料，回答下列问题：

(1) 该企业进口塑料原料应纳的关税为（　　）元。

A. 700
B. 800
C. 900
D. 1 000

(2) 该企业进口塑料原料应纳的增值税为（　　）元。

A. 1 350
B. 2 067
C. 2 544
D. 2 703

(3) 关于该企业发生的业务，下列说法错误的是（　　）。

A. 该企业不得抵扣进项税
B. 该企业计算增值税采用的征收率为3%
C. 该企业进口塑料原料的税金合计为2 967元
D. "将2件A型小家电赠送客户试用"的业务无须缴纳增值税

(4) 该企业A型小家电应纳的增值税为（　　）元。

A. 360
B. 370
C. 127.27
D. 1 867.73

(5) 该企业应纳的增值税为（　　）元。

A. 0
B. 297.12
C. 127.27
D. 450

✎ 学习笔记

Day 18

▼ **考点**：增值税的税收优惠

1. [单选] 目前，对月销售额（　　）万元以下的个人免征增值税。
   A. 10   B. 15
   C. 20   D. 5

2. [单选] 住房租赁企业中的增值税一般纳税人向个人出租住房取得的全部出租收入，可以选择适用简易计税方法，按（　　）的征收率减按（　　）计算缴纳增值税。
   A. 3%，2%   B. 9%，3%
   C. 5%，1.5%   D. 9%，5%

3. [单选] 下列各项中，应当计算缴纳增值税的是（　　）。
   A. 个人销售自己使用过的轿车
   B. 农业生产者销售自产农产品
   C. 超市销售图书
   D. 残疾人组织直接进口供残疾人专用的物品

4. [多选] 下列属于免征增值税的项目有（　　）。
   A. 古旧图书
   B. 避孕药品和用具
   C. 由残疾人组织直接进口供残疾人专用的物品
   D. 国际组织无偿援助的进口物资和设备
   E. 兼营免税项目未单独核算销售额的

5. [单选] 自2023年1月1日至2027年12月31日，增值税小规模纳税人适用3%征收率的应税销售收入，减按（　　）征收率征收增值税。
   A. 0.5%   B. 1%
   C. 1.5%   D. 2%

▼ **考点**：增值税的征收管理

6. [单选] 纳税人进口应税消费品，应当自海关填发税款缴纳凭证之日起（　　）日内缴纳税款。
   A. 5   B. 7
   C. 10   D. 15

7. [单选] 未经批准，固定业户总机构和分支机构不在同一县（市）的，应（　　）的主管税务机关申报纳税。
   A. 向总机构所在地   B. 向分支机构所在地
   C. 分别向各自所在地   D. 向总机构或分支机构所在地

8. [单选] 采取预收货款方式销售货物，纳税义务发生时间为货物发出当天，但生产销售生产工期超过12个月的大型机械设备、船舶、飞机等货物，纳税义务发生时间为（　　）。
   A. 货物发出的当天
   B. 不动产使用权转移的次日

C. 收到预收款或者书面合同约定的收款日期的当天

D. 不动产所有权转移的次日

9. [单选] 增值税一般纳税人采取赊销和分期收款方式销售货物,其纳税义务的发生时间为( )。

A. 发出货物并办妥托收手续的当天

B. 按合同的约定的收款日期的当天

C. 签定销售合同的当天

D. 收讫销售额或取得索取销售额的凭据的当天

10. [多选] 下列关于增值税纳税人销售服务的纳税义务发生时间的说法,正确的有( )。

A. 纳税人提供租赁服务,采取预收款方式的,其纳税义务发生时间为收到预收款的当天

B. 纳税人提供建筑服务取得预收款,其纳税义务发生时间为收到预收款的当天

C. 纳税人销售服务的,为发生应税行为并收讫销售款项或者取得索取销售款项凭据的当天

D. 如纳税人在销售服务时先开具发票的,其纳税义务发生时间为开具发票的当天

E. 如纳税人在销售服务时先开具发票的,其纳税义务发生时间为发生应税行为并收讫销售款项或者取得索取销售款项凭据的当天

学习笔记

Day 19

▽ **考点**：消费税的概念

1. [多选] 与其他税种比较，消费税的特点有（　　）。
   A. 征税环节多样性
   B. 征收项目具有选择性
   C. 税收调节具有特殊性
   D. 消费税具有转嫁性
   E. 征收方法具有多样性

▽ **考点**：消费税的纳税人

2. [单选] 当委托加工应税消费品的（　　）在我国境内时，应当征收消费税。
   A. 抵达地
   B. 起运地
   C. 所在地
   D. 起运地或所在地

▽ **考点**：消费税的征税范围

3. [多选] 消费税的征税范围包括（　　）。
   A. 高档手表
   B. 游艇
   C. 保龄球
   D. 汽车轮胎
   E. 私人飞机

4. [单选] 根据消费税法律规定，下列行为中，应缴纳消费税的是（　　）。
   A. 进口服装
   B. 零售白酒
   C. 进口电子烟
   D. 零售高档化妆品

5. [单选] 下列业务中，应当征收消费税的是（　　）。
   A. 生产销售电信器材
   B. 需要交纳消费税的香水精被用来制造洗发水
   C. 某报社自己发行报刊
   D. 供应未经加工的天然水

6. [单选] 下列关于应税消费品的说法，错误的是（　　）。
   A. 粮食白酒属于酒的征税范围
   B. 只有高档化妆品才征收消费税
   C. 电动汽车属于小汽车征税范围
   D. 竹制一次性筷子不属于消费税征税范围

▽ **考点**：消费税的税率

7. [多选] 我国消费税分别采用（　　）的计征方法。
   A. 从价定率
   B. 从量定额
   C. 从价定额
   D. 从量定额和从价定率相结合
   E. 从量从率

8. [单选] 下列应税消费品中，适用复合税率的是（　　）。
   A. 超豪华小汽车
   B. 成品油
   C. 白酒
   D. 高档化妆品

9. [单选] 下列关于消费税适用税率的规定，说法错误的是（　　）。
   A. 纳税人兼营卷烟批发和零售业务的，应当核算批发环节的销售额、销售数量
   B. 外购酒精生产的白酒，应按酒精所用原料确定白酒的适用税率
   C. 外购两种以上酒精生产的白酒，一律从高确定税率征税
   D. 以外购的不同品种的白酒勾兑的白酒，一律按照粮食白酒的税率征税

✎ 学习笔记

Day 20

考点：消费税应纳税额的计算

1. [单选] 下列计算消费税组成计税价格的公式中，正确的是（　　）。
   A. 组成计税价格＝（成本＋利润＋消费税）÷（1－消费税税率）
   B. 组成计税价格＝（成本＋利润）÷（1＋消费税税率）
   C. 组成计税价格＝成本×（1＋成本利润率）÷（1－消费税税率）
   D. 组成计税价格＝（成本＋消费税）÷（1－消费税税率）

2. [单选] 下列选项中，不准予扣除外购已税消费品已纳消费税的是（　　）。
   A. 以外购的已税烟丝生产的卷烟
   B. 以外购的已税高档化妆品生产的高档化妆品
   C. 以外购的已税鞭炮、焰火生产的鞭炮、焰火
   D. 以外购的已税白酒生产的白酒

3. [多选] 纳税人用委托加工收回的（　　）应税消费品连续生产应税消费品，在计征消费税时委托加工收回的应税消费品准予从应纳消费税税额中扣除原料已纳的消费税税额。
   A. 以委托加工收回的已税烟丝为原料生产的卷烟
   B. 以委托加工收回的已税高档化妆品为原料生产的高档化妆品
   C. 以委托加工收回的已税酒精为原料生产的酒
   D. 以委托加工收回的已税珠宝玉石为原料生产的珠宝玉石
   E. 以委托加工收回的已税汽油、柴油、石脑油、燃料油、润滑油为原料生产的应税成品油

4. [多选] 下列情形的应税消费品，按照现行消费税法律制度规定，应以纳税人同类应税消费品的最高销售价格作为计税依据计算消费税的有（　　）。
   A. 用于抵债的应税消费品
   B. 用于馈赠的应税消费品
   C. 用于对外投资入股的应税消费品
   D. 用于换取生产资料的应税消费品
   E. 用于换取消费资料的应税消费品

5. [单选] 关于委托加工应税消费品的说法，正确的是（　　）。
   A. 委托方支付加工费，受托方提供原料和主要材料
   B. 委托方支付加工费，受托方购买原材料或主要材料再卖给委托方进行加工
   C. 委托方支付加工费，受托方以委托方的名义购买原料或主要原料
   D. 委托方提供原料和主要材料，受托方代垫部分辅助材料并收取加工费

6. [单选] 下列关于委托加工应税消费品的说法，错误的是（　　）。
   A. 受托方是法定的代收代缴义务人
   B. 委托方收回后直接销售的，缴纳消费税
   C. 组成计税价格＝（材料成本＋加工费）÷（1－消费税税率）
   D. 若受托方没有履行代收代缴义务，将承担补税或罚款的法律责任

7. [单选] 甲企业进口气缸容量 250 毫升的摩托车一批，海关核定的关税完税价格为

40 000 元，关税税率为 20%，消费税税率为 3%。则该批摩托车进口环节应缴纳消费税税额为（　　）元。

A. 1 200.00
B. 1 398.06
C. 1 440.00
D. 1 484.54

8. [单选] 某酒厂 2021 年 2 月份生产销售粮食白酒 10 吨，出厂价 6 000 元/吨（不含税），白酒适用的消费税比例税率为 20%，定额税率为 0.5 元/斤。该企业当月应纳消费税税额为（　　）元。

A. 22 000
B. 12 000
C. 10 000
D. 8 000

9. [单选] 甲烟酒批发公司为增值税一般纳税人，2021 年 5 月批发销售 A 牌卷烟 6 000 条给甲烟酒零售商店，开具的增值税专用发票上注明价款 300 万元；批发 B 牌卷烟 2 000 条给乙烟酒零售商店，开具的增值税普通发票上注明价款 85 万元，同时批发雪茄烟 200 条给乙烟酒零售商店，开具普通发票取得含税收入 30 万元。则甲烟酒批发公司当月应缴纳消费税（　　）万元。

A. 45.13
B. 42.07
C. 40.99
D. 44.29

10. [单选] 2021 年 7 月，某厂将其生产的一批游艇交给下设一非独立核算的门市部，计价 30 万元。门市部将其销售，取得含税销售额 58.5 万元，游艇的消费税税率为 10%。则该业务应缴纳的消费税为（　　）万元。

A. 2.44
B. 2.85
C. 5.20
D. 5.85

▼ 考点：消费税的税收优惠

11. [单选] 下列属于免征消费税的是（　　）。

A. 纳税人直接出口的应税消费品
B. 纳税人生产化妆品
C. 为保护生态环境，生产销售达到低污染排放值的小轿车
D. 纳税人生产卷烟

▼ 考点：消费税的征收管理

12. [多选] 下列关于消费税纳税义务发生时间的说法，正确的有（　　）。

A. 纳税人采取预收货款结算方式的，其纳税义务发生时间为发出应税消费品的当天
B. 纳税人采取托收承付方式的，其纳税义务发生时间为发出应税消费品并办妥托收手续的当天
C. 纳税人采取委托加工应税消费品的，其纳税义务发生时间为纳税人提货的当天
D. 纳税人进口应税消费品的，其纳税义务发生时间为报关进口的当天
E. 纳税人自产自用应税消费品的，其纳税义务发生时间为使用完的当天

13. [单选] 下列关于应税消费品纳税期限的说法，错误的是（　　）。

A. 纳税人以 1 个月或 1 个季度为一个纳税期的，自期满之日起 10 日内申报纳税

B. 纳税人的具体纳税期限，由主管税务机关根据纳税人应纳税额的大小分别核定

C. 纳税期限分别为1日、3日、5日、10日、15日、1个月或者1个季度

D. 以1日、3日、5日、10日或者15日为一期纳税的，自期满之日起5日内预缴税款

14. ［单选］下列关于消费税纳税地点的说法，正确的是（　　）。

　　A. 纳税人销售应税消费品向生产地的主管税务机关纳税

　　B. 纳税人销售应税消费品向销售地的主管税务机关纳税

　　C. 纳税人销售应税消费品向核算地的主管税务机关纳税

　　D. 纳税人销售应税消费品向机构所在地或居住地的主管税务机关纳税

✎ 学习笔记

Day 21

考点：关税的税率

1. [单选] 下列关于进口货物税率的说法，错误的是（　　）。
   A. 在进出口税则列明的全部税目中，除规定免税的之外，都要征收进口关税
   B. 进口关税有普通税率和优惠税率之分
   C. 对原产于与我国未订有关税互惠协议的国家或者地区的进口货物，按普通税率征税
   D. 对于原产于与我国订有关税互惠协议的国家或者地区的进口货物，不征收关税

考点：关税的完税价格和应纳税额的计算

2. [单选] 下列运费中，应计入出口关税完税价格的是（　　）。
   A. 货物运到我国境内输出地点装卸前的保险费
   B. 出口关税税额
   C. 单独列明的由卖方承担
   D. 货物在我国境内输出地点装卸后的运输费用

3. [单选] 进口货物的完税价格，由海关以进出口货物的（　　）为基础审定。
   A. 到岸价格
   B. 货物运费与采购价格之和
   C. 境外采购价格
   D. 离岸价格

4. [多选] 下列关于关税制度的说法，正确的有（　　）。
   A. 进口货物完税价格的确定首先应按相同货物成交价格估算
   B. FOB 是成本加运费的价格的简称
   C. 无商业价值的货样免征关税
   D. CFR 是到岸价格的简称
   E. CIF 是成本加运费、保险费的价格的简称，又称到岸价格

5. [单选] 按租赁方式进口的货物中，以租金方式对外支付的租赁货物，在租赁期间征收关税的完税价格是（　　）。
   A. 海关审定的留购价格
   B. 海关审查确定的租金
   C. 货物的成交价格
   D. 一般进口货物估定的完税价格

6. [单选] 某进出口公司从境外进口一批原材料，材料价款折合人民币 300 000 元，另支付包装劳务费 20 000 元。材料运抵我国境内输入地点起卸前发生运费 30 000 元、保险费 10 000 元；从海关运往企业所在地发生运费 4 000 元。已知该批材料进口关税税率为 10%，则该批材料进口时应缴纳关税（　　）元。
   A. 30 000
   B. 32 000
   C. 36 000

D. 36 400

7. [单选] 某公司从瑞士进口钢铁盘条 200 000 千克，其成交价格为 CIF 天津新港 200 000 美元，已知海关填发税款缴款书之日的外汇买卖中间价为：100 美元＝760 元人民币，海关审核申报价格，符合"成交价格"条件，确定的进口关税税率为 15%。则应征税款为（　　）元。

 A. 220 000
 B. 450 000
 C. 776 800
 D. 228 000

8. [单选] 某公司 2019 年 5 月 7 日经批准进口一套特定免税设备用于研发项目，2021 年 10 月 27 日经海关批准，该公司将设备出售，取得销售收入 200 万元，该设备进口时经海关审定的完税价格为 320 万元，已提折旧 60 万元。2021 年 10 月该公司应补缴关税（　　）万元。（关税税率为 10%，海关规定的监管年限为 5 年）

 A. 16.00
 B. 16.53
 C. 24.00
 D. 26.00

▽ 考点：关税的税收优惠

9. [多选] 根据关税的有关规定，下列进口货物中可以享受法定免税的有（　　）。
 A. 有商业价值的进口货样
 B. 外国政府无偿赠送的物资
 C. 科贸公司进口的科教用品
 D. 贸易公司进口的残疾人专用品
 E. 无商业价值的广告品和货样

10. [多选] 下列关于关税的税收优惠，说法正确的有（　　）。
 A. 关税税额在人民币 100 元以下的一票货物免征关税
 B. 无商业价值的广告品和货样免征关税
 C. 外国政府、国际组织无偿赠送的物资免征关税
 D. 在海关放行前损失的货物仍需缴纳关税
 E. 进出境运输工具装载途中必需的燃料、物料和饮食用品需缴纳关税

▽ 考点：关税的征收管理

11. [单选] 涉及关税退还的，纳税人应当自收到通知之日起（　　）个月内办理有关退税手续。
 A. 1   B. 2
 C. 3   D. 4

12. [单选] 下列关于关税缴纳的规定，说法错误的是（　　）。
 A. 进口货物自运输工具申报进境之日起 14 日内进行关税申报

B. 出口货物在货物运抵海关监管区后、装货的48小时以前进行关税申报
C. 纳税义务人应当自海关填发税款缴款书之日起15日内，向指定银行缴纳税款
D. 关税纳税人因不可抗力或在国家税收政策调整的情形下，不能按期缴纳税款的，经海关总署批准，可以延期缴纳税款，但最长不得超过6个月

✏️ 学习笔记

本章学习检查表

知识点名称	初次学习		第一次复习		第二次复习	
	做对题目数/总题目数	学习日期	做对题目数/总题目数	复习日期	做对题目数/总题目数	复习日期
增值税概述						
增值税的纳税人和扣缴义务人						
增值税的征税范围						
增值税的税率与征收率						
增值税应纳税额的计算						
增值税的税收优惠						
增值税的征收管理						
消费税的概念						
消费税的纳税人						
消费税的征税范围						
消费税的税率						
消费税应纳税额的计算						
消费税的税收优惠						
消费税的征收管理						
关税的税率						
关税的完税价格和应纳税额的计算						
关税的税收优惠						
关税的征收管理						

填写建议：

"做对题目数/总题目数"记录自己各知识点做题的情况，比如，某知识点总题目数10题，自己做对了其中7题，记录为7/10。

"学习日期"和"复习日期"记录自己学习和复习各知识点的日期。

备忘录

参考答案及解析

Day 15

1. C [解析] 增值税是以从事销售货物或者提供加工、修理修配劳务以及从事进口货物的单位和个人取得的增值额为课税对象征收的一种税。

2. C [解析] 按扣除项目中对外购固定资产的处理方式为标准，可将增值税划分为生产型增值税、收入型增值税、消费型增值税三类。其中消费型增值税允许当期购入的固定资产价款一次性全部扣除。

3. B [解析] 增值税具有中性税收的特征，是因为增值税只对货物或劳务销售额中没有征过税的那部分增值额征税。对销售额中属于转移过来的、以前环节已征过税的那部分销售额则不再征税，从而有效地排除了重复征税的因素。

4. D [解析] 在各种收入来源既定的情况下，个人之间收入分配的结果在很大程度上取决于个人所得税的征收状况。个人所得税能实现对高收入者多征税，对低收入者少征税，特别是实行累进税率制度，对抑制收入差距的扩大具有特殊的功能。因此，调节收入差距不是增值税的主要作用。

> **●考点再现**
>
> Q_{3-4} 增值税的特点。
>
> （1）不重复征税，具有中性税收的特征。增值税具有中性税收的特征，是因为增值税只对货物或劳务销售额中没有征过税的那部分增值额征税。对销售额中属于转移过来的、以前环节已征过税的那部分销售额则不再征税，从而有效地排除了重复征税的因素。
>
> （2）逐环节征税，逐环节扣税，最终消费者是全部税款的承担者。作为一种新型的流转税，增值税保留了传统营业税按流转额全值计税和道道征税的特点，同时还实行税款抵扣制度，即在逐环节征税的同时，还实行逐环节抵扣。
>
> （3）税基广阔，具有征收的普遍性和连续性。无论是从横向看还是从纵向看，增值税都有着广阔的税基。

5. A [解析] 该业务属于甲酒厂提供加工劳务，所以甲酒厂为该业务增值税的纳税人。

6. A [解析] 企业租赁或承包给他人经营的，以承租人或承包人为纳税人。承租或者承包的企业、单位和个人，有独立的生产、经营权，在财务上独立核算，并定期向出租者或发包者上缴租金或承包费的，应作为增值税纳税人按规定征收增值税。

7. C [解析] 对代理进口货物，以海关开具的完税凭证上的纳税人为增值税纳税人，A 项正确。进口货物的收货人或办理报关手续的单位和个人，为进口货物增值税的纳税人，B 项正确。资管产品运营过程中发生的增值税应税行为，以资管产品管理人为增值税纳税人，C 项错误。企业租赁或承包给他人经营的，以承租人或承包人为纳税人，D 项正确。

8. A [解析] 自 2018 年 5 月 1 日起，增值税小规模纳税人标准为年应征增值税销售额 500 万元及以下。

9. CE [解析] 现行增值税制度是以纳税人年应税销售额的大小和会计核算水平这两个标准

为依据来划分一般纳税人和小规模纳税人的。

10. CD [解析] 年应税销售额是指纳税人在连续不超过12个月或4个季度的经营期内累计应征增值税销售额，包括纳税申报销售额、稽查查补销售额、纳税评估调整销售额。

Day 16

1. A [解析] 我国增值税的应税劳务限定为提供加工、修理修配劳务。修理修配，是指受托方对损伤和丧失功能的货物进行修复，使其恢复原状和功能的业务。因此，只有A项是对货物的修复，B、C、D三项都属于对不动产的修复。

2. ABCD [解析] 增值税的征税范围是指在中华人民共和国境内销售的货物、劳务、服务、无形资产、不动产，以及进口的货物。A、B两项属于交通运输服务；C项属于现代服务；D项属于生活服务；E项，个人未达到增值税起征点的劳务不属于增值税征税范围。

3. ABE [解析] 采取以旧换新方式销售货物，按新货物的同期销售价格确定销售额，不得扣减旧货收购价格，C项错误。采取以物易物方式销售货物的，双方均作购销处理，以各自发出的货物核算销售额并计算销项税额，以各自收到的货物核算购货额并计算进项税额，D项错误。

4. ACD [解析] 根据《增值税暂行条例》的规定，纳税人兼营免税、减税项目的，应当分别核算免税、减税项目的销售额；未分别核算的，不得免税、减税，A项正确，B项错误。试点纳税人销售货物、劳务、服务、无形资产、不动产，适用不同税率或者征收率的，应当分别核算适用不同税率或者征收率的销售额（C项正确），未分别核算销售额的，按照以下方法适用税率或者征收率：①兼有不同税率的销售货物、劳务、服务、无形资产、不动产，从高适用税率；②兼有不同征收率的销售货物、劳务、服务、无形资产、不动产，从高适用征收率；③兼有不同税率和征收率的销售货物、劳务、服务、无形资产、不动产，从高适用税率。D项正确，E项错误。

5. CD [解析] 单位或个体工商户的下列行为，视同销售货物，征收增值税：①将货物交付其他单位或个人代销；②销售代销货物；③设有两个以上机构并实行统一核算的纳税人，将货物从一个机构移送其他机构用于销售，但相关机构在同一县（市）的除外；④将自产或委托加工的货物用于非增值税应税项目；⑤将自产、委托加工或购进的货物作为投资，提供给其他单位或个体工商户；⑥将自产、委托加工或购进的货物分配给股东或投资者（C项正确）；⑦将自产、委托加工的货物用于集体福利或个人消费（D项正确）；⑧将自产、委托加工或购进的货物无偿赠送其他单位或个人。A、B、E三项均不属于以上8种情况，不视同销售。

6. A [解析] 纳税人受托对垃圾、污泥、污水、废气等废弃物进行专业化处理，即运用填埋、焚烧、净化、制肥等方式，对废弃物进行减量化、资源化和无害化处理处置，按照以下规定适用增值税税率：①采取填埋、焚烧等方式进行专业化处理后未产生货物的，受托方属于提供《销售服务、无形资产、不动产注释》"现代服务"中的"专业技术服务"，其收取的处理费用适用6%的增值税税率。②专业化处理后产生货物，且货物归属委托方的，受托方属于提供"加工劳务"，其收取的处理费用适用13%的增值税税率。③专业化处理后产生货物，且货物归属受托方的，受托方属于提供"专业技术服务"，其收取的处理费用适用6%的增值税税率。受托方将产生的货物用于销售时,适用货物的增值税税率。

7. A [解析] 提供有形动产租赁服务,增值税税率为13%;提供不动产租赁服务,增值税税率为9%。

8. C [解析] A、B、D三项增值税税率为9%。

9. C [解析] 纳税人销售或者进口下列货物,税率为9%:①生活必需品类包括粮食、食用植物油、自来水、暖气、冷气、热水、煤气、石油液化气、天然气、沼气、居民用煤炭制品;②文化用品类包括图书、报纸、杂志、音像制品、电子出版物;③农业生产资料类包括饲料、化肥、农机、农药、农膜、农产品、二甲醚。

● 考点再现

Q_{7-9} 增值税的税率如表5-1所示。

表5-1 增值税的税率

分类	税率
货物	(1) 一般纳税人销售或进口货物,除适用9%低税率外,适用13%税率 (2) 纳税人销售或者进口下列货物,税率为9%: ①生活必需品类:粮食、食用植物油、自来水、暖气、冷气、热水、煤气、石油液化气、天然气、沼气、居民用煤炭制品 ②文化用品类:图书、报纸、杂志、音像制品、电子出版物 ③农业生产资料类:饲料、化肥、农机、农药、农膜 ④农产品、二甲醚 (3) 出口货物(除国家个别禁止出口的货物),税率为0
销售服务、无形资产、不动产	(1) 提供有形动产租赁服务,税率为13% (2) 提供交通运输、邮政、基础电信、建筑、不动产租赁服务,销售不动产、转让土地使用权,税率为9% (3) 境内单位和个人发生的跨境应税行为,税率为0 (4) 除上述三种情况以外的,销售服务、无形资产、不动产,税率为6%

10. C [解析] 一般纳税人销售自产的下列货物,可选择按照简易办法依照3%征收率计算缴纳增值税:①县级及县级以下小型水力发电单位生产的电力。小型水力发电单位,是指各类投资主体建设的装机容量为5万千瓦以下(含5万千瓦)的小型水力发电单位。②建筑用和生产建筑材料所用的沙、土、石料。③以自己采掘的沙、土、石料或其他矿物连续生产的砖、瓦、石灰(不含黏土实心砖、瓦)。④用微生物、微生物代谢产物、动物毒素、人或动物的血液或组织制成的生物制品。⑤自来水(C项正确)。⑥商品混凝土(仅限于以水泥为原料生产的水泥混凝土)。

11. D [解析] 一般纳税人销售货物属于下列情形之一的,暂按简易办法依照3%征收率计算缴纳增值税:①寄售商店代销寄售物品(包括居民个人寄售的物品在内)(B项);②典当业销售死当物品(C项)。A项,属于可以选择按照简易办法依照3%征收率计算缴纳增值税的情况。D项,食用植物油税率为9%。

Day 17

1. BCE [解析] A项,用于分配给股东的外购货物,视同销售,因此可以抵扣。B项,外购的货物用于职工福利或者个人消费不视同销售,因此进项税额不能进行抵扣。C项,用于个人消费的外购货物,不视同销售,因此不可以抵扣。D项,既用于应税产品生产又用于免税产品生产的外购机器设备,可以进行抵扣。E项,发生非正常损失的产品所耗用的外购材料的进项税额不能进行抵扣,因此要做进项税额转出处理。

2. AE [解析] 价外费用包括价外向购买方收取的手续费、补贴、基金、集资费、返还利润、奖励费、违约金、滞纳金、延期付款利息、赔偿金、代收款项、代垫款项、包装费、包装物租金、储备费、优质费、运输装卸费以及其他各种性质的价外收费。下列项目不包括在价外费用内。①受托加工应征消费税的消费品所代收代缴的消费税。②同时符合以下条件的代垫运输费用:一是承运部门的运输费用发票开具给购买方的;二是纳税人将该项发票转交给购买方的。③同时符合以下条件代为收取的政府性基金或者行政事业性收费:一是由国务院或财政部批准设立的政府性基金,由国务院或省级人民政府及其财政、价格主管部门批准设立的行政事业性收费;二是收取时开具省级以上财政部门印制的财政票据;三是所收款项全额上缴财政。④销售货物的同时代办保险等而向购买方收取的保险费,以及向购买方收取的代购买方缴纳的车辆购置税、车辆牌照费。B、C、D三项均属于价外费用,A、E两项不是价外费用。

3. A [解析] 采取以旧换新方式销售货物除销售金银首饰以外,按新货物的同期销售价格确定销售额,不得扣减旧货收购价格。因此,计税销售额=1 620÷(1+13%)×10=14 336.28(元)。

4. D [解析] 自2023年9月22日至2027年12月31日,从事二手车经销业务的纳税人销售其收购的二手车,按以下规定执行:纳税人减按0.5%计算缴纳增值税,并按公式"销售额=含税销售额÷(1+0.5%)"计算销售额。

5. D [解析] 增值税一般纳税人销售非自建老项目(2016年4月30日以前取得的),可以选择适用简易计税方法,以取得的全部价款和价外费用减去该项不动产购置原价或取得不动产时的作价后的余额为销售额。所以应缴纳的增值税=(500-300)÷(1+5%)×5%=9.52(万元)。

6. B [解析] 购进免税农业产品准予抵扣的进项税额,按照买价和9%的扣除率计算。代扣代缴的农业特产税包含在买价中。则准予抵扣的进项税额=买价×扣除率=(10 000-10 000÷4)×9%=675(元)。

7. C [解析] 因管理不善,造成损失的,进项税额不得从销项税额中抵扣。甲企业当月可以抵扣的进项税额=18×(1-30%)=12.6(万元)。

8. B [解析] 工业母机企业按照当期可抵扣进项税额的15%计提当期加计抵减额。

9. D [解析] 纳税人进口货物,按照组成计税价格和规定的税率计算应纳税额,不得抵扣任何税额。组成计税价格和应纳税额计算公式:组成计税价格=关税完税价格+关税+消费税。

10. A [解析] 一般纳税人销售自己使用过的属于规定的不得抵扣且未抵扣进项税额的固定资产,按照简易办法依照3%征收率减按2%征收增值税,其应纳税额的计算公式为:应纳税额=含税销售额/(1+3%)×2%。

11. (1) C [解析] 根据材料(2)委托外贸企业进口一批塑料原料,关税完税价格15 000元,关税税率6%,支付了相关税费将材料运回企业,可解此题。该企业进口塑料原料应纳的关税=15 000×6%=900（元）。

(2) B [解析] 该企业进口塑料原料应纳的增值税=（关税完税价格+关税）×税率=（15 000+900）×13%=2 067（元）。

(3) D [解析] 将2件A型小家电赠送客户试用视同销售，需缴纳增值税，D项错误。

(4) C [解析] 将2件A型小家电赠送客户试用视同销售，需缴纳增值税。应纳增值税=12 360÷1.01×0.01+12 360÷1.01÷50×2×0.01≈127.27（元）。

(5) C [解析] 小规模纳税人不得抵扣进项税额，则该企业应缴纳的增值税为127.27元。

Day 18

1. A [解析] 2023年1月1日至2027年12月31日，对月销售额10万元以下的个人免征增值税。

2. C [解析] 住房租赁企业中的增值税一般纳税人向个人出租住房取得的全部出租收入，可以选择适用简易计税方法，按照5%的征收率减按1.5%计算缴纳增值税，或适用一般计税方法计算缴纳增值税。住房租赁企业向个人出租住房适用上述简易计税方法并进行预缴的，减按1.5%预征率预缴增值税。

3. [解析] C项，超市销售图书适用9%的税率计征增值税。A、B、D三项均属于免税项目。

4. ABCD [解析] E项，纳税人兼营减税、免税项目的，应当分别核算减、免税项目的销售额；未分别核算销售额的，不得减税、免税。

•考点再现•

Q_{3-4} 增值税的免征项目。

(1) 农业生产者销售的自产农产品。
(2) 避孕药品和用具。
(3) 古旧图书。
(4) 直接用于科学研究、科学实验和教学的进口仪器、设备。
(5) 外国政府、国际组织无偿援助的进口物资和设备。
(6) 由残疾人的组织直接进口供残疾人专用的物品。
(7) 销售的自己使用过的物品。

【注意】纳税人兼营减税、免税项目的，应当分别核算减、免税项目的销售额；未分别核算销售额的，不得减税、免税。

5. B [解析] 自2023年1月1日至2027年12月31日，增值税小规模纳税人适用3%征收率的应税销售收入，减按1%征收率征收增值税。

6. D [解析] 纳税人进口应税消费品，应当自海关填发海关进口增值税专用缴款书之日起15日内缴纳税款。

7. C [解析] 固定业户应当向其机构所在地的主管税务机关申报纳税。总机构和分支机构不在同一县（市）的，应当分别向各自所在地的主管税务机关申报纳税；经国务院财政、税务主管部门或者其授权的财政、税务机关批准，可以由总机构汇总向总机构所在地的主管税务机关申报纳税。

8. C [解析] 采取预收货款方式销售货物,纳税义务发生时间为货物发出当天,但生产销售生产工期超过12个月的大型机械设备、船舶、飞机等货物,纳税义务发生时间为收到预收款或者书面合同约定的收款日期的当天。

9. B [解析] 采取赊销和分期收款方式销售货物,为书面合同约定的收款日期的当天,无书面合同的或者书面合同没有约定收款日期的,为货物发出的当天。

10. ABCD [解析] E项错误,纳税人销售服务、无形资产、不动产的,为发生应税行为并收讫销售款项或者取得索取销售款项凭据的当天;先开具发票的,为开具发票的当天。

● 考点再现

Q_{8-10} 增值税纳税义务发生时间如表 5-2 所示。

表 5-2 增值税纳税义务发生时间

销售方式	纳税义务发生时间
直接收款	为收到销售款或者取得索取销售款凭据当天
赊销和分期收款	为书面合同约定的收款日期的当天,无书面合同的或者书面合同没有约定收款日期的,为货物发出的当天
预收货款	为货物发出的当天,但生产销售生产工期超过12个月的大型机械设备、船舶、飞机等货物,为收到预收款或者书面合同约定的收款日期的当天
托收承付和委托银行收款	为发出货物并办妥托收手续的当天
委托其他纳税人代销货物	为收到代销单位的代销清单或者收到全部或者部分货款的当天。未收到代销清单及货款的,为发出代销货物满180天的当天
视同销售货物行为	为货物移送的当天
销售应税劳务	为提供应税劳务同时收讫销售款或者取得索取销售款凭据的当天

Day 19

1. BCDE [解析] 消费税的特点包括:①征税项目具有选择性;②征税环节具有单一性;③征收方法具有多样性;④税收调节具有特殊性;⑤消费税具有转嫁性。A项,消费税征税环节具有单一性,增值税是逐环节征税。

2. D [解析] 消费税的纳税义务人是指在中华人民共和国境内生产、委托加工和进口应税消费品的单位和个人。中华人民共和国境内是指生产、委托加工和进口应税消费品的起运地或所在地在我国境内。

3. AB [解析] 消费税的征税范围包括烟、酒、高档化妆品、贵重首饰及珠宝玉石、鞭炮、焰火、成品油、摩托车、小汽车、高尔夫球及球具、高档手表、游艇、木制一次性筷子、实木地板、电池、涂料。

4. C [解析] A项,进口服装不征收消费税。B项,白酒在生产环节征收消费税。C项,进口电子烟需要征收消费税。D项,高档化妆品在生产环节征收消费税,零售环节不征收。

5. B [解析] 将需要交纳消费税的香水精,作为原材料用于制作不需要缴纳消费税的洗发水,这实际上是一个脱离消费税征收领域的行为,所以需要征收消费税。

6. C [解析] 小汽车是指由动力装置驱动,具有4个或4个以上车轮的非轨道承载的车辆。

电动汽车不属于消费税的征收范围。

7. ABD [解析] 我国消费税分别采用从价定率、从量定额、从量定额和从价定率相结合三种计征方法。

8. C [解析] 适用比例税率的是除了啤酒、黄酒、成品油、白酒、卷烟的其他应税产品。适用定额税率的有啤酒、黄酒、成品油。适用复合计税的有白酒、卷烟。超豪华小汽车和高档化妆品都适用比例税率。成品油适用定额税率。

9. A [解析] A项，自2015年5月10日起，纳税人兼营卷烟批发和零售业务的，应当分别核算批发和零售环节的销售额、销售数量；未分别核算批发和零售环节销售额、销售数量的，按照全部销售额、销售数量计征批发环节消费税。

Day 20

1. C [解析] 没有同类消费品销售价格的，应按组成计税价格进行计算。组成计税价格的计算公式为：组成计税价格＝成本×（1＋成本利润率）÷（1－消费税税率）或者组成计税价格＝（成本＋利润）÷（1－消费税税率）。

2. D [解析] 应纳税额中扣除外购已税消费品已纳消费税的特殊规定如下：①以外购的已税烟丝生产的卷烟；②以外购的已税高档化妆品生产的高档化妆品；③以外购的已税珠宝玉石生产的贵重首饰及珠宝玉石；④以外购的已税鞭炮、焰火生产的鞭炮、焰火；⑤以外购的已税杆头、杆身和握把为原料生产的高尔夫球杆；⑥以外购的已税木制一次性筷子为原料生产的木制一次性筷子；⑦以外购的已税实木地板为原料生产的实木地板；⑧以外购的已税汽油、柴油为原料连续生产的汽油、柴油；⑨以外购的已税汽油、柴油、石脑油、燃料油、润滑油连续生产应税成品油等。

3. ABDE [解析] 纳税人用委托加工收回的下列应税消费品连续生产应税消费品，在计征消费税时准予从应纳消费税税额中扣除原料已纳的消费税税额：①以委托加工收回的已税烟丝为原料生产的卷烟；②以委托加工收回的已税高档化妆品为原料生产的高档化妆品；③以委托加工收回的已税珠宝玉石为原料生产的贵重首饰及珠宝玉石；④以委托加工收回的已税鞭炮、焰火为原料生产的鞭炮、焰火；⑤以委托加工收回的已税杆头、杆身和握把为原料生产的高尔夫球杆；⑥以委托加工收回的已税木制一次性筷子为原料生产的木制一次性筷子；⑦以委托加工收回的已税实木地板为原料生产的实木地板；⑧以委托加工收回的已税汽油、柴油、石脑油、燃料油、润滑油为原料生产的应税成品油。C项，已税酒精生产的酒不可扣除已纳消费税税额。

4. ACDE [解析] 纳税人自产的应税消费品用于换取生产资料和消费资料、投资入股和抵偿债务等方面，应当按纳税人同类应税消费品的最高销售价格作为计税依据。

5. D [解析] 委托加工的应税消费品，是指由委托方提供原料和主要材料，受托方只收取加工费和代垫部分辅助材料加工的应税消费品。

6. B [解析] 委托加工的应税消费品，受托方在交货时已代收代缴消费税，委托方收回后直接销售的，不再征收消费税，B项错误。

7. D [解析] 进口的应税消费品，实行从价定率办法计算应纳税额的，按照组成计税价格计算纳税。组成计税价格＝（关税完税价格＋关税）÷（1－消费税比例税率），则消费税税额＝40 000×（1＋20%）÷（1－3%）×3%＝1 484.54（元）。

8. A [解析] 卷烟、粮食白酒、薯类白酒实行从量定额和从价定率相结合计算应纳税额的复合计税办法。应纳税额＝销售数量×定额税率＋销售额×比例税率。本题中应纳税额＝（10×2 000）×0.5＋10×6 000×20%＝22 000（元）。

9. B [解析] 根据《中华人民共和国消费税暂行条例》的规定，卷烟在批发环节加征一道消费税，雪茄烟在批发环节不征收消费税。故当月应缴纳消费税＝[300＋85÷（1＋13%）]×11%＋0.005×200×（6 000＋2 000）÷10 000＝42.07（万元）。

10. C [解析] 发给非独立核算的门市部，应以门市部最终对外销售的金额计税，该业务应缴纳的消费税＝[58.5÷（1＋13%）]×10%＝5.20（万元）。

11. A [解析] 消费税的税收优惠政策包括：①纳税人直接出口应税消费品，按照其实际出口的应税消费品数量，予以免征消费税；②由出口企业出口和代理出口的应税消费品，给予退税；③其他若干具体规定（对成品油生产企业生产自用油免征消费税；绝缘油类产品不征收消费税）。因此，A项属于免税规定。

12. ABCD [解析] 纳税人销售应税消费品的，按不同的销售结算方式分别为：①纳税人采取赊销和分期收款结算方式的，纳税义务发生时间为销售合同规定的收款日期的当天；②纳税人采取预收货款结算方式的，纳税义务发生时间为发出应税消费品的当天（A项正确）；③纳税人采取托收承付和委托银行收款方式的，纳税义务发生时间为发出应税消费品并办妥托收手续的当天（B项正确）；④纳税人采取其他结算方式的，纳税义务发生时间为收讫销售款或者取得索取销售款凭据的当天。纳税人委托加工的应税消费品，其纳税义务的发生时间为纳税人提货的当天，C项正确。纳税人进口应税消费品的，其纳税义务的发生时间为报关进口的当天，D项正确。纳税人自产自用应税消费品的，其纳税义务的发生时间为移送使用的当天，E项错误。

13. A [解析] 我国消费税的纳税期限分为1日、3日、5日、10日、15日、1个月或者1个季度。不能按照固定期限纳税的，可以按次纳税。纳税人以1个月或1个季度为1个纳税期的，自期满之日起15日内申报纳税，A项错误。以1日、3日、5日、10日、15日为1个纳税期的，自期满之日起5日内预缴税款，于次月1日起15日内申报纳税并结算上月应纳税额。纳税人进口应税消费品，应当自海关填发海关进口消费税专用缴款书之日起15日内缴纳税款。

14. D [解析] 纳税人销售应税消费品后应向机构所在地或居住地主管税务机关申报纳税。具体规定为：①纳税人到外县（市）销售或者委托外县（市）代销自产应税消费品的，应当在应税消费品销售后，向机构所在地或居住地主管税务机关申报缴纳消费税；②纳税人的总机构与分支机构不在同一县（市）的，应当分别向各自机构所在地的主管税务机关申报纳税；经过财政部、国家税务总局或者其授权的财政、税务机关批准，纳税人分支机构应纳的消费税税款也可以由总机构汇总向所在地的税务机关申报纳税；③委托个人加工的应税消费品，由委托方向其机构所在地或居住地主管税务机关申报纳税；④进口的应税消费品，由进口人或其代理人向报关地海关申报缴纳消费税。消费税纳税遵循属地原则。因此，A、B、C三项说法均不正确。

Day 21

1. D [解析] 进口货物税率的相关规定包括：①在进出口税则列明的全部税目中，除规定免税的之外，都要征收进口关税；②进口关税有普通税率和优惠税率之分；③对原产于与我国未订有关税互惠协议的国家或者地区的进口货物，按普通税率征税；④对于原产于与我国订有关税互惠协议的国家或者地区的进口货物，按优惠税率征收。D项错误。

2. A [解析] 出口货物的关税完税价格包括货物运至我国境内输出地点装载前的运输及其相关费用、保险费。不包括出口关税以及在货物价款中单独列明的货物运至我国境内输出地点装卸后的运输及其相关费用、保险费和在货物价款中单独列明由卖方承担的佣金。因此，B、C、D三项均不属于出口货物的关税完税价格。

3. A [解析] 进口货物的完税价格，由海关以该货物的成交价格为基础审查确定，并且应当包括货物运抵中华人民共和国境内输入地点起卸前的运输及其相关费用、保险费，简称CIF，习惯上又称到岸价格。

4. ACE [解析] FOB是船上交货，又称离岸价格，B项错误；CFR是成本加运费，D项错误。

5. B [解析] 以租赁方式进口的货物，以租金方式对外支付的租赁货物，在租赁期间以海关审查确定的租金作为完税价格，利息应当予以计入。

6. C [解析] 一般货物的完税价格包括货物运抵中华人民共和国境内输入地点起卸前的运输及其相关费用、保险费。由从海关运往企业所在地发生运费不算入关税完税价格。该批材料关税完税价格＝300 000＋20 000＋30 000＋10 000＝360 000（元），该批材料应缴纳关税＝360 000×10％＝36 000（元）。

7. D [解析] 以CIF成交的进口货物，如果申报价格符合规定的"成交价格"条件，则可直接计算出税款。关税完税价格＝200 000×760÷100＝1 520 000（元）；应纳关税税额＝1 520 000×15％＝228 000（元）。

8. A [解析] 完税价格＝海关审定的该货物原进口时的价格×［1－申请补税时实际已进口的时间（月）÷（监管年限×12）］。故应补缴关税＝320×［1－30÷（5×12）］×10％＝16.00（万元）。

9. BE [解析] 无商业价值的货样是免征关税的，A项错误。C、D两项属于特定减免税，不是法定减免税。

10. BC [解析] 关税税额在人民币50元以下的一票货物免征关税，A项错误；在海关放行前损失的货物免征关税，D项错误；进出境运输工具装载途中必需的燃料、物料和饮食用品免征关税，E项错误。

> ●考点再现
>
> Q_{9-10} 关税的税收优惠。
>
> 1. 法定减免税
>
> （1）免征关税。
>
> ①关税税额在人民币50元以下的一票货物。

②无商业价值的广告品和货样。

③外国政府、国际组织无偿赠送的物资。

④在海关放行前损失的货物。

⑤进出境运输工具装载途中必需的燃料、物料和饮食用品。

(2) 暂不缴纳关税的9种情形。

①在展览会、交易会、会议及类似活动中展示或者使用的货物。

②在文化、体育交流活动中使用的表演、比赛用品。

③进行新闻报道或者摄制电影、电视节目使用的仪器、设备及用品。

④开展科研、教学、医疗活动使用的仪器、设备及用品。

⑤在第①项至第④项所列活动中使用的交通工具及特种车辆。

⑥货样。

⑦供安装、调试、检测设备时使用的仪器、工具。

⑧盛装货物的容器。

⑨其他用于非商业目的的货物。

2. 特定减免税（政策性减免税）

特定减免税主要包括科教用品、残疾人专用品、加工贸易产品、边境贸易进口物资、保税区进出口货物、出口加工区进出口货物、国家鼓励发展的国内投资项目和外商投资项目进口设备等。

3. 临时减免税

由国务院根据《中华人民共和国海关法》对某个单位、某类商品、某个项目或某批进出口货物的特殊情况，给予特别照顾，一案一批，专文下达的减免税。

11. C [解析] 海关应当自受理退税申请之日起30日内查实并通知纳税人办理退税手续。纳税人应当自收到通知之日起3个月内办理有关退税手续。

12. B [解析] 进口货物自运输工具申报进境之日起14日内，出口货物在货物运抵海关监管区后、装货的24小时以前进行关税申报，B项错误。

本章强化测试

第六章 所得税制度

> **学习指导**

本章所涉知识点包括企业所得税和个人所得税两部分内容,是历年考试中计算题、案例题考查的重点,是本书的重中之重。本章常考的知识点有:企业所得税的计税依据、收入确认、税前扣除、应纳税额的计算以及个人所得税计税依据和应纳税额的计算等。本章历年考查分数在21分左右。

在学习本章时,考生可以将企业所得税和个人所得税分开来学习、攻克,并且注意知识点之间的融会贯通及从宏观的角度出发拓宽做题思路,同时还要注意计算题中的一些细节问题。

日期	考点
Day22	➢企业所得税的纳税人 ➢企业所得税的征税对象 ➢企业所得税的税率 ➢企业所得税的计税依据
Day23	➢企业所得税的收入确认
Day24	➢企业所得税的税前扣除
Day25	➢资产的税务处理 ➢企业所得税应纳税额的计算
Day26	➢企业所得税的税收优惠 ➢企业所得税的征收管理
Day27	➢个人所得税的征税对象 ➢个人所得税的税率 ➢个人所得税的计税依据
Day28	➢个人所得税应纳税额的计算 ➢个人所得税的税收优惠
Day29	➢个人所得税的征收管理

▶▶ Day 22

▽ **考点**:企业所得税的纳税人

1. [单选]企业所得税的纳税人不包括(   )。

　　A. 基金会　　　　　　　　　　　　B. 外国商会

C. 农民专业合作社   D. 个人独资企业

▽ **考点**：企业所得税的征税对象

2. [单选] 对于居民企业而言，其征税对象为（   ）。
   A. 中国境内、境外的所得
   B. 中国境内所得
   C. 中国境外所得
   D. 所设机构、场所取得的来源于中国境内的所得

▽ **考点**：企业所得税的税率

3. [单选] 现行企业所得税的税率是（   ）。
   A. 15%   B. 18%   C. 25%   D. 33%

4. [单选] 下列企业中，适用20%企业所得税优惠税率的是（   ）。
   A. 居民企业
   B. 国家重点扶持的高新技术企业
   C. 经认定的技术先进型服务企业
   D. 符合条件的小型微利企业

5. [多选] 关于企业所得税税率，下列表述正确的有（   ）。
   A. 居民企业适用的企业所得税法定税率为25%
   B. 对经认定的技术先进型服务企业，减按15%的税率征收企业所得税
   C. 对符合条件的小型微利企业，减按20%的税率征收企业所得税
   D. 对国家需要重点扶持的高新技术企业，减按15%的税率征收企业所得税
   E. 非居民企业在中国境内未设立机构、场所的，减按15%的税率征收企业所得税

▽ **考点**：企业所得税的计税依据

6. [多选] 企业所得税中应纳税所得额的计算应遵循的原则有（   ）。
   A. 会计优先
   B. 后进先出
   C. 税法优先
   D. 收付实现制
   E. 权责发生制

7. [单选] 根据《中华人民共和国企业所得税法》（以下简称《企业所得税法》），在计算应纳税所得额时，企业财务、会计处理办法与税收法律、行政法规的规定不一致的，应当依照税收法律、行政法规的规定计算。这是对计算企业所得税应纳税所得额（   ）原则的表述。
   A. 权责发生制
   B. 税法优先
   C. 合理性
   D. 不得重复扣除

8. [单选] 某公司2019年经税务机关核实亏损120万元，2020年的利润总额为380万元，假定无其他纳税调整事项，该公司一直适用25%的所得税税率。则该公司2020年度应纳所得税税额为（   ）万元。
   A. 30   B. 65
   C. 95   D. 125

9. [单选] 甲企业2015年度亏损800万元，则该企业本年亏损用以后年度延续弥补的期限最长不得超过（　　）年。
   A. 2018　　　　　　　　　　　　B. 2019
   C. 2020　　　　　　　　　　　　D. 2021

10. [单选] 某企业2013年度亏损18万元，2014年度亏损8万元，2015年度盈利3万元，2016年度亏损13万元，2017年度盈利6万元，2018年度盈利4万元，2019年度盈利70万元，则2019年度的应纳税所得额为（　　）万元。
    A. 44　　　　　　　　　　　　B. 49
    C. 62　　　　　　　　　　　　D. 70

学习笔记

Day 23

考点： 企业所得税的收入确认

1. [多选] 企业所得税收入中，作为收入总额确认的有（   ）。
   A. 销售货物收入
   B. 接受捐赠收入
   C. 违约金收入
   D. 债务重组收入
   E. 财政拨款

2. [多选] 下列各项中，属于企业所得税法规定的转让财产收入的有（   ）。
   A. 转让股权收入
   B. 转让低值易耗品收入
   C. 转让债权收入
   D. 转让存货收入
   E. 股息收入

3. [单选] 下列各项中，属于企业收入总额中的不征税收入的是（   ）。
   A. 财政拨款
   B. 权益性投资收益
   C. 国债利息收入
   D. 国有企业收到的财政补贴

4. [多选] 下列企业收入总额中，属于不征税收入的有（   ）。
   A. 财政拨款
   B. 依法收取并纳入财政管理的行政事业性收费
   C. 国债利息收入
   D. 符合条件的非营利组织的收入
   E. 符合条件的居民企业之间的股息、红利等权益性投资收益

5. [多选] 企业取得的下列收入，属于企业所得税免税收入的有（   ）。
   A. 国债利息收入
   B. 转让国库券收入
   C. 金融债券的利息收入
   D. 居民企业直接投资于其他居民企业取得的股息、红利等权益性投资收益
   E. 地方政府债券利息收入

6. [多选] 企业取得的下列收入，不属于企业所得税免税收入的有（   ）。
   A. 国债利息收入
   B. 金融债券的利息收入
   C. 地方政府债券利息收入
   D. 在中国境内设立机构、场所的非居民企业连续持有居民企业公开发行并上市流通的股票1年以上取得的投资收益
   E. 财政拨款

7. [单选] 企业所取得的下列收入中，属于企业所得税法规定的应税收入的是（   ）。
   A. 特许权使用费收入
   B. 财政拨款
   C. 依法收取并纳入财政管理的行政事业性收费
   D. 依法收取并纳入财政管理的政府性基金

8. [单选] 根据《企业所得税法》，企业以分期收款方式销售货物的，销售收入确认的时点是（　　）。

　　A. 签约日期　　　　　　　　　　　　B. 合同约定的收款日期

　　C. 实际收款日期　　　　　　　　　　D. 发货日期

9. [单选] 根据《企业所得税法》，转让股权收入确认的时点是（　　）。

　　A. 转让协议签订时

　　B. 确定股权转让价格时

　　C. 实际收到股权转让款时

　　D. 转让协议生效且完成股权变更手续时

10. [多选] 除另有规定外，企业销售货物收入的确认，必须遵循的原则包括（　　）。

　　A. 权责发生制　　　　　　　　　　　B. 实质重于形式

　　C. 真实性　　　　　　　　　　　　　D. 合理性

　　E. 法律性

✎ 学习笔记

Day 24

▽ 考点：企业所得税的税前扣除

1. [多选] 企业所得税税前扣除的原则有（　　）。
   A. 真实性、相关性和合理性原则
   B. 区分收益性支出和资本性支出原则
   C. 不征税收入形成的支出不得扣除原则
   D. 固定资产历史成本原则
   E. 不得重复扣除原则

2. [单选] 根据《企业所得税法》，企业发生的公益性捐赠支出，不超过（　　）12％的部分，准予在计算企业所得税应纳税所得额时扣除。
   A. 年度应纳税所得额
   B. 年度销售收入
   C. 年度营业收入
   D. 年度利润总额

3. [多选] 下列各项支出中，税前扣除比率在10％以上的有（　　）。
   A. 税收滞纳金
   B. 公益性捐赠支出
   C. 职工教育经费
   D. 广告费和业务宣传费
   E. 职工福利费

4. [单选] 某企业2021年度取得销售货物收入4 000万元，当年实际发生业务招待费30万元，且能提供有效凭证。该企业当年可在企业所得税税前扣除的业务招待费为（　　）万元。
   A. 9.85
   B. 18
   C. 20.15
   D. 30

5. [单选] 某汽车制造企业2021年实现销售（营业）收入1 000万元，实际发生广告费和业务宣传费支出300万元，则该企业2021年计算应纳税所得额时可以税前扣除的广告费和业务宣传费为（　　）万元。
   A. 20
   B. 80
   C. 150
   D. 300

6. [单选] 下列项目，在计算应纳税所得额时准予扣除的是（　　）。
   A. 银行加收的罚息
   B. 对市篮球队的赞助支出
   C. 工商部门处以的罚款
   D. 向投资者支付的红利

7. [单选] 根据《企业所得税法》，不得税前扣除的项目是（　　）。
   A. 银行罚息
   B. 违约金
   C. 环保部门罚款
   D. 经核定的准备金支出

8. [多选] 根据《企业所得税法》，下列属于不允许税前扣除的项目的有（　　）。
   A. 违约金
   B. 企业所得税税款
   C. 土地增值税税款
   D. 教育费附加

E. 税收滞纳金

9. [多选] 企业发生的下列支出项目中,可以在企业所得税前扣除的有（　　）。

A. 税收罚款 B. 固定资产报废损失

C. 赞助支出 D. 合理的工资薪金

E. 税收滞纳金

10. [案例] A 企业 2022 年实现销售收入 5 000 万元,发生各项成本费用 3 000 万元,实际支付合理的工资 1 000 万元,拨缴工会经费 40 万元,列支职工福利费 145 万元,职工教育经费 88 万元,支付补充医疗保险费 70 万元。另外依照法律、行政法规有关规定提取环境保护生态恢复方面专项资金 20 万元,当年实际使用 5 万元。

根据以上资料,回答下列问题:

(1) A 企业 2022 年允许在企业所得税前扣除的工会经费为（　　）万元。

A. 10 B. 30

C. 40 D. 20

(2) A 企业 2022 年允许在企业所得税前扣除的职工福利费为（　　）万元。

A. 25 B. 145

C. 80 D. 140

(3) A 企业 2022 年不允许在企业所得税前扣除的职工教育经费为（　　）万元。

A. 38 B. 68

C. 63 D. 8

(4) A 企业 2022 年允许在企业所得税扣除的补充医疗保险费为（　　）万元。

A. 70 B. 25

C. 50 D. 20

(5) A 企业 2022 年允许在企业所得税前扣除的用于环境保护生态恢复方面专项资金为（　　）万元。

A. 20 B. 0

C. 15 D. 5

学习笔记

Day 25

▽ 考点：资产的税务处理

1. [单选] 除国务院财政、税务主管部门另有规定，下列关于资产计算折旧最低年限的表述中，错误的是（　　）。
   A. 飞机、火车、轮船，为 10 年
   B. 房屋、建筑物，为 20 年
   C. 电子设备，为 3 年
   D. 林木类生产性生物资产，为 5 年

2. [多选] 根据企业所得税法律制度的规定，下列说法中正确的有（　　）。
   A. 固定资产的预计净残值一经确定，不得变更
   B. 生产性生物资产按照直线法计算的折旧，准予扣除
   C. 企业对外投资期间，投资资产的成本在计算应纳税所得额时不得扣除
   D. 停止使用的固定资产，应当自停止使用月份的当月起停止计算折旧
   E. 企业应当自生产性生物资产投入使用月份的次月起计算折旧

3. [单选] 根据《企业所得税法》，企业拥有的下列固定资产中，可以计算折旧税前扣除的是（　　）。
   A. 闲置的房屋
   B. 房屋、建筑物以外未投入使用的固定资产
   C. 以经营租赁方式租入的固定资产
   D. 以融资租赁方式租出的固定资产

▽ 考点：企业所得税应纳税额的计算

4. [单选] 下列各项费用中，在利润总额的基础上应调减应纳税所得额的是（　　）。
   A. 多提的职工福利费
   B. 多摊销的折旧费用
   C. 国债的利息收入
   D. 实发工资超过计税工资部分

5. [单选] 甲企业 2020 年应纳税所得额是 100 万元，则该企业（适用税率 25%）应缴纳 2020 年的企业所得税税额为（　　）万元。
   A. 16　　　　　　　　　　　　　　　B. 25
   C. 31　　　　　　　　　　　　　　　D. 40

6. [案例] 某内资企业 2021 年度有关财务资料如下：
   (1) 全年利润总额 100 万元。
   (2) 全年平均职工人数 100 人，在"管理费用"中列支全年合理的工资 200 万元，并已按此数额计提了职工福利费、职工教育经费和职工工会费用共计 60 万元。
   (3) "营业外支出"中列支税收罚款 10 万元，向某足球俱乐部赞助支出 5 万元。
   (4) "投资收益"中含国债利息 20 万元，国家重点建设债券利息 5 万元。

根据上述资料，回答下列问题：

(1) 2021年度允许在税前列支的职工福利费金额为（　　）万元。

A. 8　　　　　　　　　　　　　　B. 80

C. 96　　　　　　　　　　　　　　D. 28

(2) 2021年度允许在税前列支的职工福利费、职工教育经费和职工工会经费金额一共为（　　）万元。

A. 1.4　　　　　　　　　　　　　B. 40

C. 16.8　　　　　　　　　　　　　D. 48

(3) 下列表述正确的有（　　）。

A. 税收罚款支出不得在税前列支

B. 对某足球俱乐部的赞助支出可以在税前列支

C. 国债利息收入免征企业所得税

D. 国家重点建设债券利息收入免征所得税

(4) 该企业2021年度应纳税所得额为（　　）万元。

A. 100　　　　　　　　　　　　　B. 215.2

C. 107　　　　　　　　　　　　　D. 242.2

(5) 该企业2021年度应纳企业所得税税额为（　　）万元。

A. 33　　　　　　　　　　　　　　B. 71.016

C. 26.75　　　　　　　　　　　　 D. 79.926

📝学习笔记

Day 26

▽ **考点**：企业所得税的税收优惠

1. [单选] 一家专门从事花卉种植的企业，2021年实现应纳税所得额100万元（假设全部是花卉销售所得），则该企业2021年应纳企业所得税税额为（　　）万元。
   A. 25　　　　　　　　　　　　B. 20
   C. 12.5　　　　　　　　　　　D. 0

2. [多选] 根据《企业所得税法》，减半征收企业所得税的项目有（　　）。
   A. 远洋捕捞　　　　　　　　　B. 花卉的种植
   C. 中药材的种植　　　　　　　D. 茶的种植
   E. 海水养殖

3. [多选] 根据企业所得税法，企业的下列支出中，可以在计算应纳税所得额时加计扣除的有（　　）。
   A. 研发企业开展研发活动实际发生的研究费用
   B. 向残疾人员所支付的工资
   C. 公益性捐赠支出
   D. 赞助费用
   E. 广告费用和业务宣传

4. [多选] 根据《企业所得税法》，下列行业不适用税前加计扣除政策的有（　　）。
   A. 建筑业　　　　　　　　　　B. 房地产业
   C. 餐饮业　　　　　　　　　　D. 烟草制造业
   E. 食品制造业

5. [单选] 下列关于加速折旧的说法，错误的是（　　）。
   A. 企业的固定资产由于技术进步或常年处于强震动、高腐蚀状态，确需加速折旧的，可以缩短折旧年限或采取加速折旧的方法
   B. 采取缩短折旧年限方法的，折旧年限不得低于税法规定最低折旧年限的70%
   C. 采取加速折旧方法的，可以采取双倍余额递减法或者年数总和法
   D. 对所有行业企业持有的单位价值不超过5 000元的固定资产，允许一次性计入当期成本费用在计算应纳税所得额时扣除

6. [单选] 某专门从事技术转让的公司本年度取得符合条件的技术转让所得800万元，不考虑其他因素，则该公司本年度应缴纳企业所得税（　　）万元。
   A. 25　　　　　　　　　　　　B. 37.5
   C. 75　　　　　　　　　　　　D. 175

7. [单选] 企业从事符合条件的环境保护、节能节水项目的所得，自项目取得第一笔生产经营收入所属纳税年度起，第1年至第3年（　　）企业所得税，第4年至第6年（　　）企业所得税。
   A. 免征，减半征收　　　　　　B. 免征，免征
   C. 减半征收，减半征收　　　　D. 减半征收，免征

8. [单选] 企业综合利用资源,生产符合国家产业政策规定的产品取得的收入,可以在计算应纳税所得额时,减按(   )计入收入总额。

A. 30%
B. 50%
C. 70%
D. 90%

▼ 考点:企业所得税的征收管理

9. [单选] 根据《企业所得税法》,企业在年度中间终止经营活动的,应当自实际经营终止之日起(   )日内,向税务机关办理当期企业所得税汇算清缴。

A. 10
B. 15
C. 30
D. 60

10. [单选] 除税收法律、行政法规另有规定外,企业登记注册地在境外的,所得税的纳税地点为(   )。

A. 纳税人的核算所在地
B. 纳税人的实际经营管理机构所在地
C. 纳税人的货物销售所在地
D. 纳税人的营业执照注册所在地

11. [单选] 企业应当自月份或者季度终了之日起(   )内,向税务机关报送预缴企业所得税纳税申报表,预缴税款。

A. 5 日
B. 10 日
C. 15 日
D. 1 个月

12. [单选] 企业在一个纳税年度中间开业,或者终止经营活动,使该纳税年度的实际经营期不足(   )个月的,应当以其实际经营期为一个纳税年度。

A. 6
B. 3
C. 12
D. 1

✎ 学习笔记

Day 27

▽ **考点**：个人所得税的征税对象

1. [多选] 在个人所得税的征税对象中，（   ）为综合所得，按纳税年度合并计算个人所得税。
   A. 工资、薪金所得
   B. 劳务报酬所得
   C. 稿酬所得
   D. 特许权使用费所得
   E. 利息、股息、红利所得

2. [单选] 下列各项收入中，属于特许权使用费所得的是（   ）。
   A. 劳务服务收入
   B. 财产租赁收入
   C. 稿酬收入
   D. 非专利技术转让收入

▽ **考点**：个人所得税的税率

3. [单选] 根据《中华人民共和国个人所得税法》（以下简称《个人所得税法》），财产转让所得和偶然所得，适用的比例税率为（   ）。
   A. 20%
   B. 10%
   C. 15%
   D. 5%

4. [单选] 个人所得税中经营所得适用（   ）税率，税率为（   ）。
   A. 超额累进，3%～35%
   B. 超额累进，5%～35%
   C. 超率累进，3%～45%
   D. 超率累进，5%～45%

▽ **考点**：个人所得税的计税依据

5. [多选] 根据《个人所得税法》的规定，下列各项可作为专项附加扣除在计算应纳税所得额时扣除的有（   ）。
   A. 子女教育支出
   B. 住房公积金
   C. 住房租金支出
   D. 赡养老人支出
   E. 继续教育支出

6. [单选] 纳税人贾某有姐妹两人，父母均在老家，由老家的妹妹负责日常照料。以下分摊方法正确的是（   ）。
   A. 贾某和其妹妹约定，每人每月均摊扣除1 500元
   B. 贾某跟其妹妹约定，由贾某全部扣除3 000元
   C. 老人指定贾某分摊2 000元，其妹妹分摊1 000元
   D. 老人指定贾某分摊1 000元，其妹妹分摊2 000元

7. [单选] 小王于2020年9月取得财产租赁收入3 000元，其应缴纳个人所得税（   ）元。
   A. 600
   B. 480
   C. 440
   D. 500

8. [单选] 关于个人所得税的计税依据，下列说法错误的是（   ）。

   A. 财产租赁所得，以一个月内取得的收入为一次

   B. 利息、股息、红利所得，以支付利息、股息、红利时取得的收入为一次

   C. 经营所得，以每一纳税年度的收入总额减除成本、费用以及损失后的余额为应纳税所得额

   D. 财产转让所得，以转让财产的收入额为应纳税所得额

9. [单选] 个人将其所得通过中国境内非营利的社会团体向贫困地区捐赠的，可以从其应纳税所得额中扣除的是（   ）。

   A. 不超过应纳税所得额的10%的部分

   B. 不超过应纳税所得额的30%的部分

   C. 不超过应纳税所得额的40%的部分

   D. 不超过应纳税所得额的50%的部分

10. [单选] 根据个人所得税法，纳税人接受专业技术人员职业资格继续教育的支出，在取得相关证书的当年，按照一定的标准扣除，该标准为（   ）元。

    A. 300
    B. 4 800
    C. 3 600
    D. 400

11. [单选] 每次劳务报酬所得、稿酬所得、特许权使用费所得，4 000元以下的，扣缴申报时减除的费用是（   ）元。

    A. 400
    B. 800
    C. 1 600
    D. 3 200

12. [单选] 某人今年的稿酬所得为140 000元，假设无其他所得及扣除项目，其稿酬所得应预扣预缴个人所得税税额为（   ）元。

    A. 28 000
    B. 15 680
    C. 24 400
    D. 5 520

✎ 学习笔记

Day 28

考点：个人所得税应纳税额的计算

1. [单选] 下列关于个人所得税应纳税额中的综合所得应纳税额的计算,正确的是（　　）。
   A. 全年应纳税所得额×适用税率－速算扣除数
   B. 每月应纳税所得额×适用税率－速算扣除数
   C. 每月或每次应纳税所得额×适用税率
   D. 全年应纳税所得额×适用税率

2. [单选] 张女士的应税所得为 40 000 元,假设税法规定的免征额为 10 000 元,适用税率为 20%,张女士的应纳税额为（　　）元。
   A. 0					B. 2 000
   C. 6 000				D. 8 000

3. [单选] 下列项目中,计征个人所得税时,允许从总收入中减除费用 800 元的是（　　）。
   A. 个人对企业、事业单位的承租、承包经营所得 50 000 元
   B. 外企中方雇员的工资、薪金所得 12 000 元
   C. 提供安装劳务一次取得收入 80 000 元
   D. 汽车租赁收入 3 000 元

4. [案例] 中国公民李女士系自由职业者,2021 年从中国境内取得收入的情况如下:
   (1) 从一家非上市公司分得股息 20 000 元;购买体育彩票中奖 50 000 元。
   (2) 一次性取得法律咨询收入 80 000 元;出版侦探小说一部,出版社支付稿酬 80 000 元。
   (3) 取得国债利息收入 5 000 元;取得保险赔款 10 000 元。
   (4) 李女士主要在杭州工作,没有自有住房,每月支付房租 2 200 元;此外,2021 年整年,李女士正在接受某大学的本科成人教育,2021 年为该成人教育的第一学年,在接受该教育之前李女士为大专学历,每年支付学费 1 200 元。

个人所得税预扣税率表一（居民个人工资、薪金所得预扣预缴适用）

级数	累计预扣预缴应纳税所得额	预扣率	速算扣除数
1	不超过 36 000 元	3%	0
2	超过 36 000 元至 144 000 元的部分	10%	2 520
3	超过 144 000 元至 300 000 元的部分	20%	16 920
4	超过 300 000 元至 420 000 元的部分	25%	31 920
5	超过 420 000 元至 660 000 元的部分	30%	52 920
6	超过 660 000 元至 960 000 元的部分	35%	85 920
7	超过 960 000 元的部分	45%	181 920

根据以上资料,回答下列问题:
(1) 2021 年李女士在 (1) 中取得的收入,应缴纳的个人所得税金额为（　　）元。
A. 2 000					B. 300

C. 4 480　　　　　　　　　　　　D. 14 000

(2) 2021年李女士在（2）中取得的收入，其个人所得税应纳税收入额为（　　）元。

A. 128 000　　　　　　　　　　　B. 160 000

C. 108 800　　　　　　　　　　　D. 100 000

(3) 2021年李女士在（3）中取得的收入，其个人所得税应纳税所得额为（　　）元。

A. 0　　　　　　　　　　　　　　B. 10 000

C. 5 000　　　　　　　　　　　　D. 15 000

(4) 2021年在（4）中，李女士的允许从个人所得税收入额中扣除的专项附加扣除金额为（　　）元。

A. 0　　　　　　　　　　　　　　B. 22 800

C. 25 000　　　　　　　　　　　D. 27 600

(5) 2021年李女士取得的收入中，属于综合所得的应纳个人所得税税额为（　　）元。

A. 1 960　　　　　　　　　　　　B. 1 080

C. 24 000　　　　　　　　　　　D. 780

▼ **考点**：个人所得税的税收优惠

5. ［多选］根据《个人所得税法》，下列个人所得中，属于可以免税的有（　　）。

   A. 离休费　　　　　　　　　　　B. 退休费

   C. 稿费　　　　　　　　　　　　D. 省辖市政府颁发的奖金

   E. 复员费

6. ［单选］下列所得中，免征个人所得税的是（　　）。

   A. 保险赔款　　　　　　　　　　B. 彩票中奖所得

   C. 孤老人员所得　　　　　　　　D. 加班工资

7. ［多选］下列所得中，免征个人所得税的有（　　）。

   A. 退休工资

   B. 按国家统一规定发给的独生子女补贴

   C. 年终奖金

   D. 保险赔款

   E. 抚恤金

8. ［多选］个人取得的下列所得中，按规定可以减免个人所得税的有（　　）。

   A. 科技部颁发的科技创新奖金　　B. 烈属所得

   C. 福利彩票中奖所得　　　　　　D. 国债利息

   E. 信托投资收益

✎ **学习笔记**

Day 29

考点：个人所得税的征收管理

1. [多选] 下列关于个人所得税的说法，正确的有（　　）。
   A. 按照住所和居住时间两个标准，个人所得税的纳税人分为居民和非居民
   B. 居民取得综合所得的，应当在取得所得的次年3月1日至6月30日办理纳税申报
   C. 非居民个人在中国境内从两处以上取得工资、薪金所得的，应由扣缴义务人进行申报
   D. 扣缴义务人向居民个人支付工资、薪金所得时，应当按累计预扣法计算预扣税款，并按月办理扣缴申报
   E. 扣缴义务人没有义务办理全员全额扣缴申报

2. [多选] 下列个人所得中，实行个人所得税全员全额扣缴申报的应税所得包括（　　）。
   A. 工资、薪金所得　　　　　　B. 劳务报酬所得
   C. 稿酬所得　　　　　　　　　D. 经营所得
   E. 利息、股息、红利所得

3. [多选] 根据个人所得税法律制度的规定，下列各项情形中，纳税人应当依法自行办理纳税申报的有（　　）。
   A. 取得综合所得需要办理汇算清缴的
   B. 取得应税所得没有扣缴义务人的
   C. 取得境外所得的
   D. 非居民个人在中国境内取得工资、薪金所得的
   E. 因移居境外注销中国户籍

4. [多选] 根据《个人所得税法》的规定，下列关于个人所得税征收管理的说法中，正确的有（　　）。
   A. 个人所得税实行扣缴义务人扣缴申报和纳税人自行申报相结合的征收管理模式
   B. 经营所得，按年计算，由纳税人在月度或季度终了后15日内，向经营管理所在地主管税务机关办理预缴纳税申报
   C. 非居民个人取得工资、薪金所得，劳务报酬所得，稿酬所得，特许权使用费所得的，应当在取得所得的次年6月30日前，向扣缴义务人所在地主管税务机关办理纳税申报
   D. 经营所得在取得所得的次年3月31日前，向经营管理所在地主管税务机关办理汇算清缴
   E. 非居民个人在中国境内从两处以上取得工资、薪金所得的，应当在取得所得的次月15日内，由各任职、受雇单位所在地主管税务机关办理纳税申报

5. [多选] 需要办理汇算清缴的纳税人的申报地点可以是（　　）。
   A. 任职单位所在地　　　　　　B. 受雇单位所在地
   C. 实际经营所在地　　　　　　D. 经常居住地
   E. 与主管税务机关协商确定

6. [单选] 需要办理综合所得汇算清缴的纳税人，应当向任职、受雇单位所在地主管税务机

关办理汇算清缴申报,办理时间是( )。

A. 取得所得的次年1月1日至3月31日内

B. 取得所得的次年3月1日至5月31日内

C. 取得所得的次年1月1日至5月31日内

D. 取得所得的次年3月1日至6月30日内

7. [多选] 纳税人在本年度已依法预缴个人所得税且符合下列( )之一的,无需办理年度汇算。

A. 纳税人年度汇算需补税但年度综合所得收入未超过12万元的

B. 纳税人年度汇算需补税但年度综合所得应纳税所得额未超过12万元的

C. 纳税人年度汇算需补税金额不足400元的

D. 纳税人已预缴税额与年度应纳税额一致的

E. 应该退税,但纳税人不申请年度汇算退税的

8. [单选] 某人2020年年初出版了长篇小说一部,取得稿酬6 000元,同年年末该小说在一家晚报上连载,取得稿酬3 400元,以上稿酬所得应预扣预缴的个人所得税为( )元。

A. 980 B. 1 036

C. 1 120 D. 1 600

9. [单选] 2021年5月,王某到某大学做讲座,取得一次性劳务报酬20 000元;7月在杂志上发表一篇短篇小说,取得稿酬所得5 000元,则王某应预缴的个人所得税为( )元。

A. 0 B. 560

C. 3 200 D. 3 760

10. [多选] 王先生在甲电脑公司任职,月工资收入5 000元,下列关于王先生个人所得税缴纳的说法,正确的有( )。

A. 王先生是个人所得税的纳税人

B. 甲电脑公司是王先生个人所得税的代扣代缴义务人

C. 甲电脑公司是王先生个人所得税的征税人

D. 王先生是个人所得税的负税人

E. 王先生是个人所得税的代扣代缴义务人

✎ 学习笔记

本章学习检查表

知识点名称	初次学习 做对题目数/总题目数	初次学习 学习日期	第一次复习 做对题目数/总题目数	第一次复习 复习日期	第二次复习 做对题目数/总题目数	第二次复习 复习日期
企业所得税的纳税人						
企业所得税的征税对象						
企业所得税的税率						
企业所得税的计税依据						
企业所得税的收入确认						
企业所得税的税前扣除						
资产的税务处理						
企业所得税应纳税额的计算						
企业所得税的税收优惠						
企业所得税的征收管理						
个人所得税的征税对象						
个人所得税的税率						
个人所得税的计税依据						
个人所得税应纳税额的计算						
个人所得税的税收优惠						
个人所得税的征收管理						

填写建议：

"做对题目数/总题目数"记录自己各知识点做题的情况，比如，某知识点总题目数10题，自己做对了其中7题，记录为7/10。

"学习日期"和"复习日期"记录自己学习和复习各知识点的日期。

备忘录

参考答案及解析

Day 22

1. D [解析] 企业所得税的纳税人是在中华人民共和国境内的企业和其他取得收入的组织，包括依照中国法律、行政法规在中国境内成立的企业、事业单位、社会团体以及其他取得收入的组织。企业所得税的纳税人，不包括依照中国法律、行政法规成立的个人独资企业、合伙企业。

2. A [解析] 居民企业应就其来源于中国境内、境外的所得缴纳企业所得税。

3. C [解析] 现行居民企业适用的企业所得税法定税率为25%。

4. D [解析] A项，居民企业税率为25%。B项，国家重点扶持的高新技术企业税率为15%。C项，经认定的技术先进型服务企业税率为15%。D项，符合条件的小型微利企业税率为20%。

5. ABCD [解析] 非居民企业在中国境内未设立机构、场所的，或者虽设立机构、场所但取得的所得与其所设机构、场所没有实际联系的，其来源于中国境内的所得，法定税率为20%，但减按10%的税率征收企业所得税。E项错误。

> **考点再现**
>
> Q_{3-5} 企业所得税的税率。
> （1）法定税率。
> ①居民企业适用的企业所得税法定税率为25%。
> ②非居民企业在中国境内未设立机构、场所的，或者虽设立机构、场所但取得的所得与其所设机构、场所没有实际联系的，其来源于中国境内的所得，法定税率为20%，但减按10%的税率征收企业所得税。
> （2）优惠税率如表6-1所示。
>
> 表6-1 企业所得税的优惠税率
>
> | 优惠税率 | 适用情况 |
> | --- | --- |
> | 20% | 符合条件的小型微利企业 |
> | 15% | ①国家需要重点扶持的高新技术企业
②经认定的技术先进型服务企业
③设在西部地区的鼓励类产业企业（2021年1月1日—2030年12月31日） |

6. CE [解析] 企业所得税应纳税所得额的计算原则：①以权责发生制为原则；②税法优先原则。

7. B [解析] 税法优先原则：在计算应纳税所得额时，企业财务、会计处理办法与税收法律、行政法规的规定不一致的，应当依照税收法律、行政法规的规定计算。

8. B [解析] 税法规定，企业纳税年度发生的亏损，准予向以后年度结转，用以后年度的所得弥补，企业所得税的应纳税所得额在弥补以前年度亏损之后计算。因此2020年度该公司应纳所得税税额=（380－120）×25%=65（万元）。

9. C [解析] 企业某一纳税年度发生的亏损可以用下一年度的所得弥补,下一年度的所得不足以弥补的,可以逐年延续弥补,但最长不得超过5年。因此,甲企业2015年度的亏损可以延续弥补至2020年。

10. B [解析] 企业纳税年度发生的亏损,准予向以后年度结转,用以后年度的所得弥补,但是结转年限最长不得超过5年。该企业2013年的亏损18万元只能用2018年度以前的盈利13万元(3+6+4)弥补;2019年的盈利只能弥补2014年和2016年度的亏损,则2019年度的应纳税所得额=70-8-13=49(万元)。

Day 23

1. ABCD [解析] 企业以货币形式和非货币形式从各种来源取得的收入,为收入总额,包括:①销售货物收入;②提供劳务收入;③转让财产收入;④股息、红利等权益性投资收益;⑤利息收入;⑥租金收入;⑦特许权使用费收入;⑧接受捐赠收入;⑨其他收入(企业资产溢余收入、逾期未退包装物押金收入、确实无法偿付的应付款项、已作坏账损失处理后又收回的应收款项、债务重组收入、补贴收入、违约金收入、汇兑收益等)。E项财政拨款是不征税收入。

2. AC [解析] 转让财产收入,是指企业转让固定资产、生物资产、无形资产、股权、债权等财产取得的收入。B、D两项属于销售货物收入。E项属于股息、红利收入。

3. A [解析] 财政拨款属于不征税收入,B、C两项属于免税收入,D项属于应税收入。

4. AB [解析] C、D、E三项是企业收入中的免税收入。

5. ADE [解析] A、D、E三项属于企业所得税免税收入,B、C两项应正常缴纳企业所得税。

6. BE [解析] B项属于应税收入,E项属于不征税收入,A、C、D三项属于企业所得税免税收入。

7. A [解析] B、C、D三项属于不征税收入。A项,特许权使用费收入是应税收入。

> **考点再现**
>
> Q_{3-7} 企业所得税的不征税收入和免税收入。
>
> 1. 不征税收入
> (1) 财政拨款。
> (2) 依法收取并纳入财政管理的行政事业性收费。
> (3) 依法收取并纳入财政管理的政府性基金。
> (4) 国务院规定的其他不征税收入。
>
> 2. 免税收入
> (1) 国债利息收入。
> (2) 地方政府债券利息收入。
> (3) 符合条件的居民企业之间的股息、红利等权益性投资收益,是指居民企业直接投资于其他居民企业取得的投资收益,不包括连续持有居民企业公开发行并上市流通的股票不足12个月取得的投资收益。

(4) 在中国境内设立机构、场所的非居民企业从居民企业取得的与该机构、场所有实际联系的股息、红利等权益性投资收益，不包括连续持有居民企业公开发行并上市流通的股票不足12个月取得的投资收益。

(5) 符合条件的非营利性组织的收入。

8. B [解析] 以分期收款方式销售货物的，按照合同约定的收款日期确认收入的实现。

9. D [解析] 根据《企业所得税法》的规定，转让股权收入，应于转让协议生效且完成股权变更手续时，确认收入的实现。

10. AB [解析] 除另有规定外，企业销售货物收入的确认，必须遵循权责发生制原则和实质重于形式原则。

Day 24

1. ABCE [解析] 企业所得税税前扣除的基本原则包括：①真实性、相关性和合理性原则；②区分收益性支出和资本性支出原则；③不征税收入形成的支出不得扣除原则；④不得重复扣除原则。D项，固定资产历史成本原则不是企业所得税税前扣除的基本原则。

2. D [解析] 公益性捐赠支出是不超过年度利润总额12%的部分，准予扣除；超过年度会计利润总额12%的部分，准予结转以后3年内在计算应纳税所得额时扣除。

3. BDE [解析] 企业所得税税前扣除的主要项目包括：①职工福利费支出不超过工资、薪金总额14%的部分，准予扣除。②工会经费不超过工资、薪金总额2%的部分，准予扣除。③职工教育经费支出不超过工资、薪金总额8%的部分，准予扣除；超过部分，准予在以后纳税年度结转扣除。④业务招待费支出按照发生额的60%扣除，但最高不得超过当年销售（营业）收入的5‰。⑤广告费和业务宣传费支出不超过当年销售（营业）收入15%的部分，准予扣除，超过部分，准予在以后纳税年度结转扣除。⑥公益性捐赠支出不超过年度利润总额12%的部分，准予扣除；超过年度会计利润总额12%的部分，准予结转以后3年内在计算应纳税所得额时扣除。A项，税收滞纳金属于禁止税前扣除的项目。C项，职工教育经费扣除限额为8%。

4. B [解析] 企业发生的与生产经营活动有关的业务招待费支出，按照发生额的60%扣除，但最高不得超过当年销售（营业）收入的5‰。4 000×5‰=20（万元），30×60%=18（万元），20万元＞18万元，所以企业当年可在企业所得税税前扣除的业务招待费为18万元。

5. C [解析] 广告费和业务宣传费不超过当年销售或营业收入15%的部分，准予扣除；超过部分，准予在以后纳税年度结转扣除。本题中，1 000×15%=150（万元），则在2021年该企业可以税前扣除的广告费和业务宣传费为150万元。

6. A [解析] 罚金、罚款和被没收财物的损失禁止税前扣除，但是罚息是可以在税前扣除的，A项正确。

7. C [解析] C项，环保部门的罚款不得税前扣除。A、B、D三项都可以税前扣除。

8. BE [解析] 企业所得税税款和税收滞纳金都是禁止税前扣除的项目。

9. BD [解析] A、C、E三项都是禁止税前扣除的项目。固定资产报废损失和合理的工资薪金所得都是可以税前扣除的。

> **•考点再现**
>
> Q_{6-9} 企业所得税禁止税前扣除的项目。
> (1) 向投资者支付的股息、红利等权益性投资收益款项。
> (2) 企业所得税税款。
> (3) 税收滞纳金。
> (4) 罚金、罚款和被没收财物的损失。
> (5) 非公益性捐赠支出。
> (6) 赞助支出。
> (7) 未经核定的准备金支出。
> (8) 企业的不征税收入用于支出所形成的费用。
> (9) 与取得收入无关的其他支出。

10. (1) D [解析] 企业拨缴的工会经费,不超过工资、薪金总额2%的部分,准予扣除。1 000×2%=20(万元),小于实际发生的40万元,因此可以扣除20万元。

(2) D [解析] 企业发生的职工福利费支出,不超过工资、薪金总额14%的部分,准予扣除。1 000×14%=140(万元),小于实际发生的145万元,因此可以扣除140万元。

(3) D [解析] 企业发生的职工教育经费支出,不超过工资、薪金总额8%的部分,准予在计算企业所得税应纳税所得额时扣除;超过部分,准予在以后纳税年度结转扣除。1 000×8%=80(万元),小于实际发生的88万元,因此不允许扣除的部分=88−80=8(万元)。

(4) C [解析] 企业根据国家有关政策规定,为在本企业任职或者受雇的全体员工支付的补充养老保险费、补充医疗保险费,分别在不超过职工工资总额5%标准内的部分,在计算应纳税所得额时准予扣除;超过的部分,不予扣除。1 000×5%=50(万元),小于实际发生的70万元,因此可以扣除50万元。

(5) A [解析] 企业依照法律、行政法规有关规定提取的用于环境保护、生态恢复等方面的专项资金,准予扣除。

Day 25

1. D [解析] 固定资产的折旧年限如表6-2所示。

表6-2 固定资产的折旧年限

最低折旧年限	适用情况
20年	房屋、建筑物
10年	飞机、火车、轮船、机器、机械和其他生产设备
5年	与生产经营活动有关的器具、工具、家具
4年	飞机、火车、轮船以外的运输工具
3年	电子设备

D项,林木类生产性生物资产计算折旧的最低年限为10年。

2. ABCE [解析] 生产性生物资产按照直线法计算的折旧，准予扣除；企业应当自生产性生物资产投入使用月份的次月起计算折旧；停止使用的生产性生物资产，应当自停止使用月份的次月起停止计算折旧；生产性生物资产的预计净残值一经确定，不得变更。D项错误。

3. A [解析] 根据《企业所得税法》的规定，不得计算折旧扣除的固定资产包括：①房屋、建筑物以外未投入使用的固定资产；②以经营租赁方式租入的固定资产；③以融资租赁方式租出的固定资产；④已足额提取折旧仍继续使用的固定资产；⑤与经营活动无关的固定资产；⑥单独估价作为固定资产入账的土地；⑦其他不得计算折旧扣除的固定资产。A项可以计算折旧并在税前进行扣除。

4. C [解析] A、B、D三项均不是在利润总额的基础上应调减应纳税所得额的情况。C项，国债的利息收入免征企业所得税，在利润总额的基础上应调减应纳税所得额。

5. B [解析] 该企业当年实际应缴纳的企业所得税的税额＝100×25％＝25（万元）。

6.（1）D [解析] 根据材料（2），全年平均职工人数100人，在"管理费用"中列支全年合理的工资200万元，并已按此数额计提了职工福利费、职工教育经费和职工工会费用共计60万元，可解此题。允许在税前列支（不超过工资薪金总额的14％的部分）的职工福利费＝200×14％＝28（万元）。

（2）D [解析] 根据材料（2）全年平均职工人数100人，在"管理费用"中列支全年合理的工资200万元，并已按此数额计提了职工福利费、职工教育经费和职工工会费用共计60万元，可解此题。①职工福利费支出不超过工资薪金总额14％的部分。②工会经费不超过工资、薪金总额2％的部分。③职工教育经费支出不超过工资、薪金总额8％的部分，准予扣除；超过部分，准予在以后纳税年度结转扣除。允许在税前列支的职工福利费、职工教育经费和职工工会经费金额＝200×（14％＋2％＋8％）＝48（万元）。

（3）AC [解析] B项，赞助支出禁止在税前扣除。D项，国家重点建设债券的利息收入不是免税收入。

（4）C [解析] 税前列支的职工福利费、职工教育经费和职工工会经费金额＝60－48＝12（万元），"营业外支出"中列支税收罚款10万元，对某足球俱乐部赞助支出5万元都不得在税前列支，这些都必须照章纳税；而"投资收益"中含的国债利息20万元可以扣除，不计入应纳税所得额。那么实际应纳税所得额＝100＋12＋10＋5－20＝107（万元）。

（5）C [解析] 应纳企业所得税税额＝107×25％＝26.75（万元）。

Day 26

1. C [解析] 企业从事部分农、林、牧、渔业项目的所得，减半征收企业所得税。花卉种植符合此项规定。该企业2021年应纳企业所得税税额＝（100×25％）÷2＝12.5（万元）。

2. BDE [解析] 企业从事下列农、林、牧、渔业项目的所得，免征企业所得税：①蔬菜、谷物、薯类、油料、豆类、棉花、麻类、糖料、水果、坚果的种植；②农作物新品种的选育；③中药材的种植；④林木的培育和种植；⑤牲畜、家禽的饲养；⑥林产品的采集；⑦灌溉、农产品初加工、兽医、农技推广、农机作业和维修等农、林、牧、渔服务业项目；⑧远洋捕捞。A、C两项均为免税项目。

3. AB [解析] 企业所得税中可以加计扣除的有：①企业开展研发活动实际发生的研发费用，未形成无形资产计入当期损益的，在按规定据实扣除的基础上，再按照实际发生额的100%在税前加计扣除；形成无形资产的，按照无形资产成本的200%在税前摊销；②对企业出资给非营利性科学技术研究开发机构、高等学校和政府性自然科学基金用于基础研究的支出，在计算应纳税所得额时可按实际发生额在税前扣除，并可按100%在税前加计扣除；③企业安置《中华人民共和国残疾人保障法》规定的残疾人员的，在按照支付给残疾职工工资据实扣除的基础上，按照支付给残疾职工工资的100%加计扣除。

4. BCD [解析] 不适用税前加计扣除政策的行业有：①烟草制造业；②住宿和餐饮业；③批发和零售业；④房地产业；⑤租赁和商务服务业；⑥娱乐业；⑦财政部和国家税务总局规定的其他行业。A、E两项均可以实行加计扣除。B、C、D三项为不适用加计扣除政策的行业。

5. B [解析] 采取缩短折旧年限方法的，最低折旧年限不得低于《中华人民共和国企业所得税法实施条例》规定的最低折旧年限的60%。

6. B [解析] 一个纳税年度内，居民企业技术转让所得不超过500万元的部分，免征企业所得税；超过500万元的部分，减半征收企业所得税。应纳税额＝（800－500）×25%×50%＝37.5（万元）。

7. A [解析] 企业从事国家重点扶持的公共基础设施项目投资经营的所得，从事符合条件的环境保护、节能节水项目的所得的具体规定：自项目取得第一笔生产经营收入所属纳税年度起，第1年至第3年免征企业所得税，第4年至第6年减半征收企业所得税。

8. D [解析] 企业综合利用资源，生产符合国家产业政策规定的产品取得的收入，可以在计算应纳税所得额时，减按90%计入收入总额。

9. D [解析] 企业应当自年度终了之日起5个月内，向税务机关报送年度企业所得税纳税申请表，并汇算清缴，结清应缴应退税款。根据《企业所得税法》，企业在年度中间终止经营活动的，应当自实际经营终止之日起60日内，向税务机关办理当期企业所得税汇算清缴。

10. B [解析] 除税收法律、行政法规另有规定外，居民企业以企业登记注册地为纳税地点，但企业登记注册地在境外的，以实际管理机构所在地为纳税地点。

11. C [解析] 企业应当自月份或者季度终了之日起15日内，向税务机关报送预缴企业所得税纳税申报表，预缴税款。

12. C [解析] 企业所得税按纳税年度计算。纳税年度自公历1月1日起至12月31日止。企业在一个纳税年度中间开业，或者终止经营活动，使该纳税年度的实际经营期不足12个月的，应当以其实际经营期为一个纳税年度。

Day 27

1. ABCD [解析] 居民个人取得工资、薪金所得，劳务报酬所得，稿酬所得，特许权使用费所得称为综合所得，按纳税年度合并计算个人所得税。

2. D [解析] 特许权使用费所得，是指个人提供专利权、商标权、著作权、非专利技术以及其他特许权的使用权取得的所得；提供著作权的使用权取得的所得，不包括稿酬所得。

3. A [解析] 根据《个人所得税法》的规定，利息、股息、红利所得，财产租赁所得，财产转让所得和偶然所得，适用比例税率，税率为20%。

4. B　[解析] 经营所得适用超额累进税率，税率为5%~35%。综合所得适用超额累进税率，税率为3%~45%。

5. ACDE　[解析] 可作为专项附加扣除的项目包括子女教育支出、继续教育、大病医疗、住房贷款利息、住房租金、赡养老人支出、3岁以下婴幼儿照护支出。住房公积金属于专项扣除的内容。

6. A　[解析] 赡养老人的支出中，如果纳税人为非独生子女的，由其与兄弟姐妹分摊每月3 000元的扣除额度，每人分摊的额度不能超过每月1 500元。因此，贾某和其妹妹约定，每人每月均摊扣除1 500元的做法是正确的。

7. C　[解析] 财产租赁所得，一次收入额大于4 000元的，扣除20%比例以后的余额为应税所得；收入额小于4 000元的，扣除800元费用后为应税所得。小王应纳个人所得税=（3 000-800）×20%=440（元）。

8. D　[解析] 财产转让所得，以转让财产的收入额减除财产原值和合理费用后的余额，为应纳税所得额，D项错误。

9. B　[解析] 个人将其所得通过中国境内的公益性社会组织及国家机关向教育扶贫、济困等公益慈善事业的捐赠，捐赠额未超过纳税人申报的应纳税所得额30%的部分，可以从其应纳税所得额中扣除。

10. C　[解析] 纳税人在中国境内接受学历（学位）继续教育的支出在学历（学位教育期间按照每月400元定额扣除。同一学历（学位）继续教育的扣除期限不能超过48个月。纳税人接受技能人员职业资格继续教育、专业技术人员职业资格继续教育的支出，在取得相关证书的当年，按照3 600元定额扣除。

11. B　[解析] 预扣预缴税款时，劳务报酬所得、稿酬所得、特许权使用费所得每次收入不超过4 000元的，减除费用按800元计算；每次收入4 000元以上的，减除费用按收入的20%计算。

12. B　[解析] 劳务报酬所得、稿酬所得、特许权使用费所得，以收入减除20%的费用后的余额为收入额，稿酬所得的收入额减按70%计算。稿酬所得应纳税所得额=140 000×70%×（1-20%）×20%=15 680（元）。

Day 28

1. A　[解析] 综合所得应纳税额=全年应纳税所得额×适用税率-速算扣除数；经营所得应纳税额=全年应纳税所得额×适用税率-速算扣除数；其他所得应纳税额=每月或每次应纳税所得额×适用税率。

2. C　[解析] 张女士的应纳税所得额=40 000-10 000=30 000（元），应纳税额=30 000×20%=6 000（元）。

3. D　[解析] 个人对企业、事业单位的承包、承租经营所得属于经营所得，以每一纳税年度的收入总额减除成本、费用以及损失后的余额，为应纳税所得额。取得经营所得的个人，没有综合所得的，计算其每一纳税年度的应纳税所得额时，应当减除费用6万元、专项扣除、专项附加扣除以及依法确定的其他扣除。A项错误。工资、薪金所得，计入综合所得，以每一纳税年度的收入额减除费用 6 万元以及专项扣除、专项附加扣除和依法确定的其他扣除后的余额，为应纳税所得额。B 项错误。劳务报酬计入综合所得，以每一纳税年度的收入额减除费用 6 万元以及专项扣除、专项附加扣除和依法确定的其他扣除后的余额，为应纳税所得额。C 项错误。

4. (1) D [解析] 根据《个人所得税法》的规定，利息、股息、红利所得和偶然所得，以每次收入额为应纳税所得额。应纳税所得额＝20 000＋50 000＝70 000（元）。利息、股息、红利所得，财产租赁所得，财产转让所得和偶然所得，适用比例税率，税率为 20%。(1) 中应缴纳的个人所得税＝70 000×20%＝14 000（元）。

(2) C [解析] 根据《个人所得税法》的规定，劳务报酬所得、稿酬所得、特许权使用费所得，以收入减除 20% 的费用后的余额为收入额。稿酬所得的收入额减按 70% 计算。则应纳税收入额＝80 000×（1－20%）＋80 000×（1－20%）×70%＝108 800（元）。

(3) A [解析] 根据《个人所得税法》的规定，免征个人所得税的项目包括国债和国家发行的金融债券利息以及保险赔款。因此，2021 年李女士在 (3) 中取得的收入，其个人所得税应纳税所得额为 0。

(4) B [解析] 根据《个人所得税法》的规定，关于继续教育支出的专项附加扣除，纳税人在中国境内接受学历（学位）继续教育的支出，在学历（学位）教育期间按照每月 400 元定额扣除。同一学历（学位）继续教育的扣除期限不能超过 48 个月。关于住房租金支出的专项附加扣除，纳税人在主要工作城市没有自有住房而发生的住房租金支出，可以按照以下标准定额扣除：直辖市、省会（首府）城市、计划单列市以及国务院确定的其他城市，扣除标准为每月 1 500 元。故专项附加扣除金额＝400×12＋1 500×12＝22 800（元）。

(5) D [解析] 根据《个人所得税法》的规定，综合所得包括工资、薪金所得，劳务报酬所得，稿酬所得，特许权使用费所得。居民个人的综合所得以每一纳税年度收入额减除费用 6 万元以及专项扣除、专项附加扣除和依法确定的其他扣除后的余额为综合所得的全年应纳税所得额。应纳税所得额＝108 800－22 800－60 000＝26 000（元）。综合所得应纳税额＝全年应纳税所得额×适用税率－速算扣除数＝26 000×3%－0＝780（元）。

5. ABE [解析] C 项，稿费需要征税。D 项，省级以上政府颁发的奖金免税。

6. A [解析] A 项，保险赔款免征个人所得税。B、D 两项均不可以免征，C 项可以减征。

7. ABDE [解析] C 项，年终奖金正常征收个人所得税。

8. ABD [解析] A、D 两项免征个人所得税。B 项是减征个人所得税。C、E 两项正常征收个人所得税。

● 考点再现

Q_{5-8} 个人所得税的税收优惠。

1. 下列各项个人所得，免纳个人所得税

(1) 省级人民政府、国务院部委和中国人民解放军军级以上单位，以及外国组织、国际组织颁发的科学、教育、技术、文化、卫生、体育、环境保护等方面的奖金。

(2) 国债和国家发行的金融债券利息。

(3) 按照国家统一规定发给的补贴、津贴。

(4) 福利费、抚恤金、救济金。

(5) 保险赔款。

(6) 军人的转业费、复员费、退役金。

(7) 按照国家统一规定发给干部、职工的安家费、退职费、退休费、离休费、离休生活补助费。

(8) 按照我国有关法律规定应予免税的各国驻华使馆、领事馆的外交代表、领事官员和其他人员的所得。

(9) 中国政府参加的国际公约、签订的协议中规定免税的所得。

(10) 国务院规定的其他免税所得。

2. 有下列情形之一的,可以减征个人所得税

(1) 残疾、孤老人员和烈属的所得。

(2) 因自然灾害造成重大损失的。

Day 29

1. ABD [解析] 非居民个人在中国境内从两处以上取得工资、薪金所得的,应自行申报个人所得税,C项错误。扣缴义务人应当依法办理全员全额扣缴申报,E项错误。

2. ABCE [解析] 实行个人所得税全员全额扣缴申报的应税所得包括工资、薪金所得,劳务报酬所得,稿酬所得,特许权使用费所得,利息、股息、红利所得,财产租赁所得,财产转让所得,偶然所得。D项,经营所得不实行个人所得税全员全额扣缴申报。

3. ABCE [解析] 有下列情形之一,纳税人应当自行依法办理纳税申报:①取得综合所得需要办理汇算清缴,A项正确;②取得应税所得没有扣缴义务人,B项正确;③取得应税所得,扣缴义务人未扣缴税款;④取得境外所得,C项正确;⑤因移居国外注销中国户籍,E项正确;⑥非居民个人在中国境内从两处以上取得工资、薪金所得,D项错误;⑦国务院规定的其他情形。

4. ABCD [解析] 非居民个人在中国境内从两处以上取得工资、薪金所得的,应当在取得所得的次月15日内,由其中一处任职、受雇单位所在地主管税务机关办理纳税申报,E项错误。

5. ABCD [解析] 需要办理汇算清缴的纳税人,应当向任职受雇单位所在地主管税务机关办理纳税申报。纳税人有两处以上任职受雇单位的,选择向其中一处任职受雇单位所在地主管税务机关办理纳税。申报纳税人没有任职受雇单位的,向其户籍所在地或经常居住地的主管税务机关办理纳税申报。

6. D [解析] 居民个人取得综合所得的,应当在取得所得的次年3月1日至6月30日内办理纳税申报。

7. ACDE [解析] 纳税人在本年度已依法预缴个人所得税且符合下列情形之一的,无须办理年度汇算:①纳税人年度汇算需补税但年度综合所得收入不超过12万元的;②纳税人年度汇算需补税金额不超过400元的;③纳税人已预缴税额与年度应纳税额一致或者不申请年度汇算退税的。

8. B [解析] 税法规定，劳务报酬所得、稿酬所得、特许权使用费所得，属于一次性收入的，以取得该项收入为一次；属于同一项目连续性收入的，以一个月内取得的收入为一次。本题两次收入一次在年初，另一次在年末，因此应以取得该项收入为一次。预扣预缴税款时，劳务报酬所得、稿酬所得、特许权使用费所得每次收入不超过4 000元，减除费用按800元计算；每次收入4 000元以上的，减除费用按收入的20%计算。两次收入应分别计算预扣预缴应纳税所得额。因此，稿酬所得应预扣预缴的个人所得税＝[6 000×(1－20%)＋(3 400－800)]×20%×(1－30%)＝1 036（元）。

9. D [解析] 劳务报酬所得、稿酬所得、特许权使用费所得，以每次收入额为预扣预缴应纳税所得额，计算应预扣预缴税额。劳务报酬预缴税额＝20 000×(1－20%)×20%＝3 200（元）。稿酬所得预缴税额＝5 000×(1－20%)×70%×20%＝560（元）。则应预扣预缴的个人所得税税额＝3 200＋560＝3 760（元）。

10. ABD [解析] 工资薪金个人所得税由所在单位为代扣代缴人，个人为实际负担人，税务机关为征收单位。甲电脑公司是王先生个人所得税的代扣代缴义务人。王先生是个人所得税的负税人。税务机关是王先生个人所得税的征税单位。C、E两项错误。

本章强化测试

第七章 财产和行为税制度

> **学习指导**

本章常考的知识点有房产税、城镇土地使用税、契税、印花税、车船税、环境保护税等。本章历年考查分值在 20 分左右。

本章知识点涉及 14 个小税种的相关税收制度。在学习本章知识点时，考生切忌急躁，对税种的学习需要根据税制要素的内容分类对比记忆，以避免由于税种太多而记忆混淆。考生可以通过练习题目加强记忆。

日期	考点
Day30	➢ 房产税 ➢ 城镇土地使用税
Day31	➢ 土地增值税
Day32	➢ 契税
Day33	➢ 耕地占用税 ➢ 印花税
Day34	➢ 城市维护建设税 ➢ 教育费附加和地方教育附加
Day35	➢ 车船税 ➢ 车辆购置税 ➢ 船舶吨税
Day36	➢ 环境保护税 ➢ 资源税 ➢ 烟叶税

▶▶▶ Day 30

▽ **考点**：房产税

1. ［多选］下列关于房产税纳税人的说法，正确的有（　　）。
    A. 产权属于全民所有的，由经营管理单位纳税
    B. 融资租赁的房产，由出租人按收取的租金纳税
    C. 无租使用其他单位房产，由产权所有人依照房产余值代为缴纳房产税
    D. 产权出典的，由出典人依照房产余值缴纳房产税
    E. 纳税单位与免税单位共同使用的房屋，按各自使用的部分划分，分别征收或免征房产税

2. [单选] 融资租赁的房产,缴纳房产税的计税依据是( )。
   A. 房产原值   B. 房产余值
   C. 房产租金收入   D. 房产租金收入的现值

3. [多选] 下列选项中,不征收房产税的有( )。
   A. 不在开征范围内的工厂、仓库
   B. 房地产开发企业开发的未出售的商品房
   C. 房地产开发企业在出售前已经使用的房产
   D. 位于工矿区的房产
   E. 位于建制镇的房产

4. [多选] 下列房屋附属设备和配套设施中,应计入房产原值的有( )。
   A. 室外游泳池   B. 玻璃暖房
   C. 电梯   D. 晒台
   E. 围墙

5. [单选] 按照房产原值计税的房产,如果宗地容积率低于0.5,下列关于房产原值的确定方法,正确的是( )。
   A. 按房产占用的土地面积计算土地面积并据此确定计入房产原值的地价
   B. 按房产建筑面积的2倍计算土地面积并据此确定计入房产原值的地价
   C. 按开发面积确定计入房产原值的地价
   D. 按购进土地时支付的价款确定计入房产原值的地价

6. [单选] 下列房产中,免征房产税的房产是( )。
   A. 外资企业拥有位于市区的房产
   B. 行政机关所属招待所
   C. 公园内小卖部
   D. 施工期间施工企业在工地搭建的临时办公用房

7. [单选] 对个人按市场价格出租的居民住房,房产税暂减按( )的税率征收。
   A. 1%   B. 1.2%
   C. 4%   D. 12%

8. [多选] 下列选项中,属于房产税免税项目的有( )。
   A. 人民团体自用的房产   B. 事业单位的出租房屋
   C. 个人所有的非营业性用房   D. 宗教寺庙出租的房屋
   E. 对按政府规定价格出租的公有住房和廉租住房

9. [多选] 下列关于房产税计税依据的说法,正确的有( )。
   A. 房产税依照房产原值一次减除10%~30%后的余值计算
   B. 对照房产原值计税的房产,不论是否记载在会计账簿固定资产科目中,均应按照房屋原价计算缴纳房产税
   C. 无论会计上如何核算,房产原值均应包含地价
   D. 出租的地下建筑,按地上面积的50%征收房产税

E. 计征房产税的租金收入应该包含增值税

10. [单选] 某企业在2023年拥有房屋12栋，其中10栋用于生产经营，房产原值共计为12 000万元，1栋（原值400万元）为企业办的托儿所自用，1栋（原值600万元）出租给其他企业，年租金为80万元。房产原值减除比例为30%。该企业2023年应缴纳的房产税为（　　）万元。

   A. 100.80 B. 110.40

   C. 113.76 D. 119.20

▼ 考点：城镇土地使用税

11. [单选] 多家单位共同拥有一块市区建筑用地的土地使用权，则城镇土地使用税应由（　　）。

   A. 实际租用人缴纳

   B. 资产总额最大的单位缴纳

   C. 实际占用土地面积最大的单位缴纳

   D. 对这块土地拥有使用权的每一个单位分别缴纳

12. [单选] 城镇土地使用税的税率为（　　）税率。

   A. 分级幅度税额 B. 比例

   C. 全额累进 D. 超额累进

13. [多选] 下列项目中，需要征收城镇土地使用税的有（　　）。

   A. 某市政府办公楼所占用的土地

   B. 北京市某企业绿化所占用的土地

   C. 个人出租住房

   D. 林业用地

   E. 北京市某商场修建停车场所占用的土地

✏️ 学习笔记

Day 31

考点：土地增值税

1. [单选] 土地增值税的税率是（　　）。
   A. 五级超额累进税率　　B. 五级超率累进税率
   C. 四级超额累进税率　　D. 四级超率累进税率

2. [单选] 下列选项中，不征收土地增值税的是（　　）。
   A. 以房屋抵债
   B. 国有土地使用权出让
   C. 国有土地使用权转让
   D. 单位、个人以房地产作价入股进行投资

3. [单选] 下列各项中，不属于土地增值税纳税人的是（　　）。
   A. 与国有企业换房的外资企业
   B. 合作建房后出售房产的合作企业
   C. 转让国有土地使用权的企业
   D. 将办公楼用于出租的外商投资企业

4. [单选] 营改增后，纳税人转让房地产的土地增值税应税收入不包含（　　）。
   A. 货币收入　　B. 实物收入
   C. 其他收入　　D. 增值税

5. [多选] 在计算土地增值税扣除项目金额时，属于与转让房地产有关的税金的有（　　）。
   A. 增值税　　B. 契税
   C. 城市维护建设税　　D. 印花税
   E. 教育费附加

6. [单选] 凡不能按转让房地产项目计算分摊利息支出或不能提供金融机构证明的，房地产开发费用按"取得土地使用权所支付的金额"与"房地产开发成本"金额之和的（　　）以内计算扣除。
   A. 5%　　B. 10%
   C. 15%　　D. 20%

7. [多选] 下列属于新建房地产土地增值税可扣除项目的有（　　）。
   A. 取得土地使用权所支付的金额
   B. 房地产开发成本
   C. 与转让房地产有关的税金
   D. 房地产开发费用
   E. 与转让房地产无关的税金

8. [多选] 土地增值税可扣除项目金额中，房地产开发费用是指与房地产开发项目有关的（　　）。
   A. 管理费用　　B. 期间费用
   C. 销售费用　　D. 财务费用
   E. 研发费用

9. [单选] 某企业转让一块未经开发的土地使用权取得不含增值税收入 2 000 万元，转让时缴纳可扣除的税金 110 万元。企业取得该土地使用权时支付地价款 1 000 万元，支付相关税费 60 万元。该企业计算应缴纳土地增值税时的增值额为（　　）万元。
   A. 1 000　　B. 890
   C. 830　　D. 940

10. [单选] 甲是一家房地产开发公司，其开发一个写字楼项目取得土地使用权所支付的金额为 2 000 万元、房地产开发成本为 4 000 万元、房地产开发费用为 1 000 万元，其中财务费用中的利息支出 100 万元能按转让房地产项目计算分摊并提供金融机构证明且未超过按商业银行同类同期贷款利率计算的金额。所在省人民政府规定，其他房地产开发费用扣除比例为 5%。甲房地产开发公司准予扣除的房地产开发费用的金额为（　　）万元。

A. 400
B. 300
C. 100
D. 1 000

11. [单选] 下列关于土地增值税税收优惠的说法，不正确的是（　　）。

A. 纳税人建造普通标准住宅出售，增值额未超过扣除项目金额 20% 的，免征土地增值税
B. 因城市实施规划、国家建设的需要而搬迁，由纳税人自行转让原房地产的，免征土地增值税
C. 因国家建设需要依法征收、收回的房地产，应就其全部增值额按规定计税
D. 个人销售住房暂免征收土地增值税

✐ 学习笔记

Day 32

考点：契税

1. [多选] 下列情况中，不符合契税计税依据的有（   ）。
   A. 土地使用权出售，其计税依据为成交价格
   B. 土地使用权赠与，其计税依据为土地原值
   C. 承受已装修房屋的，不应将包括装修费用在内的费用计入承受方应支付的总价款
   D. 互换土地使用权的，计税依据是所互换土地使用权的价格差额
   E. 出让国有土地使用权的，计税依据是承受人为取得该土地使用权而支付的全部经济利益

2. [多选] 纳税人在购买房屋时，下列与房屋有关的附属设施应属于契税征收范围的有（   ）。
   A. 自行车库   B. 储藏室
   C. 停车位   D. 顶层阁楼
   E. 制冷设备

3. [多选] 下列选项中，契税的具体征税范围包括（   ）。
   A. 国有土地使用权出让   B. 房屋买卖
   C. 房屋交换   D. 土地使用权转让
   E. 房屋拆迁

4. [单选] 甲企业用价值300万元的房屋换取乙企业价值400万元的房屋，甲企业支付差额100万元。下列关于甲、乙企业应纳契税的说法，正确的是（   ）。
   A. 由甲企业以400万元作为计税依据缴纳契税
   B. 由乙企业以100万元作为计税依据缴纳契税
   C. 由甲企业以100万元作为计税依据缴纳契税
   D. 由乙企业以300万元作为计税依据缴纳契税

5. [多选] 下列行为中，属于应缴纳契税的有（   ）。
   A. 甲先生以高级轿车换取房屋   B. 农村集体土地承包经营权转让
   C. 高校取得国家划拨的土地建造图书馆   D. 甲公司租入一块土地盖厂房
   E. 取得国家作价出资的土地

6. [多选] 下列关于契税的说法，正确的有（   ）。
   A. 契税实行比例税率   B. 契税实行定额税率
   C. 契税由买受方缴纳   D. 契税由卖方缴纳
   E. 契税由转让不动产的人缴纳

7. [单选] 个人购买家庭唯一住房，面积为140平方米以下的，适用的契税税率为（   ）。
   A. 0.5%   B. 1%
   C. 3%   D. 5%

8. [多选] 下列行为中，可以享受契税减免优惠的有（   ）。
   A. 婚姻关系存续期间夫妻之间变更土地权属
   B. 政府机关承受房屋用于办公

C. 遭受自然灾害后重新购买住房

D. 军事单位承受房屋用于军事设施

E. 经当地政府和有关部门批准以房产抵债

9. [单选] 下列选项中，不属于契税免征范围的是（　　）。

A. 个人首次购买的不超过140平方米，属于家庭唯一住房

B. 法定继承人继承房屋权属

C. 社会团体购买办公用房

D. 承受荒山土地使用权并用于林业生产

10. [案例] 甲省某运动员接受国家体育总局奖励地处甲省的一栋房屋，该房屋面积60平方米，市场价值40万元，甲省契税税率为5%。同月，某单位奖励其地处乙省的一套住宅，市场价值60万元，乙省契税税率为4%。该运动员将一栋地处甲省的自有房产出售，价值60万元，又将另一套地处甲省的两室住房（价值60万元）与公民张某换成甲省两处一室住房，并支付差价20万元。该运动员将地处甲省的一栋房产捐赠给希望工程用于教学，价值50万元。

根据以上资料，回答下列问题：

（1）该运动员接受国家体育总局奖励房屋的税务处理是（　　）。

A. 不缴纳契税　　　　　　　　B. 缴纳契税1万元

C. 缴纳契税1.6万元　　　　　D. 缴纳契税2万元

（2）该运动员接受某单位奖励其地处乙省的一套住宅的税务处理是（　　）。

A. 不缴纳契税　　　　　　　　B. 缴纳契税1.2万元

C. 缴纳契税1.92万元　　　　　D. 缴纳契税2.4万元

（3）该运动员出售自有房产应缴纳契税（　　）万元。

A. 0　　　　　　　　　　　　　B. 2.4

C. 3.0　　　　　　　　　　　　D. 2.5

（4）该运动员与张某交换房屋的税务处理是（　　）。

A. 不缴纳契税　　　　　　　　B. 缴纳契税1万元

C. 缴纳契税2万元　　　　　　D. 缴纳契税3万元

（5）该运动员捐赠房产给希望工程用于教学，受赠方应进行的相关税务处理是（　　）。

A. 不缴纳契税　　　　　　　　B. 缴纳契税2万元

C. 缴纳契税2.5万元　　　　　D. 不缴纳个人所得税

✎ 学习笔记

Day 33

考点：耕地占用税

1. [单选] 下列各项中，可以按照当地适用税额减半征收耕地占用税的是（　　）。
   A. 供电部门占用耕地新建变电站
   B. 农村居民占用耕地新建住宅
   C. 市政部门占用耕地新建自来水厂
   D. 国家机关占用耕地新建办公楼

2. [多选] 下列各项中，可以减征耕地占用税的有（　　）。
   A. 军事设施占用耕地　　　　　　　B. 航道占用耕地
   C. 农村居民占用耕地新建住宅　　　D. 学校占用耕地
   E. 医院占用耕地

3. [多选] 下列各项中，免征耕地占用税的有（　　）。
   A. 学校占用耕地　　　　　　　　　B. 幼儿园占用耕地
   C. 养老院占用耕地　　　　　　　　D. 医院占用耕地
   E. 农民占用耕地建房

4. [单选] 某农户有一处花圃，占地1 200平方米，2023年3月将其中的1 100平方米改造为果园，其余100平方米建造住宅。已知该地适用的耕地占用税的定额税率为每平方米25元，则该农户应缴纳的耕地占用税为（　　）元。
   A. 1 250　　　　　　　　　　　　B. 2 500
   C. 15 000　　　　　　　　　　　　D. 30 000

考点：印花税

5. [多选] 下列合同中，应征收印花税的有（　　）。
   A. 财产租赁合同　　　　　　　　　B. 货物运输合同
   C. 购销合同　　　　　　　　　　　D. 财政贴息借款合同
   E. 借款合同

6. [多选] 下列属于印花税征税范围中的产权转移书据的有（　　）。
   A. 土地使用权出让书据　　　　　　B. 土地使用权转让书据
   C. 土地经营权转移　　　　　　　　D. 股权转让书据
   E. 证券交易印花书据

7. [单选] 下列关于印花税的计税依据，说法正确的是（　　）。
   A. 应税合同的计税依据为合同所列的金额，不包括列明的增值税税款
   B. 应税产权转移书据的计税依据为产权转移书据所列的含税金额
   C. 应税营业账簿的计税依据为账簿记载的实收资本金额
   D. 证券交易的计税依据为证券面值

8. [单选] 适用0.25‰的印花税税率的是（　　）。
   A. 营业账簿　　　　　　　　　　　B. 租赁合同
   C. 保管合同　　　　　　　　　　　D. 买卖合同

9. 〔多选〕下列选项中，免征印花税的有（   ）。
   A. 应税凭证的正本或者抄本
   B. 证券交易印花税
   C. 个人销售或购买住房
   D. 贷款贴息合同
   E. 财产所有权人将财产赠与学校的产权转移书据

10. 〔案例〕某高新技术企业2022年3月开业，注册资金500万元，其相关业务如下：
    (1) 有记载资金的账簿，记载实收资本500万元，资本公积100万元。
    (2) 与甲公司签订了一份销售合同，合同约定价格60万元；与乙运输公司签订一项货物运输合同，分别注明运输费10万元和装卸费1万元。
    (3) 以本公司房产价值80万元作抵押，向某银行借款100万元，合同规定年底归还，但该公司因资金周转困难，年底无力偿还借款，遂按合同规定将抵押房产产权转移给该银行，并依法签订了产权转移书据。
    已知：买卖合同、运输合同的印花税税率为0.3‰；房屋所有权转让书据的印花税税率为0.5‰，营业账簿的税率为0.25‰，借款合同的税率为0.05‰。
    根据以上资料，回答下列问题：

(1) 该企业设立账簿应缴纳的印花税为（   ）元。
   A. 1 500
   B. 2 555
   C. 3 050
   D. 3 055

(2) 下列关于印花税的表述中，不正确的是（   ）。
   A. 管道运输合同按运输合同征税
   B. 已缴纳印花税的营业账簿，以后年度记载的实收资本、资本公积合计金额比已缴纳印花税的实收资本、资本公积合计金额增加的，按照增加部分计算应纳税额
   C. 证券交易的计税依据为成交金额
   D. 应税合同、产权转移书据未列明金额的，印花税的计税依据按实际结算的金额确定

(3) 该企业签订购销合同和运输合同应缴纳的印花税为（   ）元。
   A. 140
   B. 145
   C. 210
   D. 235

(4) 该企业签订借款合同和产权转移书据应缴纳的印花税为（   ）元。
   A. 100
   B. 400
   C. 450
   D. 550

(5) 上述业务总共缴纳的印花税为（   ）元。
   A. 230
   B. 450
   C. 2 160
   D. 3 730

Day 34

考点：城市维护建设税

1. [多选] 下列关于城市维护建设税的税率的说法，错误的有（   ）。
   A. 城市维护建设税的税率是指纳税人应缴纳的城市维护建设税税额与纳税人实际缴纳的"两税"税额的比率
   B. 城市维护建设税按照纳税人所在地的不同，设置了三档地区差别比例税率
   C. 纳税人所在地在市区的，税率为5%
   D. 纳税人所在地在县城、镇的，税率为7%
   E. 纳税人所在地不在市区、县城或镇的，税率为1%

2. [单选] 由受托方代扣代缴、代收代缴增值税的单位和个人，其代扣代缴、代收代缴的城市维护建设税按（   ）适用税率执行。
   A. 受托方所在地
   B. 委托方所在地
   C. 业务发生地
   D. 税务机关核定

3. [单选] 下列关于城市维护建设税的说法，正确的是（   ）。
   A. 海关对进口产品代征的增值税、消费税征收城市维护建设税
   B. 纳税人违反增值税、消费税两税税法而加收的滞纳金和罚款应作为城市维护建设税的计税依据
   C. 城市维护建设税应按减免后实际缴纳的增值税、消费税税额计征
   D. 因减免税需要进行增值税、消费税退库的，城市维护建设税不可退库

4. [多选] 下列情况中，应作为城市维护建设税计税依据的有（   ）。
   A. 纳税人被查补的增值税税额
   B. 纳税人应缴纳的增值税税额
   C. 缴纳的进口产品增值税额
   D. 纳税人违反增值税有关规定而加收的滞纳金
   E. 纳税人实际缴纳的增值税税额

5. [单选] 城市维护建设税的税率是纳税人应缴纳的城市维护建设税税额与（   ）的比率。
   A. 纳税人实际缴纳的增值税、消费税税额
   B. 纳税人销售额
   C. 纳税人当期营业净利润
   D. 纳税人当期资产净额

6. [单选] 位于农村的甲企业受市区乙企业委托加工桌椅，乙企业提供原材料，甲企业提供加工劳务并收取加工费，下列关于乙企业城市维护建设税的税务处理的说法，正确的是（   ）。
   A. 由乙企业在市区按7%的税率缴纳城市维护建设税
   B. 由乙企业按7%的税率自行选择纳税地点
   C. 由甲企业在农村按1%的税率代收代缴乙企业的城市维护建设税
   D. 由甲企业在市区按7%的税率代收代缴乙企业的城市维护建设税

7. [单选] 某县城的某生产企业为增值税一般纳税人。本期进口原材料一批，向海关缴纳进

口环节增值税 20 万元；本期在国内销售甲产品缴纳增值税 34 万元、消费税 46 万元，由于缴纳消费税时超过纳税期限，被罚滞纳金 0.46 万元；本期出口乙产品一批，按规定退回增值税 10 万元。该企业本期应缴纳城市维护建设税（　　）万元。

A. 4
B. 4.5
C. 5
D. 5.6

考点：教育费附加和地方教育附加

8. [单选] 下列各项中，教育费附加和地方教育附加可以减免的是（　　）。

A. 对海关进口的产品征收的增值税
B. 对出口产品退还的消费税
C. 对出口产品退还的增值税
D. 对海关进口的产品征收的关税

9. [单选] 某市一企业 2023 年 6 月被查补增值税 50 000 元，所得税 60 000 元，被加收的滞纳金为 1 000 元。该企业应补缴的城市维护建设税、教育费附加和地方教育附加为（　　）元。

A. 6 000
B. 7 000
C. 8 000
D. 10 000

10. [单选] 根据规定，现行教育费附加的征收比率为（　　）。

A. 1%
B. 2%
C. 3%
D. 5%

11. [单选] 某生产企业坐落在市区，2023 年 8 月日常业务缴纳增值税 15 万元；此外，当月转让一幢位于市区的办公楼，取得含增值税收入 2 940 万元，该房屋系 2022 年抵债所得，抵债时作价 1 050 万元，对于销售房屋企业选择简易计税。该企业当月应纳城市维护建设税、教育费附加、地方教育附加共计（　　）万元。

A. 1.50
B. 7.35
C. 8.40
D. 12.60

学习笔记

Day 35

考点：车船税

1. [多选] 下列选项中，采用以辆为计税标准的车辆有（　　）。
A. 乘用车
B. 挂车
C. 客车
D. 摩托车
E. 载货汽车

2. [多选] 下列车船中，免征车船税的有（　　）。
A. 警用车船
B. 军队、武警专用的车船
C. 载货汽车
D. 国家机关的自用车船
E. 捕捞、养殖渔船

3. [单选] 下列车船中，应减半征收车船税的是（　　）。
A. 自行车
B. 警用车船
C. 人力车
D. 节能汽车

4. [单选] 某企业有一辆客车和一辆货车，客车载客人数为9人，货车为整备质量4.5吨，当地政府规定，客车的车船税年税额为800元/辆，货车的车船税年税额为100元/吨，则该企业每年应缴纳车船税（　　）元。
A. 400
B. 450
C. 800
D. 1 250

5. [单选] 车船税的税率形式是（　　）。
A. 比例税率
B. 定额税率
C. 累进税率
D. 累退税率

6. [单选] 甲公司2023年拥有机动船舶20艘，每艘净吨位为150吨，非机动驳船5艘，每艘净吨位为80吨，已知机动船舶适用年基准税额为每吨3元，计算甲公司当年应缴纳车船税税额是（　　）元。
A. 10 200
B. 5 700
C. 5 100
D. 9 600

考点：车辆购置税

7. [多选] 下列选项中，属于免征车辆购置税的情形的有（　　）。
A. 依照法律规定应当予以免税的外国驻华使馆、领事馆和国际组织驻华机构及其有关人员的自用车辆
B. 中国人民解放军和中国人民武装警察部队列入装备订货计划的车辆
C. 运输企业购置的电动汽车
D. 悬挂应急救援专用号牌的国家综合性消防救援汽车
E. 设有固定装置的非运输专用作业车辆

8. [单选] 下列关于车辆购置税计税价格的说法，错误的是（　　）。
A. 纳税人购买自用应税车辆的计税价格包括增值税税款
B. 纳税人进口自用应税车辆的计税价格为关税完税价格加上关税和消费税

C. 纳税人自产自用应税车辆的计税价格，按照纳税人生产的同类应税车辆的销售价格确定，不包括增值税税款

D. 纳税人以受赠、获奖或者其他方式取得自用应税车辆的计税价格，按照购置应税车辆时相关凭证载明的价格确定，不包括增值税税款

9. [单选] 2023年3月，王某从汽车4S店购置了一辆排气量为1.8升的乘用车，支付购车款（含增值税税款）226 000元并取得"机动车销售统一发票"，支付购买工具件价款（含增值税税款）11 300元并取得汽车4S店开具的普通发票。王某应缴纳车辆购置税（　　）元。

A. 21 000
B. 20 000
C. 10 000
D. 26 130

▽ 考点：船舶吨税

10. [多选] 下列船舶中，免征船舶吨税的有（　　）。

A. 养殖渔船
B. 非机动驳船
C. 军队征用的船舶
D. 应纳税额为人民币100元的船舶
E. 吨税执照期满后48小时内不上下客货的船舶

✎ 学习笔记

Day 36

▼ **考点**：环境保护税

1. [多选] 下列选项中，环境保护税的税目有（　　）。
　　A. 大气污染物　　　　　　　　　　B. 水污染物
　　C. 工业污染物　　　　　　　　　　D. 固体废物
　　E. 噪声

2. [单选] 纳税人排放的应税大气污染物或水污染物的浓度值低于国家和地方规定的污染物排放标准（　　）的，减按50%征收环境保护税。
　　A. 10%　　　　　　　　　　　　　B. 20%
　　C. 30%　　　　　　　　　　　　　D. 50%

3. [单选] 假设某企业2018年3月产生尾矿1 000吨，其中综合利用的尾矿300吨（符合国家相关规定），在符合国家和地方环境保护标准的设施贮存300吨，则该企业当月尾矿（尾矿15元/吨）应缴纳环境保护税（　　）元。
　　A. 8 000　　　　　　　　　　　　B. 6 000
　　C. 5 000　　　　　　　　　　　　D. 4 000

▼ **考点**：资源税

4. [多选] 下列各项中，属于资源税纳税人的有（　　）。
　　A. 开采应税矿产品的国有企业　　　B. 生产盐的个体工商户
　　C. 进口矿产品的股份制企业　　　　D. 经营已税矿产品的私有企业
　　E. 进口盐的社会团体

5. [多选] 现行资源税的税率形式包括（　　）。
　　A. 超额累进税率　　　　　　　　　B. 超率比例税率
　　C. 定额税率　　　　　　　　　　　D. 固定比例税率
　　E. 幅度比例税率

6. [单选] 某油田2023年开采原油100万吨，当年销售80万吨，非生产自用4万吨，该油田每吨原油不含税售价为6 000元，该油田应缴纳资源税（　　）万元。（原油税率为6%）
　　A. 3.024　　　B. 1.512　　　C. 2.88　　　D. 0.144

7. [多选] 下列关于减征资源税的说法，正确的有（　　）。
　　A. 从低丰度油气田开采的原油、天然气，减征20%资源税
　　B. 高含硫天然气减征40%资源税
　　C. 稠油、高凝油减征40%资源税
　　D. 从衰竭期矿山开采的矿产品，减征20%资源税
　　E. 对页岩气资源税减征30%

8. [多选] 自2023年1月1日至2027年12月31日，对增值税小规模纳税人、小型微利企业和个体工商户减半征收的有（　　）。
　　A. 水资源税　　　　　　　　　　　B. 耕地占用税

C. 房产税　　　　　　　　　　D. 地方教育附加

E. 证券交易印花税

9. [多选] 下列选项中,属于免征水资源税的有（　　）。

A. 规定限额内的农业生产取用水

B. 采油（气）排水经分离净化后在封闭管道回注

C. 水工程管理单位为配置或者调度水资源取水

D. 为农业抗旱和维护生态与环境必须临时应急取水

E. 抽水蓄能发电取用水

▼考点：烟叶税

10. [单选] 烟叶税实行比例税率,税率统一为（　　）。

A. 10%　　　　　　　　　　　B. 15%

C. 20%　　　　　　　　　　　D. 25%

11. [单选] 下列关于烟叶税的说法,不正确的是（　　）。

A. 烟叶税纳税义务发生时间为纳税人收购烟叶的当日

B. 烟叶税的征税范围是烟叶,包括烤烟叶、晾晒烟叶

C. 烟叶税计税依据不包括纳税人支付给烟叶生产销售单位和个人的烟叶收购价款和价外补贴

D. 价外补贴统一按烟叶收购价款的10%计算

12. [单选] 某烟草公司2023年8月8日支付烟叶收购价款88万元,另向烟农按收购价款的10%支付了价外补贴。该烟草公司8月收购烟叶应缴纳的烟叶税为（　　）万元。

A. 17.60　　　　　　　　　　B. 19.36

C. 21.56　　　　　　　　　　D. 19.60

✎学习笔记

本章学习检查表

知识点名称	初次学习		第一次复习		第二次复习	
	做对题目数/总题目数	学习日期	做对题目数/总题目数	复习日期	做对题目数/总题目数	复习日期
房产税						
城镇土地使用税						
土地增值税						
契税						
耕地占用税						
印花税						
城市维护建设税						
教育费附加和地方教育附加						
车船税						
车辆购置税						
船舶吨税						
环境保护税						
资源税						
烟叶税						

填写建议：

"做对题目数/总题目数"记录自己各知识点做题的情况，比如，某知识点总题目数10题，自己做对了其中7题，记录为7/10。

"学习日期"和"复习日期"记录自己学习和复习各知识点的日期。

备忘录

参考答案及解析

Day 30

1. AE [解析] B项错误，融资租赁的房产，由承租人自融资租赁合同约定开始日的次月起依照房产余值缴纳房产税。C项错误，无租使用其他单位房产的应税单位和个人，依照房产余值代为缴纳房产税。D项错误，产权出典的，由承典人依照房产余值缴纳房产税。

2. B [解析] 融资租赁的房产，由承租人自融资租赁合同约定开始日的次月起，依照房产余值缴纳房产税。合同未约定开始日的，由承租人自合同签订的次月起依照房产余值缴纳房产税。

3. AB [解析] 房产税在城市、县城、建制镇和工矿区征收。不在开征地区范围之内的工厂、仓库，不应征收房产税。房地产开发企业开发的商品房在出售前，不征收房产税。但对出售前房地产开发企业已使用或出租、出借的商品房应按规定征收房产税。

4. CD [解析] 房产原值应包括与房屋不可分割的各种附属设备或一般不单独计算价值的配套设施。独立于房屋之外的建筑物，如围墙、烟囱、水塔、变电塔、油池油柜、酒窖菜窖、酒精池、糖蜜池、室外游泳池、玻璃暖房、砖瓦石灰窑以及各种油气罐等，不属于房产。

5. B [解析] 无论会计上如何核算，房产原值均应包含地价，包括为取得土地使用权支付的价款、开发土地发生的成本费用等。宗地容积率低于0.5的，按房产建筑面积的2倍计算土地面积，并据此确定计入房产原值的地价。

6. D [解析] 凡是在基建工地为基建工地服务的各种工棚、材料棚、休息棚和办公室、食堂、茶炉房、汽车房等临时性房屋，在施工期间，一律免征房产税。

7. C [解析] 对个人按市场价格出租的居民住房，房产税暂减按4%的税率征收。

8. ACE [解析] B、D两项应该是"自用"的免税，"出租"的不免房产税。

> **● 考点再现**
>
> Q_{6-8} 房产税的税收优惠。
>
> 1. 基本规定
> （1）国家机关、人民团体、军队自用的房产，免征房产税。
> （2）由国家财政部门拨付事业经费的单位自用的房产，免征房产税。
> （3）宗教寺庙、公园、名胜古迹自用的房产，免征房产税。但公园、名胜古迹中附设的营业单位及出租的房产，应征收房产税。
> （4）个人自有自用的非营业性房产，免征房产税。但是，对个人所有的营业用房或出租等非自用的房产，应按照规定征收房产税。
> （5）经财政部批准免税的其他房产。
>
> 2. 其他规定
> （1）企业办的各类学校、医院、托儿所、幼儿园自用的房产，可以比照由国家财政部门拨付事业经费的单位自用的房产，免征房产税。

(2) 经有关部门鉴定，对毁损不堪居住的房屋和危险房屋，在停止使用后，可免征房产税。

(3) 凡是在基建工地为基建工地服务的各种工棚、材料棚、休息棚和办公室、食堂、茶炉房、汽车房等临时性房屋，在施工期间，一律免征房产税。但是，如果在基建工程结束以后，施工企业将这种临时性房屋交还或者估价转让给基建单位的，应当从基建单位接收的次月起，依照规定征收房产税。

(4) 纳税人因房屋大修导致房屋连续停用半年以上的，在房屋大修期间免征房产税，免征税额由纳税人在申报缴纳房产税时自行计算扣除。纳税人需要免征房产税，应在房屋大修前向税务机关报送证明材料。

(5) 对个人按市场价格出租的居民住房，房产税暂减按4%的税率征收。

(6) 对按政府规定价格出租的公有住房和廉租住房，包括企业和自收自支事业单位向职工出租的单位自有住房；房管部门向居民出租的公有住房；落实私房政策中带户发还产权并以政府规定租金标准向居民出租的私有住房等，暂免征收房产税。

9. ABC [解析] 房产出租的，以房产租金收入为房产税的计税依据。计征房产税的租金收入不含增值税。出租的地下建筑，按照出租地上房屋建筑的有关规定计算征收房产税。

10. B [解析] 企业办的各类学校、医院、托儿所、幼儿园自用的房产，免征房产税。该企业2023年应缴纳的房产税＝12 000×（1－30%）×1.2%＋80×12%＝110.40（万元）。

11. D [解析] 土地使用权共有的，城镇土地使用税由共有各方分别纳税。

12. A [解析] 城镇土地使用税实行分级幅度税额税率。

13. BE [解析] 城镇土地使用税的免税基本规定：①国家机关、人民团体、军队自用的土地；②由国家财政部门拨付事业经费的单位自用的土地；③宗教寺庙、公园、名胜古迹自用的土地；④市政街道、广场、绿化地带等公共用地；⑤直接用于农、林、牧、渔业的生产用地；⑥经批准开山填海整治的土地和改造的废弃土地，从使用的月份起免缴土地使用税5年至10年；⑦由财政部另行规定免税的能源、交通、水利设施用地和其他用地。此外，对个人出租住房，不区分用途，免征城镇土地使用税；对企业厂区（包括生产、办公及生活区）以内的绿化用地，应照章征收城镇土地使用税，厂区以外的公共绿化用地和向社会开放的公园用地，暂免征收城镇土地使用税。因此A、C、D三项属于免征城镇土地使用税的范围，B、E两项应该征收城镇土地使用税。

Day 31

1. D [解析] 土地增值税实行的是四级超率累进税率。

2. B [解析] 国有土地出让是指国家以土地所有者的身份将土地使用权在一定年限内让与土地使用者，并由土地使用者向国家支付土地出让金的行为。土地使用权的出让收入在性质上属于政府凭借所有权在土地一级市场上收取的租金，所以，政府出让土地的行为及取得的收入不在土地增值税的征税之列。

3. D [解析] 土地增值税的纳税人是转让国有土地使用权、地上的建筑物及其附着物并取得收入的单位和个人。其中，单位指各类企业单位、事业单位、国家机关、社会团体和其他组织，个人包括个体工商户和其他个人。凡发生应税行为的单位和个人，不论其经济性质如何，也不分内、外资企业或中、外籍人员，无论专营或兼营房地产业务，均有缴纳土地增值税的义务。

4. D［解析］纳税人转让房地产所取得的收入，包括货币收入、实物收入和其他收入。营改增后，纳税人转让房地产的土地增值税应税收入不含增值税。

5. CDE［解析］与转让房地产有关的税金，是指在转让房地产时缴纳的城市维护建设税、印花税。因转让房地产缴纳的教育费附加，也可视同税金予以扣除。

6. B［解析］财务费用中的利息支出，凡能够按转让房地产项目计算分摊并提供金融机构证明的，允许据实扣除，但最高不能超过按商业银行同类同期贷款利率计算的金额。其他房地产开发费用，按照"取得土地使用权所支付的金额"与"房地产开发成本"金额之和的5%以内计算扣除。凡不能按转让房地产项目计算分摊利息支出或不能提供金融机构证明的，房地产开发费用按"取得土地使用权所支付的金额"与"房地产开发成本"金额之和的10%以内计算扣除。

7. ABCD［解析］新建房地产土地增值税可扣除项目金额包括：①取得土地使用权所支付的金额；②房地产开发成本；③房地产开发费用；④与转让房地产有关的税金；⑤财政部规定的其他扣除项目。

8. ACD［解析］房地产开发费用是指与房地产开发项目有关的销售费用、管理费用、财务费用。

9. C［解析］土地增值额＝2 000－110－1 000－60＝830（万元）。

10. A［解析］财务费用中的利息支出，凡能够按转让房地产项目计算分摊并提供金融机构证明的，允许据实扣除，但最高不能超过按商业银行同类同期贷款利率计算的金额。其他房地产开发费用，按照"取得土地使用权所支付的金额"与"房地产开发成本"金额之和的5%以内计算扣除。准予扣除的房地产开发费用的金额＝100＋（2 000＋4 000）×5%＝400（万元）。

11. C［解析］土地增值税的减免：(1) 建造普通标准住宅的税收优惠。①纳税人建造普通标准住宅（高级公寓、别墅、度假村等不属于普通标准住宅）出售，增值额未超过扣除项目金额之和20%的，免征土地增值税。②对于取消普通住宅和非普通住宅标准的城市，纳税人建造普通标准住宅出售，增值额未超过扣除项目金额20%的，继续免征土地增值税。(2) 因国家建设需要依法征用、收回的房地产，免征土地增值税。此类房地产主要是指因城市实施规划、国家建设的需要而被政府批准征用的房产或收回的土地使用权。(3) 因城市实施规划、国家建设的需要而搬迁，由纳税人自行转让原房地产的，免征土地增值税。(4) 对居民个人销售住房一律暂免征土地增值税。(5) 对企事业单位、社会团体以及其他组织转让旧房作为公租房房源，且增值额未超过扣除项目金额20%的，免征土地增值税。

Day 32

1. BC［解析］土地使用权赠与、房屋赠与，其计税依据由税务机关参照土地使用权出售、房屋买卖的市场价格核定，B项错误。承受已装修房屋的，应将包括装修费用在内的费用计入承受方应支付的总价款，C项错误。

2. ABCD ［解析］对于承受与房屋相关的附属设施（包括停车位、汽车库、自行车库、顶层阁楼以及储藏室）所有权或土地使用权的行为，按照契税法律、法规的规定征收契税；对于不涉及土地使用权和房屋所有权转移变动的，不征收契税。E项不是附属设施。

3. ABCD ［解析］契税的征税范围包括：①国有土地使用权出让；②土地使用权转让，包括出售、赠与和互换，土地使用权转让不包括农村集体土地承包经营权的转移；③房屋买卖；④房屋赠与（以获奖方式取得房屋产权的，应照章缴纳契税）；⑤房屋交换。E项不属于契税的征税范围。

4. C ［解析］房屋所有权相互交换，双方交换价值相等的，免征契税，办理免征契税手续；价值不相等的，按超出部分由支付差价方缴纳契税。因此应该是由甲企业以100万元作为计税依据缴纳契税。

5. AE ［解析］在中华人民共和国境内转移土地、房屋权属，承受的单位和个人为契税的纳税人。契税的征税对象为发生土地使用权和房屋所有权权属转移的土地和房屋。土地使用权转让包括出售、赠与和互换。土地使用权转让不包括农村集体土地承包经营权和土地经营权的转移。国家机关、事业单位、社会团体、军事单位承受土地、房屋权属用于办公、教学、医疗、科研和军事设施的，免征契税。房屋所有权相互交换，双方交换价值相等，免纳契税。

6. AC ［解析］契税实行幅度比例税率，A项正确，B项错误。契税以所有权发生转移的不动产为征税对象，向产权承受人征收，C项正确，D、E两项错误。

7. B ［解析］对个人购买的家庭唯一住房，面积为140平方米及以下的，减按1%的税率征收契税；面积为140平方米以上的，减按1.5%的税率征收契税。对个人购买的家庭第二套住房，面积为140平方米及以下的，减按1%的税率征收契税；面积为140平方米以上的，减按2%的税率征收契税。

8. ABCD ［解析］E项，经当地政府和有关部门批准，以房产抵债和实物交换房屋，均视同房屋买卖，应由产权承受人按房屋现值缴纳契税。

9. A ［解析］个人购买的家庭唯一住房（家庭成员范围包括购房人、配偶以及未成年子女），面积为140平方米及以下的，减按1%的税率征收契税。A项需要征收契税。

• 考点再现 •

Q_{7-9} 契税的税收优惠。

1. 基本规定

（1）国家机关、事业单位、社会团体、军事单位承受土地、房屋权属用于办公、教学、医疗、科研、军事设施的，免征契税。

（2）非营利性的学校、医疗机构、社会福利机构承受土地、房屋权属用于办公、教学、医疗、科研、养老、救助的，免征契税。

（3）承受荒山、荒地、荒滩土地使用权用于农、林、牧、渔业生产的，免征契税。

(4) 婚姻关系存续期间夫妻之间变更土地、房屋权属的，免征契税。

(5) 法定继承人通过继承承受土地、房屋权属的，免征契税。

(6) 依照法律规定应当予以免税的外国驻华使馆、领事馆和国际组织驻华代表机构承受土地、房屋权属的，免征契税。

2. 调整房地产交易环节契税

(1) 个人购买家庭唯一住房（家庭成员范围包括购房人、配偶以及未成年子女，下同），面积为140平方米及以下的，减按1%的税率征收契税；面积为140平方米以上的，减按1.5%的税率征收契税。

(2) 对个人购买家庭第二套住房，面积为140平方米及以下的，减按1%的税率征收契税；面积为140平方米以上的，减按2%的税率征收契税。

家庭第二套住房是指已拥有一套住房的家庭，购买的家庭第二套住房。

10. (1) D [解析] 房屋赠与是指房屋所有者将其房屋无偿转让给受赠者的行为。房屋的受赠人要按规定缴纳契税。以获奖方式取得房屋产权的，其实质是接受赠与房产，应照章缴纳契税。应纳税额＝计税依据×税率＝40×5％＝2（万元）。

(2) D [解析] 应纳税额＝计税依据×税率＝60×4％＝2.4（万元）。

(3) A [解析] 在中华人民共和国境内转移土地、房屋权属，承受的单位和个人为契税的纳税人。本题中出售房产的人不是契税的纳税人，不缴纳契税。

(4) B [解析] 房屋交换是指房屋所有者之间相互交换房屋的行为。房屋所有权相互交换，双方交换价值相等，免纳契税，办理免征契税手续；其价值不相等的，按超出部分由支付差价方缴纳契税。应纳税额＝计税依据×税率＝20×5％＝1（万元）。

(5) A [解析] 国家机关、事业单位、社会团体、军事单位承受土地、房屋权属用于办公、教学、医疗、科研和军事设施的，免征契税。

Day 33

1. B [解析] 农村居民占用耕地新建住宅，按照当地适用税额减半征收耕地占用税。
2. BC [解析] 注意题目问的是"减征"，A、D、E三项都属于免征范围。
3. ABCD [解析] E项属于减半征收的情况。

•考点再现•

Q_{1-3} 耕地占用税的税收优惠。

(1) 占用耕地建设农田水利设施的，不缴纳耕地占用税。耕地是指用于种植农业作物的土地。

(2) 军事设施、学校、幼儿园、社会福利机构、医疗机构占用耕地，免征耕地占用税。

(3) 铁路线路、公路线路、飞机场跑道、停机坪、港口、航道、水利工程占用耕地，减按每平方米2元的税额征收耕地占用税。

(4) 农村居民在规定用地标准以内占用耕地新建自用住宅，按照当地适用税额减半征收耕地占用税；其中农村居民经批准搬迁，新建自用住宅占用耕地不超过原宅基地面积的部分，免征耕地占用税。

(5) 农村烈士遗属、因公牺牲军人遗属、残疾军人以及符合农村最低生活保障条件的农村居民，在规定用地标准以内新建自用住宅，免征耕地占用税。

(6) 纳税人因建设项目施工或者地质勘查临时占用耕地，应当依照规定缴纳耕地占用税。纳税人在批准临时占用耕地期满之日起1年内依法复垦，恢复种植条件的，全额退还已经缴纳的耕地占用税。

(7) 根据国民经济和社会发展的需要，国务院可以规定免征或者减征耕地占用税的其他情形，报全国人民代表大会常务委员会备案。

4. A ［解析］该农户将花圃改造为果园的占地不征收耕地占用税，新建住宅按照当地使用税额减半征收耕地占用税。该农户应缴纳的耕地占用税＝100×25×50％＝1 250（元）。

5. ABCE ［解析］无息或贴息借款合同、国际金融组织向中国提供优惠贷款书立的借款合同免征印花税。

6. ABD ［解析］产权转移书据包括土地使用权出让书据，土地使用权、房屋等建筑物和构筑物所有权转让书据（不包括土地承包经营权和土地经营权转移），股权转让书据（不包括应缴纳证券交易印花税的），商标专用权、著作权、专利权、专有技术使用权转让书据。其中，转让包括买卖（出售）、继承、赠与、互换、分割。

7. A ［解析］B项错误，应税产权转移书据的计税依据为产权转移书据所列的金额，不包括列明的增值税税款。C项错误，应税营业账簿的计税依据为账簿记载的实收资本（股本）、资本公积合计金额。D项错误，证券交易的计税依据为成交价格。

8. A ［解析］营业账簿适用0.25‰的印花税税率；租赁合同和保管合同适用1‰的印花税税率；买卖合同适用0.3‰的印花税税率。

9. CDE ［解析］A项，正本应该征收印花税，免征的是应税凭证的副本或者抄本。B项，证券交易印花税实施减半征收。

●考点再现

Q，(1) 下列凭证免征印花税：
①应税凭证的副本或者抄本。
②依照法律规定应当予以免税的外国驻华使馆、领事馆和国际组织驻华代表机构为获得馆舍书立的应税凭证。
③中国人民解放军、中国人民武装警察部队书立的应税凭证。
④农民、家庭农场、农民专业合作社、农村集体经济组织、村民委员会购买农业生产资料或者销售农产品书立的买卖合同和农业保险合同。
⑤无息或者贴息借款合同、国际金融组织向中国提供优惠贷款书立的借款合同。
⑥财产所有权人将财产赠与政府、学校、社会福利机构、慈善组织书立的产权转移书据。
⑦非营利性医疗卫生机构采购药品或者卫生材料书立的买卖合同。
⑧个人与电子商务经营者订立的电子订单。

⑨对个人销售或购买住房暂免征收印花税。
⑩对个人出租、承租住房签订的租赁合同,免征印花税。
(2) 证券交易印花税实施减半征收。

10. (1) A [解析] 营业账簿,以"实收资本"与"资本公积"两项的合计金额为其计税依据。应缴纳的印花税=(500+100)×0.25‰×10 000=1 500(元)。
(2) A [解析] 运输合同是指货运合同和多式联运合同,不包括管道运输合同。
(3) C [解析] 运输合同中的计税依据是运输费用,不含装卸费用。该企业签订购销合同和运输合同应缴纳的印花税=(60+10)×0.3‰×10 000=210(元)。
(4) C [解析] 应缴纳的印花税=(100×0.05‰+80×0.5‰)×10 000=450(元)。
(5) C [解析] 合计印花税=1 500+210+450=2 160(元)。

Day 34

1. CD [解析] 城市维护建设税的税率是指纳税人应缴纳的城市维护建设税税额与纳税人实际缴纳的"两税"税额的比率。城市维护建设税按照纳税人所在地的不同,设置了三档地区差别比例税率:①纳税人所在地在市区的,税率为7%;②纳税人所在地在县城、镇的,税率为5%;③纳税人所在地不在市区、县城或镇的,税率为1%。故C、D两项错误。

2. A [解析] 城市维护建设税的适用税率应当按纳税人所在地的规定税率执行。但是,对下列两种情况,可按缴纳"两税"所在地的规定税率就地缴纳城市维护建设税:第一种情况,由受托方代扣代缴、代收代缴"两税"的单位和个人,其代扣代缴、代收代缴的城市维护建设税按受托方所在地适用税率执行。第二种情况,流动经营等无固定纳税地点的单位和个人,在经营地缴纳"两税"的,其城市维护建设税的缴纳按经营地适用税率执行。因此,题干适用于第一种情况。

3. C [解析] 对海关进口的产品征收的增值税、消费税,不征收城市维护建设税,A项错误。纳税人违反"两税"有关税法规定而加收的滞纳金和罚款,不作为城市维护建设税的计税依据,B项错误。城市维护建设税应按减免后实际缴纳的增值税、消费税税额计征,C项正确。对于因减免税而需要进行"两税"退库的,城市维护建设税也可以同时退库,D项错误。

4. AE [解析] 城市维护建设税与"两税"同时征收,如果要免征或者减征"两税",也就要同时免征或者减征城市维护建设税。B项"应缴纳"错误,应该是实际缴纳。海关对进口产品代征的增值税、消费税,不征收城市维护建设税,C项错误。城市维护建设税的计税依据,是指纳税人实际缴纳的"两税"税额。纳税人违反"两税"有关税法规定而加收的滞纳金和罚款,不作为城市维护建设税的计税依据,D项不用缴纳。

5. A [解析] 城市维护建设税的税率,是指纳税人应缴纳的城市维护建设税税额与纳税人实际缴纳的增值税、消费税税额的比率。

6. C [解析] 由受托方代扣代缴、代收代缴增值税、消费税的单位和个人,其代扣代缴、代收代缴的城市维护建设税按受托方所在地适用税率执行。因此,应该由甲企业在农村按照1%的税率代收代缴乙企业的城市维护建设税。

7. A [解析] 海关对进口产品代征的增值税不征收城市维护建设税。纳税人违反增值税、消费税有关税法而被加收的滞纳金和罚款,不作为城市维护建设税的计税依据。城市维护建设税随增值税、消费税的减免而减免。但对于出口产品返还增值税、消费税的,不退还已征的城市维护建设税。所以城市维护建设税的计税依据=34+46=80(万元)。纳税人所在地为县城,适用税率为5%。因此,该企业应纳城市维护建设税税额=80×5%=4(万元)。

8. A [解析] 教育费附加和地方教育附加的减免包括:①海关对进口产品征收的增值税、消费税,不征收教育费附加。②对由于减免增值税、消费税而发生的退税,可同时退还已征收的教育费附加。但对出口产品退还增值税、消费税的,不退还已征的教育费附加。③经国务院批准,为支持国家重大水利工程建设,对国家重大水利工程建设基金免征教育费附加。

9. A [解析] 应缴纳的城市维护建设税和教育费附加及地方教育附加=50 000×7%+50 000×3%+50 000×2%=6 000(元)。

10. C [解析] 现行教育费附加的征收比率为3%。

11. D [解析] 城市维护建设税应纳税额=实际应纳增值税、消费税×征收比率;实际应纳增值税=15+(2 940−1 050)÷(1+5%)×5%=105(万元)。本题中无须缴纳消费税,且纳税人所在市区的城市维护建设税税率为7%,所以城市维护建设税应纳税额=105×7%=7.35(万元)。教育费附加和地方教育附加应纳税额=实际应纳增值税、消费税×征收比率,教育费附加征收比率为3%,地方教育附加征收比率为2%,所以教育费附加应纳税额=105×(3%+2%)=5.25(万元)。城市维护建设税和教育费附加及地方教育附加应纳税额=7.35+5.25=12.6(万元)。

Day 35

1. ACD [解析] 挂车和载货汽车采用以整备质量为计税标准。

2. ABE [解析] C项错误,载货汽车不免征车船税。D项错误,只有军队、武装警察部队专用的车船才免征车船税。

3. D [解析] 对节能汽车,减半征收车船税。

> ●考点再现
>
> $Q_{2\text{-}3}$ 车船税的减免。
>
> (1) 捕捞、养殖渔船免征车船税。
>
> (2) 军队、武警专用的车船免征车船税。
>
> (3) 警用车船免征车船税。
>
> (4) 对新能源汽车的减免规定。
>
> ①对节能汽车,减半征收车船税(自2018年7月10日起执行)。
>
> ②对新能源车船,免征车船税。

4. D [解析] 客车按照车辆数量计征税款;货车按照整备质量每吨计征税款。应缴纳的车船税=4.5×100+800=1 250(元)。

5. B [解析] 车船税采用定额税率,即对征税的车船规定单位固定税额。

6. D [解析] 非机动驳船的车船税税额按照机动船舶税额的50%计算。甲公司当年应缴纳车船税税额＝20×150×3+5×80×3×50%＝9 600（元）。

7. ABDE [解析] 下列车辆免征车辆购置税：①依照法律规定应当予以免税的外国驻华使馆、领事馆和国际组织驻华机构及其有关人员自用的车辆；②中国人民解放军和中国人民武装警察部队列入装备订货计划的车辆；③悬挂应急救援专用号牌的国家综合性消防救援车辆；④设有固定装置的非运输专用作业车辆；⑤城市公交企业购置的公共汽电车辆。对购置日期在2024年1月1日至2025年12月31日期间的新能源汽车免征车辆购置税，其中，每辆新能源乘用车免税额不超过3万元；对购置日期在2026年1月1日至2027年12月31日期间的新能源汽车减半征收车辆购置税，其中，每辆新能源乘用车减税额不超过1.5万元。

8. A [解析] 应税车辆的计税价格，按照下列规定确定：①纳税人购买自用应税车辆的计税价格，为纳税人实际支付给销售者的全部价款，不包括增值税税款；②纳税人进口自用应税车辆的计税价格，为关税完税价格加上关税和消费税；③纳税人自产自用应税车辆的计税价格，按照纳税人生产的同类应税车辆的销售价格确定，不包括增值税税款；④纳税人以受赠、获奖或者其他方式取得自用应税车辆的计税价格，按照购置应税车辆时相关凭证载明的价格确定，不包括增值税税款。纳税人申报的应税车辆计税价格明显偏低，又无正当理由的，由税务机关依照《中华人民共和国税收征收管理法》的规定核定其应纳税额。

9. A [解析] 纳税人购买自用应税车辆的计税价格，为纳税人实际支付给销售者的全部价款，不包括增值税税款。王某应纳车辆购置税＝（226 000＋11 300）÷1.13×10%＝21 000（元）。

10. AC [解析] 下列情形免征船舶吨税：①应纳税额在人民币50元以下的船舶；②自境外以购买、受赠、继承等方式取得船舶所有权的初次进口到港的空载船舶；③船舶吨税执照期满后24小时内不上下客货的船舶；④非机动船舶（不包括非机动驳船）；⑤捕捞、养殖渔船；⑥避难、防疫隔离、修理、改造、终止运营或者拆解，并不上下客货的船舶；⑦军队、武装警察部队专用或者征用的船舶；⑧警用船舶；⑨依照法律规定应当予以免税的外国驻华使领馆、国际组织驻华代表机构及其有关人员的船舶；⑩国务院规定的其他船舶。B项，免征船舶吨税的是非机动船舶，不包括非机动驳船。D项，应纳税额在人民币50元以下的船舶，免征船舶吨税。E项，船舶吨税执照期满后24小时内不上下客货的船舶，免征船舶吨税。

Day 36

1. ABDE [解析] 环境保护税的税目有大气污染物、水污染物、固体废物、噪声。

2. D [解析] 纳税人排放应税大气污染物或水污染物的浓度值低于国家和地方规定的污染物排放标准30%的，减按75%征收环境保护税；纳税人排放应税大气污染物或者水污染物的浓度值低于国家和地方规定的污染物排放标准50%的，减按50%征收环境保护税。

3. B [解析] 应税固体废物的应纳税额＝固体废物排放量×适用税额，则该企业环境保护税应纳税额＝（1 000－300－300）×15＝6 000（元）。

4. AB [解析] 资源税的纳税人是在中华人民共和国领域及中华人民共和国管辖的其他海域

开发应税资源的单位和个人。其中"单位"是指国有企业、集体企业、私有企业、股份制企业、其他企业和行政单位、事业单位、军事单位、社会团体及其他单位。"个人"是指个体工商户及其他个人。除上述单位和个人以外，进口矿产品或盐以及经营已税矿产品或盐的单位和个人均不属于资源税纳税人。

5. CDE [解析] 现行资源税实行固定比例税率、幅度比例税率和定额税率。

6. A [解析] 应纳税额＝0.6×(80＋4)×6%＝3.024（万元）。

7. ACE [解析] 高含硫天然气、三次采油和从深水油气田开采的原油、天然气，减征30%资源税，B项错误。从衰竭期矿山开采的矿产品，减征30%资源税，D项错误。

8. BCD [解析] 自2023年1月1日至2027年12月31日，对增值税小规模纳税人、小型微利企业和个体工商户减半征收资源税（不含水资源税）、城市维护建设税、房产税、城镇土地使用税、印花税（不含证券交易印花税）、耕地占用税和教育费附加、地方教育附加。

考点再现

Q_{7-8} 资源税的减免。

1. 免征资源税

(1) 开采原油以及在油田范围内运输原油过程中用于加热的原油、天然气。

(2) 煤炭开采企业因安全生产需要抽采的煤成（层）气。

(3) 对青藏铁路公司及其所属单位运营期间自采自用的砂、石等材料免征资源税。

2. 减征资源税

(1) 从低丰度油气田开采的原油、天然气，减征20%资源税。

(2) 高含硫天然气、三次采油和从深水油气田开采的原油、天然气，减征30%资源税。

(3) 稠油、高凝油减征40%资源税。

(4) 从衰竭期矿山开采的矿产品，减征30%资源税。

(5) 2014年12月1日至2027年8月31日，对充填开采置换出来的煤炭，资源税减征50%。

(6) 2018年4月1日至2027年12月31日，对页岩气资源税（按6%的规定税率）减征30%。

(7) 自2023年1月1日至2027年12月31日，对增值税小规模纳税人、小型微利企业和个体工商户减半征收资源税（不含水资源税）、城市维护建设税、房产税、城镇土地使用税、印花税（不含证券交易印花税）、耕地占用税和教育费附加、地方教育附加。

9. ABE [解析] 下列情形不缴纳水资源税：①农村集体经济组织及其成员从本集体经济组织的水塘、水库中取用水的；②家庭生活和零星散养、圈养畜禽饮用等少量取用水的；③水工程管理单位为配置或者调度水资源取水的；④为保障矿井等地下工程施工安全和生产安全必须进行临时应急取用（排）水的；⑤为消除对公共安全或者公共利益的危害临时应急取水的；⑥为农业抗旱和维护生态与环境必须临时应急取水的。C、D两项属于不征收水资源税的情形。

10. C [解析] 烟叶税实行比例税率，税率统一为20%。

11. C [解析] C项错误，烟叶税计税依据为纳税人收购烟叶实际支付的价款总额，包括纳税人支付给烟叶生产销售单位和个人的烟叶收购价款和价外补贴。

12. B [解析] 应纳烟叶税税额＝收购金额×20%＝收购价款×（1＋10%）×20%＝88×（1＋10%）×20%＝19.36（万元）。

本章强化测试

第八章 政府非税收入

学习指导

本章知识点内容主要围绕政府非税收入的性质与种类展开，重点比较突出。常考的知识点有：政府非税收入的概念与特点、性质与种类，政府非税收入的分成管理等。本章历年考查分数在 4 分左右。

建议考生学习本章时，重点区分政府非税收入的种类，通过反复练习来记忆重要知识点。

日期	考点
Day37	➢政府非税收入的概念与特点 ➢政府非税收入的性质与种类
Day38	➢公共物品与非税收入的取得 ➢外部经济与非税收入的取得 ➢国有产权与非税收入的取得 ➢分类分级管理政府非税收入
Day39	➢政府非税收入的分成管理 ➢政府非税收入的收缴管理 ➢政府非税收入的票据管理 ➢政府非税收入的预算管理 ➢政府非税收入的监督检查 ➢政府非税收入的法制建设

▶▶▶ Day 37

▼ **考点**：政府非税收入的概念与特点

1. ［单选］在我国，政府非税收入管理的职能部门是（　　）。
   A. 各级财政部门　　　　　　　　　B. 各级行业协会
   C. 各级政府　　　　　　　　　　　D. 各级国有资产管理部门

2. ［多选］下列收入中，属于政府非税收入的有（　　）。
   A. 国有资本分享的企业税后利润　　B. 行政事业性收费收入
   C. 罚没收入　　　　　　　　　　　D. 彩票公益金收入
   E. 社会保险费

3. [多选] 政府非税收入具有的属性有（　　）。
   A. 所有权属国家
   B. 使用权归政府
   C. 收益权归单位
   D. 管理权归财政
   E. 处置权归单位

4. [多选] 下列属于政府非税收入中的中央银行业务收入的有（　　）。
   A. 外汇储备经营收益
   B. 再贴现利息收入
   C. 金银业务收入
   D. 租赁收入
   E. 手续费收入

5. [多选] 下列关于政府非税收入的说法，正确的有（　　）。
   A. 社会保险费属于我国政府非税收入
   B. 住房公积金属于我国政府非税收入
   C. 中央银行收入属于我国政府非税收入
   D. 国有资源（资产）有偿使用收入属于我国政府非税收入
   E. 政府收入的利息收入属于我国政府非税收入

6. [单选] 在政府的非税收入中，按照成本补偿和非营利原则向特定服务对象收取的费用是（　　）。
   A. 行政事业性收费
   B. 政府性基金
   C. 国有资本经营收益
   D. 罚没收入

7. [单选] 下列政府非税收入中，具有强制性和无偿性特点的是（　　）。
   A. 国有资本经营收益
   B. 债务收入
   C. 国有资产有偿使用收入
   D. 罚没收入

8. [多选] 政府非税收入的灵活性表现在（　　）。
   A. 收入取得形式多样化
   B. 收入的取得具有时效性
   C. 收入取得的标准具有灵活性
   D. 收入的来源具有不确定性
   E. 收入取得的范围具有非普遍性

◆ 考点：政府非税收入的性质与种类

9. [多选] 下列属于利用国家权力取得的非税收入的有（　　）。
   A. 特许经营收入
   B. 罚没收入
   C. 政府性基金收入
   D. 行政性收费收入
   E. 国有企业上缴利润

10. [单选] 利用国家所有权取得的非税收入的是（　　）。
    A. 罚没收入
    B. 捐赠收入
    C. 国有资源有偿使用收入
    D. 政府性基金收入

11. [单选] 反映政府促进社会公益事业发展的非税收入是（　　）。
    A. 彩票公益金收入
    B. 罚没收入
    C. 行政性收费收入
    D. 中央银行收入

12. ［单选］公共交通线路经营权有偿出让收入属于（　　）。

    A. 政府性基金

    B. 自然资源有偿使用收入

    C. 行政性收费

    D. 城市公共资源有偿使用收入

13. ［单选］体现"受益人缴费"原则的政府非税收入是（　　）。

    A. 行政性收费　　　　　　　　　　B. 事业性收费

    C. 政府性基金　　　　　　　　　　D. 捐赠性收入

学习笔记

Day 38

▼ **考点**：公共物品与非税收入的取得

1. [单选] 下列各项中，不属于政府取得非税收入的理论依据的是（　　）。

A. 公共物品与非税收入的取得
B. 外部经济与非税收入的取得
C. 国有产权与非税收入的取得
D. 外部效应与非税收入的取得

2. [单选] 在政府非税收入中，属于补偿性收入的主要是（　　）。

A. 各种行政事业性收费　　　　B. 政府性基金
C. 罚没收入　　　　　　　　　D. 国有资本经营收益

3. [单选] 关于公共物品与非税收入的取得，下列说法错误的是（　　）。

A. 政府提供的公共物品包括纯公共物品和准公共物品
B. 对准公共物品成本的补偿，应当采用非税的形式，按照消费主体从准公共物品使用中获得的收益收取相关费用
C. 准公共物品具有部分私人物品的特征
D. 政府提供的准公共物品所发生的费用可以使用税收全部补偿

▼ **考点**：外部经济与非税收入的取得

4. [单选] 在政府非税收入中，（　　）属于矫正性收入。

A. 行政事业性收费　　　　　　B. 罚没收入
C. 国有资源有偿使用收入　　　D. 国有资本经营收益

▼ **考点**：国有产权与非税收入的取得

5. [多选] 在政府非税收入中，体现国有产权的收入有（　　）。

A. 国有资源有偿使用收入
B. 国有资产有偿使用收入
C. 国有资本经营收益
D. 政府性基金
E. 行政事业性收费

▼ **考点**：分类分级管理政府非税收入

6. [单选] 我国现行制度规定，非税收入实行的管理方式是（　　）。

A. 全国统一管理　　　　　　　B. 分级分类管理
C. 中央财政集中管理　　　　　D. 主管部门集中管理

7. [单选] 下列各项中，不属于从严审批管理收费基金、合理控制收费基金规模的是（　　）。

A. 严格把好收费基金审批关
B. 要继续清理整顿收费和基金
C. 规范收费和基金征收行为
D. 加强国有资本收益管理，维护国有资本收益

8. [多选] 下列关于政府非税收入的说法，正确的有（　　）。
   A. 非税收入的使用权在执行单位
   B. 非税收入是财政收入
   C. 非税收入的管理权属于各执收单位
   D. 非税收入是执收单位的自有资金
   E. 非税收入的征收主管机关是财政部门

✏️ 学习笔记

Day 39

▼ 考点：政府非税收入的分成管理

1. [多选] 涉及省级与市、县级分成的非税收入，其分成比例由（　　）规定。
   A. 国务院
   B. 财政部
   C. 省级人民政府
   D. 省级财政部门
   E. 全国人民代表大会

▼ 考点：政府非税收入的收缴管理

2. [多选] 政府非税收入的征收方式包括（　　）。
   A. 直接征收
   B. 委托征收
   C. 集中汇缴
   D. 定期征收
   E. 定额征收

3. [多选] 政府非税收入可以由（　　）征收。
   A. 财政部门
   B. 财政部门委托的部门和单位
   C. 工商部门
   D. 各级人民代表大会
   E. 各级政府

▼ 考点：政府非税收入的票据管理

4. [单选] 政府非税收入票据存根的保管期限一般是（　　）年。
   A. 3
   B. 5
   C. 10
   D. 20

5. [多选] 下列属于政府非税收入票据的有（　　）。
   A. 非税收入通用票据
   B. 增值税普通发票
   C. 增值税专用发票
   D. 非税收入一般缴款书
   E. 海关专用缴款书

▼ 考点：政府非税收入的预算管理

6. [单选] 关于政府非税收入的预算管理，下列说法错误的是（　　）。
   A. 政府非税收入的预算管理是非税收入管理的重要组成部分
   B. 政府非税收入应当纳入财政预算管理
   C. 要建立非税收入绩效评价制度，加强对非税收入预算资金的使用情况的监督，提高资金使用效益
   D. 各级各类政府非税收入均应纳入一般预算管理

▼ 考点：政府非税收入的监督检查

7. [单选] 关于政府非税收入的监督检查机制，下列说法错误的是（　　）。
   A. 为了确保政府非税收入管理规定的贯彻落实，提高政府非税收入管理效率，应健全政府非税收入监督检查机制

B. 各级财政部门应积极配合审计部门依法对政府非税收入进行审计

C. 对政府非税收入的监督检查中发现的问题,要严格按照国家有关财政法规处罚规定进行处理

D. 对政府非税收入的监督检查中发现的问题,可以不用追究有关责任人员的行政责任

▼ **考点**:政府非税收入的法制建设

8. [多选] 从"预算外资金"到"非税收入"的转变,标志着(   )。

    A. 我国对建立公共财政体系、规范政府收入机制认识的深化

    B. 我国政府非税收入管理开始走上科学化和法制化的轨道

    C. 全口径预算管理

    D. 全部归政府管理

    E. 全部归财政部门管理

9. [单选] 2004年7月,财政部《关于加强政府非税收入管理的通知》的印发,宣告预算外资金管理的结束,我国正式进入(   )的全新时代。

    A. 国有资产管理
    B. 行政事业单位资产管理
    C. 税收管理
    D. 非税收入管理

学习笔记

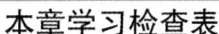
本章学习检查表

知识点名称	初次学习		第一次复习		第二次复习	
	做对题目数/总题目数	学习日期	做对题目数/总题目数	复习日期	做对题目数/总题目数	复习日期
政府非税收入的概念与特点						
政府非税收入的性质与种类						
公共物品与非税收入的取得						
外部经济与非税收入的取得						
国有产权与非税收入的取得						
分类分级管理政府非税收入						
政府非税收入的分成管理						
政府非税收入的收缴管理						
政府非税收入的票据管理						
政府非税收入的预算管理						
政府非税收入的监督检查						
政府非税收入的法制建设						

填写建议：

"做对题目数/总题目数"记录自己各知识点做题的情况，比如，某知识点总题目数10题，自己做对了其中7题，记录为7/10。

"学习日期"和"复习日期"记录自己学习和复习各知识点的日期。

备忘录

参考答案及解析

Day 37

1. A [解析] 政府非税收入"所有权属国家、使用权归政府、管理权在财政",即具有"三权"属性的财政收入。因此,管理权归各级财政部门。

2. ABCD [解析] 我国政府非税收入的范围包括行政事业性收费收入、政府性基金收入、罚没收入、国有资源(资产)有偿使用收入、国有资本收益(指国有资本分享的企业税后利润,国有股股利、红利、股息等收入)、彩票公益金收入、特许经营收入、中央银行收入、以政府名义接受的捐赠收入、主管部门集中收入、政府收入的利息收入和其他非税收入等。因此A、B、C、D四项都是政府非税收入,E项不是政府非税收入。

3. ABD [解析] 我国政府非税收入是政府凭借国家权力、政府信誉、国家资源(资产)所有权益取得的,是国家的财政资金。其所有权属于国家,调控权属于政府,管理权属于财政。根据政府非税收入属于财政资金的性质,必须将其纳入部门综合预算之中。政府非税收入"所有权属国家、使用权归政府、管理权在财政",即具有"三权"属性。

4. ACE [解析] 中央银行业务收入包括外汇储备经营收益、金银业务收入、手续费收入、证券买卖收入、其他业务收入等。B项是利息收入,D项是其他收入,均不是中央银行收入的业务收入。

5. CDE [解析] 我国政府非税收入的范围包括行政事业性收费收入、政府性基金收入、罚没收入、国有资源(资产)有偿使用收入、国有资本收益、彩票公益金收入、特许经营收入、中央银行收入、以政府名义接受的捐赠收入、主管部门集中收入、政府收入的利息收入和其他非税收入等。由于当前我国社会保险费与个人账户相挂钩,政府对社会保险费不拥有完全的所有权,社会保险费还不能被纳入政府财政收入的范畴。因此,社会保险费、住房公积金(指计入缴存个人账户部分)不纳入我国政府非税收入管理的范围。

6. A [解析] A项,行政事业性收费是指国家机关、事业单位、代行政府职能的社会团体及其他组织根据法律、行政法规、地方性法规等有关规定,依照国务院规定程序批准,在向公民、法人提供特定服务的过程中,按照成本补偿和非营利原则向特定服务对象收取的费用。B项,政府性基金是面向社会无偿征收、有专项用途的财政资金,具有无偿性。C项,国有资本经营收益是政府非税收入的重要组成部分。D项,罚没收入是执法单位依据法律、法规和规章规定,对公民、法人或者其他组织实施处罚所取得的罚款等收入。

7. D [解析] 罚没收入是执法单位依据法律、法规和规章规定,对公民、法人或者其他组织实施处罚所取得的罚款、没收的现金收入、没收的物品折价收入,既具有强制性,又具有无偿性,属于典型的利用国家权力取得的收入。A、B、C三项均没有体现强制性特点。

8. ABC [解析] 政府非税收入的特点有灵活性、不稳定性、非普遍性、补偿性。政府非税收入的灵活性具体表现在三个方面：①收入取得的形式多样化；②收入的取得具有时效性；③收取的标准具有灵活性。D项是政府收入的不稳定性的表现，E项是非普遍性的体现。

9. ABCD [解析] 利用国家权力取得的非税收入主要包括行政性收费收入、政府性基金收入、罚没收入、特许经营收入。E项属于利用国家所有权取得的非税收入。

10. C [解析] A、D两项是利用国家权力取得的收入。B项属于反映政府社会管理、促进公益事业发展及其他非税收入。

11. A [解析] B、C两项是利用国家权力取得的收入。D项是利用国家所有权取得的收入。

● 考点再现

Q_{9-11} 政府非税收入的种类。

（1）利用国家权力取得的非税收入。国家权力最显著的特征是强制性和无偿性，与此相对应，利用国家权力取得的收入也具有强制性和无偿性。利用国家权力取得的非税收入主要包括行政性收费收入、政府性基金收入、罚没收入、特许经营收入。

（2）利用国家所有权取得的非税收入。利用国家所有权取得的非税收入主要包括国有资源有偿使用收入、国有资产有偿使用收入、国有资本收益、中央银行收入。

（3）反映政府社会管理、促进公益事业发展及其他非税收入。主要包括彩票公益金收入、以政府名义接受的捐赠收入、主管部门集中收入、政府收入的利息收入和其他政府非税收入。

12. D [解析] 城市公共资源有偿使用收入是指利用城市市政公用设施、政府投资建设的公共设施（道路、桥梁、涵洞、护栏、绿地、站台、公园、广场等）和城市公共空间（含地下空间）等城市公共资源取得的有偿使用收入，主要包括出租汽车经营权有偿出让收入、公共交通线路经营权有偿出让收入、城市户外广告资源有偿使用收入。

13. B [解析] A项，行政性收费收入是国家行政机关以及其他单位在依法行使管理职权的过程中，按照法律、法规的规定，向公民、法人和其他组织收取的费用。B项，事业性收费是国家机关、事业单位及其他组织在向公民、法人和其他社会组织提供自愿接受的服务时，向服务对象收取的费用。事业性收费的最大特点是缴费义务人自愿接受服务，不具有强制性，体现了"受益人缴费"的原则，因而不属于利用政府权力取得的收入。C项，政府性基金是面向社会无偿征收、有专项用途的财政资金，具有无偿性。D项，捐赠性收入是反映政府社会管理、促进公益事业发展及其他非税收入。

Day 38

1. D [解析] 政府取得非税收入的理论依据主要包括三个方面：①公共物品与非税收入的取得；②外部经济与非税收入的取得；③国有产权与非税收入的取得。

2. A [解析] 属于补偿性收入的主要是各种行政事业性收费。B项，政府性基金属于利用国家权力取得的收入；C项，罚没收入属于矫正性收入；D项，国有资本经营收益属于体现国有产权的收入。

3. D [解析] 由于准公共物品具有部分私人物品的特征，政府提供准公共物品所发生的费用不可以全部使用税收进行补偿，D项错误。

4. B [解析] 在政府非税收入中，各种罚没收入属于矫正性收入。

5. ABC [解析] 在政府的非税收入中，体现国有产权的收入为国有资源有偿使用收入、国有资产有偿使用收入、国有资本经营收益和中央银行收益。D、E两项是利用国家权力取得的收入，不是国有产权与非税收入取得的体现。

6. B [解析] 财政部2016年印发的《政府非税收入管理办法》明确规定我国政府非税收入实行分类分级管理，根据非税收入不同分类和特点，制定与分类相适应的管理制度。鼓励各地区探索和建立符合本地实际的非税收入管理制度。

7. D [解析] 从严审批管理收费基金、合理控制收费基金规模，其具体要求包括：①严格把好收费基金审批关；②要继续清理整顿收费和基金；③规范收费和基金征收行为。

8. BE [解析] 财政部门是政府非税收入的征收主管机关，各职能部门是政府非税收入的执行机关，非税收入的所有权属于国家，使用权属于政府，管理权属于财政，A、C两项错误，B、E两项正确。政府非税收入不是执收单位的自有资金，D项错误。

Day 39

1. CD [解析] 省级与市、县级分成的政府非税收入，分成比例应当由省、自治区、直辖市人民政府或其同级财政部门规定；涉及中央与地方分成的非税收入，其分成比例由国务院或财政部规定；涉及部门、单位之间分成的税收收入，其分成比例按隶属关系由财政部或省级财政部门规定。

2. AB [解析] 政府非税收入可以由财政部门直接征收，也可以由财政部门委托的部门和单位征收，委托征收所需费用，由财政部门通过预算予以拨付。C项，集中汇缴是预算收入的缴库方式。D、E两项，定期定额征收是税款的征收方式。

3. AB [解析] 政府非税收入可以由财政部门直接征收，也可以由财政部门委托的部门和单位征收，委托征收所需费用，由财政部门通过预算予以拨付。

4. B [解析] 政府非税收入票据存根的保管期限一般为5年。保管期满需要销毁的，报经原核发票据的财政部门查验后方可销毁。

5. AD [解析] 政府非税收入票据种类包括非税收入通用票据和非税收入一般缴款书。

6. D [解析] 按照编制全口径预算的要求，各级各类政府非税收入均应根据其不同的性质，分别纳入一般公共预算、政府性基金预算和国有资本经营预算进行管理，D项错误。

7. D [解析] 对政府非税收入的监督检查中发现的问题，要严格按照国家有关财政法规处罚规定进行处理，还要按照相关规定追究有关责任人员的行政责任，D项错误。

8. AB [解析] 从"预算外资金"到"非税收入"的转变，标志着我国对建立公共财政体系、规范政府收入机制认识的深化，也标志着我国政府非税收入管理开始走上科学化和法制化的轨道。

9. D [解析] 2004年7月,财政部《关于加强政府非税收入管理的通知》的印发,宣告预算外资金管理的结束,我国正式进入非税收入管理的全新时代。

本章强化测试

第九章 公债

> **学习指导**

本章常考的知识点主要有：公债的特征、公债的功能和七种分类形式、公债的限度及衡量指标、公债的发行和偿还方式、偿债的资金来源等。本章历年考查分数在5分左右。

本章主要以记忆为主，易混淆知识点较多，建议考生自己总结归类，通过思维导图进行学习。

日期	考点
Day40	➢公债的概念 ➢公债的特征 ➢公债的功能
Day41	➢公债的分类 ➢公债规模的含义 ➢公债的负担
Day42	➢公债的限度及衡量标准 ➢公债的结构
Day43	➢公债的发行和推销机构 ➢公债的发行价格 ➢公债的发行方式
Day44	➢公债的利率 ➢公债的偿还方式 ➢偿债的资金来源

▶▶▶ Day 40

▽ 考点：公债的概念

1. ［单选］下列各项中，关于公债的说法中，错误的是（   ）。
   A. 广义的公债包括内债和外债
   B. 公债与私债的本质区别在于发行的依据或担保物不同
   C. 公债有国债和地方债之别
   D. 税收、规费收入与公债一样，均为有偿取得的财政收入

2. ［单选］下列关于国债的说法，错误的是（   ）。
   A. 国债是国家以债务人身份筹集的资金

B. 国债是有偿的财政资金

C. 国债是公债的组成部分

D. 国债是在国内发行的国家公债

3. [单选] 政府发行公债的担保物是（   ）。

   A. 国有企业资产　　　　　　　　　　B. 国有自然资源

   C. 政府税收　　　　　　　　　　　　D. 政府信誉

4. [单选] 公债是一个特殊的债务范畴，它与私债的本质区别在于（   ）。

   A. 发行主体不同　　　　　　　　　　B. 债务人范围不同

   C. 收益不同　　　　　　　　　　　　D. 担保物不同

✓ 考点：公债的特征

5. [单选] 下列关于公债特征的表述中，说法错误的是（   ）。

   A. 公债的有偿性决定了公债的自愿性

   B. 公债的灵活性决定了公债的有偿性

   C. 政府发行公债是以借贷双方自愿互利为基础，按一定条件与公债认购者结成债权债务关系

   D. 公债的有偿性和公债的自愿性决定了公债的灵活性

6. [多选] 公债的特征不包括（   ）。

   A. 有偿性　　　　　　　　　　　　　B. 自愿性

   C. 灵活性　　　　　　　　　　　　　D. 风险性

   E. 多样性

✓ 考点：公债的功能

7. [单选] 公债最基本的功能是（   ）。

   A. 弥补财政赤字　　　　　　　　　　B. 调节经济运行

   C. 筹集建设资金　　　　　　　　　　D. 促进经济发展

8. [多选] 公债调节国民经济发展的作用主要表现在（   ）。

   A. 公债可以调节失业率

   B. 公债可以调节国民收入的使用结构

   C. 公债可以调节进出口贸易

   D. 公债可以调节国民经济的产业结构

   E. 公债可以调节社会的货币流通和资金供求，是调节金融市场的重要手段

✎ 学习笔记

Day 41

▼ 考点：公债的分类

1. [单选] 可以在金融市场上自由流通买卖的公债，被称为（   ）。
   A. 自由公债　　　　　　　　　　　B. 货币公债
   C. 可转让公债　　　　　　　　　　D. 短期公债

2. [单选] 被称为"储蓄式公债"的是（   ）。
   A. 凭证式公债　　　　　　　　　　B. 记账式公债
   C. 货币公债　　　　　　　　　　　D. 折实公债

3. [单选] 国内债务和国外债务是按照公债（   ）分类的。
   A. 偿还期限　　　　　　　　　　　B. 是否可以流通
   C. 利率情况　　　　　　　　　　　D. 发行区域

4. [单选] 把公债分为短期公债、中期公债、长期公债和超长期公债的目的是（   ）。
   A. 确定合理的期限结构，以便国家高效率地运用所筹措的资金
   B. 合理安排资金还款
   C. 为国家制定金融政策提供依据
   D. 保护债权人利益

5. [单选] 以黄金为计量单位发行并偿还的公债是（   ）。
   A. 折实公债　　　　　　　　　　　B. 实物公债
   C. 货币公债　　　　　　　　　　　D. 记账式公债

6. [多选] 按照借债的方法不同，可以把公债分为（   ）。
   A. 国内债务　　　　　　　　　　　B. 爱国公债
   C. 强制公债　　　　　　　　　　　D. 自由公债
   E. 保值公债

▼ 考点：公债规模的含义

7. [多选] 公债的规模包括（   ）。
   A. 历年发行公债的累计余额
   B. 当年新发行公债的总额
   C. 公债的负担
   D. 公债的限度
   E. 当年到期需还本付息的债务总额

▼ 考点：公债的负担

8. [单选] 公债在一定条件下向后推移，会形成（   ）。
   A. 债权人的负担
   B. 债务人的负担
   C. 纳税人的负担
   D. 代际负担

9. [多选] 公债的负担主要包括（　　）。
   A. 认购者的负担
   B. 政府的负担
   C. 推销机构的负担
   D. 纳税人的负担
   E. 金融市场的负担

✎ 学习笔记

Day 42

▽ 考点：公债的限度及衡量指标

1. [多选] 公债绝对规模的衡量指标主要有（　　）。
   A. 历年积累债务的总规模
   B. 当年发行公债的总额
   C. 当年到期需还本付息的债务总额
   D. 公债依存度
   E. 公债发行额占国内生产总值的比率

2. [单选] 公债依存度是指（　　）。
   A. 当年公债发行总额与当年财政支出总额的比率
   B. 当年公债还本付息额与当年财政收入的比率
   C. 公债余额与GDP的比率
   D. 公债发行总额与GDP的比率

3. [单选] 根据国际通用的控制标准，公债依存度应控制在（　　）。
   A. 5%～6%　　　　　　　　　　B. 5%～8%
   C. 10%～15%　　　　　　　　　D. 15%～20%

4. [单选] 公债负担率的计算公式为（　　）。
   A. 当年公债发行额÷当年财政支出总额×100%
   B. 当年公债还本付息额÷当年财政收入总额×100%
   C. 当年公债余额÷当年国内生产总值×100%
   D. 当年公债还本付息额÷当年国内生产总值×100%

5. [单选] 假设某年公债发行额为3 000亿元，当年公债还本付息额为2 000亿元，财政收入额为36 000亿元，财政支出额为39 000亿元。则当年的财政偿债率为（　　）。
   A. 5.81%　　　　　　　　　　B. 5.69%
   C. 5.56%　　　　　　　　　　D. 5.13%

6. [多选] 影响公债规模的因素有（　　）。
   A. 国民经济的产业结构
   B. 国民经济宏观调控的任务
   C. 认购者的负担能力
   D. 政府的偿债能力
   E. 经济与社会发展战略

▽ 考点：公债的结构

7. [单选] 各类企业和各阶层居民实际认购公债和持有的比例是（　　）。
   A. 公债持有者结构　　　　　　B. 公债期限结构
   C. 应债主体结构　　　　　　　D. 公债认购结构

8. [单选] 在公债期限结构方面，我国过去的公债主要是（　　）。
   A. 短期公债　　　　　　　　　B. 中期公债

C. 长期公债 D. 中、长、短期并重

9. [多选] 公债的结构包括（　　）。
   A. 应债主体结构 B. 公债持有者结构
   C. 公债资金来源结构 D. 消费结构
   E. 公债期限结构

学习笔记

Day 43

考点：公债的发行和推销机构

1. [多选] 公债的推销机构包括（　　）。
   A. 中央政府 B. 中央银行
   C. 邮政储蓄系统 D. 金融机构
   E. 公债管理部门

2. [单选] 政府一般不用付出费用，可以降低公债发行成本的推销机构是（　　）。
   A. 中央银行 B. 商业银行
   C. 中央政府 D. 金融机构

考点：公债的发行价格

3. [多选] 公债的发行价格有（　　）。
   A. 平价发行 B. 议价发行
   C. 溢价发行 D. 贴现发行
   E. 折价发行

4. [单选] 公债发行时，国家所得收入低于发行总量，但公债到期时，国家需按票面价格还本付息，这种公债发行价格是（　　）。
   A. 平价发行 B. 折价发行
   C. 议价发行 D. 溢价发行

5. [单选] 发行公债时，在债券利率高出市场利率较多的情况下，可采取的发行方式是（　　）。
   A. 平价发行 B. 折价发行
   C. 议价发行 D. 溢价发行

题目讲解

考点：公债的发行方式

6. [单选] 下列关于以公募法拍卖公债的说法，错误的是（　　）。
   A. 公债的拍卖价格不能低于其面值
   B. 发行机构根据投标利率的高低，从低到高依次出售
   C. 发行机构按照拍卖价格及购买数额从高到低依次出售
   D. 采用非竞争性出价拍卖方法，通常只限于小额认购者

7. [单选] 政府将应支付现金的支出改为以政府债券代付，这种公债发行方式被称为（　　）。
   A. 强制摊派法 B. 支付发行法
   C. 承受法 D. 出卖法

8. [单选] 政府委托推销机构利用金融市场直接售出公债，这种发行方式是（　　）。
   A. 公募法 B. 出卖法
   C. 支付发行法 D. 承受法

9. [多选] 在公债的发行方式中，必须通过金融市场或金融机构发行的有（　　）。
   A. 公募法 B. 承受法

C. 出卖法　　　　　　　　　　　D. 支付发行法

E. 强制发行法

10. [单选] 适用于金融市场利率较稳定国家的公债发行方式是（　　）。

　　A. 承受法　　　　　　　　　　　B. 支付发行法

　　C. 出卖法　　　　　　　　　　　D. 强制摊派法

学习笔记

Day 44

考点：公债的利率

1. [单选] 公债复利计息的公式为（　　）。
   A. $F=P(1+i)^n$　　　　　　　　B. $F=P(1+ni)$
   C. $F=P(1+i)n$　　　　　　　　D. $F=P(1+n)$

2. [多选] 关于公债的偿还期限，下列说法正确的有（　　）。
   A. 偿还期限较长的工作，利率应该定的低一些
   B. 偿还期限较短的工作，利率应该定的高一些
   C. 利率的确定必须与偿还期限挂钩
   D. 政府为了实现某种特定的经济政策，会选择较高或较低的公债利率，以诱导社会资金的流向
   E. 利用公债利率升降调节证券市场运行和资金运转已成为政府实现宏观经济调控的重要手段

3. [单选] 在实际收益率相等的情况下，单利计息公债的票面利率一般会（　　）复利计息的票面利率。
   A. 小于等于　　　　　　　　　　B. 高于
   C. 低于　　　　　　　　　　　　D. 等于

4. [多选] 公债利率主要是参照（　　）等因素来确定的。
   A. 金融市场利率　　　　　　　　B. 银行利率
   C. 政府信用状况　　　　　　　　D. 社会资金供给量
   E. 通货膨胀率

5. [单选] 在我国，公债利率主要以（　　）为基准。
   A. 公司债券利率　　　　　　　　B. 公司股票收益
   C. 银行利率　　　　　　　　　　D. 私募债券利率

考点：公债的偿还方式

6. [单选]（　　）可以分散公债还本对国库的压力，避免集中偿还给政府财政带来的困难。
   A. 市场购销偿还法
   B. 分期逐步偿还法
   C. 以新替旧偿还法
   D. 抽签轮次偿还法

考点：偿债的资金来源

7. [多选] 偿还公债的资金来源主要有（　　）。
   A. 偿债基金　　　　　　　　　　B. 财政盈余
   C. 预算列支　　　　　　　　　　D. 举借新债
   E. 增加税收

8. [单选] 在公债的偿债资金来源中,在理论上成立,而实际生活中很难实现的是（   ）。
   A. 建立偿债基金
   B. 依靠财政盈余
   C. 通过预算列支
   D. 举借新债

9. [单选] 在选择各种偿债资金来源时,比较可行的方式是（   ）。
   A. 通过预算列支
   B. 依靠财政盈余
   C. 举借新债
   D. 提高税率

10. [单选] 设立偿债基金的好处在于（   ）。
    A. 受投资者欢迎,发行价格高于条件相同的同值债券
    B. 可以有效避免挪作他用
    C. 增强预算安排稳定性
    D. 有效减轻政府负担

11. [单选]（   ）是将每年的公债偿还数额作为财政支出的一个项目而列入当年支出预算,由正常的财政收入保证公债的偿还。
    A. 举借新债
    B. 通过预算列支
    C. 依靠财政盈余
    D. 设立偿债基金

✎ 学习笔记

本章学习检查表

知识点名称	初次学习		第一次复习		第二次复习	
	做对题目数/总题目数	学习日期	做对题目数/总题目数	复习日期	做对题目数/总题目数	复习日期
公债的概念						
公债的特征						
公债的功能						
公债的分类						
公债规模的含义						
公债的负担						
公债的限度及衡量标准						
公债的结构						
公债的发行和推销机构						
公债的发行价格						
公债的发行方式						
公债的利率						
公债的偿还方式						
偿债的资金来源						

填写建议：

"做对题目数/总题目数"记录自己各知识点做题的情况，比如，某知识点总题目数10题，自己做对了其中7题，记录为7/10。

"学习日期"和"复习日期"记录自己学习和复习各知识点的日期。

备忘录

参考答案及解析

Day 40

1. D [解析] 财政收入大体分为有偿和无偿两种形式：①政府以社会管理者的身份，凭借政治权力取得财政收入的形式，以及以资产所有者的身份，凭借财政所有权取得财政收入的形式，是无偿的形式，如税收、规费、国有企业利润上缴；②政府以债务人的身份，依据有借有还的信用原则取得财政收入的形式，是有偿的形式，如发行公债。故D项"有偿取得"的说法是错误的。

2. D [解析] 国债是国家公债的简称。一国的公债，既可以在本国境内发行，也可以到境外发行。内债是在国内发行的国债。在国外发行的国债，被称为国外公债，简称"外债"。D项错误。

3. D [解析] 公债的担保物并不是财产或收益，而是政府的信誉，在一般情况下，公债比私债要可靠得多，通常被称为"金边债券"。

4. D [解析] 公债是一个特殊的债务范畴，它与私债本质区别在于担保物不同。

5. B [解析] 公债具有三个特征，具体为有偿性、自愿性、灵活性。三者之间有着比较紧密的联系，公债的有偿性决定了公债的自愿性，公债的有偿性和自愿性共同决定了公债发行上的灵活性，A、D两项正确，B项错误。公债的发行以政府的信用为依托，政府发行公债要以借贷双方自愿互利为基础，按一定条件与公债承购人结成债权债务关系，C项正确。

6. DE [解析] 公债的特征是：有偿性、自愿性、灵活性。

7. A [解析] 公债的功能包括：①弥补财政赤字，平衡财政收支的功能（最基本功能）；②筹集建设资金；③调节国民经济的发展。

8. BDE [解析] 公债调节国民经济发展的作用主要表现在以下几个方面：①公债可以调节国民收入的使用结构；②公债可以调节国民经济的产业结构；③公债可以调节社会的货币流通和资金供求，是调节金融市场的重要手段。A、C两项不是调节国民经济发展的作用。

Day 41

1. C [解析] A项，自由公债是指政府所发行的可以由承购者自主决定购买与否或购买多少的公债，这是公债发行采取的最普遍的形式。B项，货币公债即以货币为计量单位发行的公债，又分为本币、外币、黄金三种。C项，可转让公债是指可以在金融市场上自由流通买卖的公债。D项，短期公债是指偿还期限较短的公债，通常把1年以内还本付息的公债称为短期公债。

2. A [解析] A项，凭证式公债称为"储蓄式公债"，是以储蓄为目的的个人投资者理想的投资方式。B项，记账式公债称为"无纸化公债"，是世界各国发行公债的主要形式（可记名、挂失、安全性好、发行成本低、发行时间短、发行效率高、交易手续简便）。C项，货币公债是以货币为计量单位发行的公债，又分为本币、外币、黄金三种。D项，折实公债是介于货币和实物公债之间的一种形式。

3. D [解析] 以公债发行的区域为标准，公债分为国内债务（国内发行）和国外债务（国外发行）。

4. A [解析] 把公债分为短期公债、中期公债、长期公债和超长期公债，目的在于依据债券期限的长短对财政收入和支出的不同影响,确定合理的期限结构,以便国家高效率地运用所筹措的资金。

5. C [解析] 货币公债是以货币为计量单位发行的公债,又分为本币、外币、黄金三种。黄金公债(包括其他贵金属)是以黄金为计量单位发行,并以此还本付息的公债。

6. BCD [解析] 以借债的方法为标准,公债可以分为强制公债、爱国公债和自由公债(最普遍的形式)。

● 考点再现

Q_{1-6} 公债的分类如表9-1所示。

表9-1 公债的分类

公债的分类依据	分类内容	具体理解
以公债发行的区域为标准	国内债务、国外债务	国内发行的公债为国内公债,国外发行的公债为国外公债
以偿还期限为标准	短期公债、中期公债、长期公债和超长期公债	1年以内还本付息的公债为短期公债;1~10年的公债为中期公债;10年以上还本付息的公债为长期公债;超长期公债的偿还期限在15年以上,甚至可达50年或更长
以债券是否可以流通为标准	可转让公债	可以在市场上自由流通转让的公债
	不可转让公债	不能在金融市场上自由流通转让的公债
以利率情况为标准	固定利率公债	是指发行公债时已经确定利率标准,不论到期还本付息前发生何种情况,都不能改变利率
	市场利率公债	是指发行公债时不确定利率标准,待公债上市转让时,利率依包括市场的供求关系在内的因素随时变动,还本付息时国家也依市场利率确定其利率水平
	保值公债	是指公债发行时已经确定利率基数,但为避免物价上涨损害债权人的利益,公债利率还将随市场的物价水平的上涨而上浮
以借债的方法为标准	强制公债、爱国公债和自由公债	强制公债和爱国公债只能偶尔或短期使用,自由公债是公债发行最普遍的形式
以公债的计量单位为标准	货币公债	以货币为计量单位发行的公债,又分为本币、外币、黄金三种
	实物公债	实物公债中所用的实物一般为关系国计民生或实际处于硬通货地位的物品
	折实公债	折实公债是介于货币和实物公债之间的一种形式,其目的是保护债权人的利益
以发行的凭证为标准	凭证式公债	被称为"储蓄式公债",是以储蓄为目的的个人投资者理想的投资方式
	记账式公债	被称为"无纸化公债",世界各国发行公债的主要形式(可记名、挂失、安全性好、发行成本低、发行时间短、发行效率高,交易手续简便)

7. ABE ［解析］公债规模含义的具体理解：①历年发行公债的累计余额；②当年新发行公债的总额；③当年到期需还本付息的债务总额。公债的规模涉及的两个问题：一是公债的负担，二是公债的限度。故 C、D 两项不是公债规模的含义。

8. D ［解析］公债不仅形成一种当前的社会负担，而且会在一定条件下向后推移，形成代际负担，D 项正确。A 项，债权人的负担：公债发行需考虑认购者的实际负担能力。B 项，债务人的负担：政府借债需要考虑偿债能力。C 项，纳税人的负担：当政府以新债还旧债的方式难以继续时，最终是以税收还本付息。

9. ABD ［解析］公债的负担主要包括：①承购者即债权人的负担；②政府即债务人的负担；③纳税人的负担；④代际负担。

Day 42

1. ABC ［解析］公债绝对规模的衡量指标主要有：①历年累积债务的总规模；②当年新发行公债的总额；③当年到期需还本付息的债务总额。D、E 两项为公债相对规模的衡量指标。

2. A ［解析］公债依存度＝当年公债发行总额÷当年财政支出总额×100%，A 项正确。B 项是财政偿债率，C 项是公债负担率，D 项是公债借债率。

3. D ［解析］根据国际通用的控制指标，公债依存度一般以 15%～20% 为宜。

4. C ［解析］A 项，公债依存度＝当年公债发行总额÷当年财政支出总额×100%。B 项，财政偿债率＝当年公债还本付息额÷当年财政收入总额×100%。C 项，公债负担率＝当年公债余额÷当年国内生产总值×100%。D 项，国民经济偿债率＝当年公债还本付息额÷当年国内生产总值×100%。

5. C ［解析］财政偿债率＝当年公债还本付息额÷当年财政收入总额×100%＝2 000÷36 000×100%＝5.56%。

6. BCDE ［解析］影响公债规模的因素包括：①国民经济的分配结构；②经济与社会发展战略；③国民经济宏观调控的任务；④承（认）购者负担能力；⑤政府偿债能力；⑥公债的使用方向、结构和效益也是制约公债负担能力和限度的重要因素。

7. A ［解析］公债持有者结构或公债资金来源结构是各类应债主体即各类企业和各阶层居民实际认购公债和持有的比例。应债主体结构是社会资金或收入在各经济主体之间的分配格局，即各类单位和各阶层居民各自占有社会资金的比例。公债的期限结构应当多样化，做到短期、中期、长期并重。

8. B ［解析］在公债期限结构方面，我国过去的公债主要是中期公债。合理的期限结构应该是短期、中期、长期并存的结构。

9. ABCE ［解析］公债的结构分为三种：①应债主体结构；②公债持有者结构或公债资金来源结构；③公债期限结构。

Day 43

1. BCDE ［解析］公债的推销机构包括：①金融机构；②邮政储蓄系统；③中央银行（政府利用中央银行推销公债，一般不用付出费用，可降低公债的发行成本，但可能诱发通货膨胀，因为中央银行同时承担国家货币政策的推行与货币流通状况的监督和调控之职）④财政部或公债管理部门。A项，中央政府是发行机关，不是推销机构。

2. A ［解析］ 政府利用中央银行推销公债，一般不用付出费用，可降低公债的发行成本，但可能诱发通货膨胀，因为中央银行同时承担国家货币政策的推行与货币流通状况的监督和调控之职。

3. ACE ［解析］ 公债的发行价格可以等于、低于或高于其票面金额，通常有平价发行、折价发行和溢价发行。B项，议价发行应该为溢价发行；D项，贴现发行属于短期债券及央行票据的一种发行方式，不属于公债的发行价格。

4. B ［解析］ 公债的发行价格可以等于、低于或高于其票面金额。通常有平价发行、折价发行和溢价发行。折价发行，即发行价格低于债券票面标明的价格。公债发行时国家所得收入低于发行总量，但债券到期时国家需按票面金额还本付息。作为应债人，不仅可以得到本息，还可以得到减价优惠。

5. D ［解析］ 平价发行的发行价格＝债券票面金额。采用平价发行，要求国家信誉好，且市场利率与公债利率一致；折价发行的发行价格＜债券票面金额。作为应债人，不仅可以得到本息，还可以得到减价的优惠；溢价发行的发行价格＞债券票面金额。这种方式一般只在债券利率高出市场利率较多的情况下才会出现。

● 考点再现

Q_{3-5} 公债的发行价格如表9-2所示。

表9-2 公债的发行价格

类型	发行价格与债券票面金额关系	市场利率与公债利率的关系
平价发行	发行价格＝债券票面金额	采用平价发行要求国家信誉好，且市场利率与公债利率一致
折价发行	发行价格＜债券票面金额	作为应债人，不仅可以得到本息，还可以得到减价的优惠
溢价发行	发行价格＞债券票面金额	这种方式一般只在债券利率高出市场利率较多的情况下才会出现

6. A ［解析］ 公募法拍卖公债的具体拍卖方法有：①价格拍卖，即公债的利率与票面价格相联系且固定不变，认购者根据固定的利率和未来的金融市场利率走势的预期对价格进行投标。投标价格可低于债券面值也可高于债券面值。发行机构则按价格及购买数额由高到低依次出售，额满为止（A项错误，C项正确）。②收益拍卖，即固定债券出售价，认购者对固定价格的利息率，也就是投资收益率进行投标。发行机构根据投标利率的高低，由低到高依次出售，额满为止（B项正确）。③竞争性出价，即财政部门事先公布债券发行量，承购者据此自报出愿意接受的利率和价格。发行机构按承购者自报的价格和利率，或从高价开始，或从低利率开始，依次决定中标者，一直到完成预定的发行数量时为止。④非竞争性出价，即一般小额认购者或不懂此项业务的承购者，可只报拟购债券数量。发行机构对其按当天成交的竞争性出价的最高价与最低价的平均价格出售。这种拍卖方法通常只限于在一定额度之内（如美国为100美元）的承购者采用（D项正确）。

7. B [解析] 公债的发行方式主要有出卖法、公募法、承受法、支付发行法、强制摊派法。A项，强制摊派法是指国家利用政治强权迫使国民购买公债。B项，支付发行法是指政府将应支付现金的支出改为债券代付。C项，承受法是指由金融机构承购全部公债，然后转向社会销售，未能售出的差额由金融机构自身承担。D项，出卖法是指政府委托推销机构利用金融市场直接售出公债。

8. B [解析] 出卖法是指政府委托推销机构利用金融市场直接售出公债。

9. ABC [解析] 公债的发行方式主要有出卖法、公募法、承受法、支付发行法、强制摊派法。其中，公募法、承受法、出卖法必须通过金融市场或金融机构发行。

10. A [解析] 承受法是由金融机构承购全部公债，然后转向社会销售，未能售出的差额由金融机构自身承担，适用于金融市场利率较稳定国家。

● 考点再现

Q_{7-10} 公债的发行方式如表9-3所示。

表9-3 公债的发行方式

发行方式	具体理解
公募法	也称为公募拍卖法或公募投标法，即通过在金融市场上公开招标的方式发行公债，主要特点有： (1) 发行条件通过投标决定，即承购者对准备发行的公债的收益和价格进行投标，推销机构根据预定的发行量，通过决定中标者名单，被动接受投标决定的收益和价格条件 (2) 拍卖过程由财政部门或中央银行负责组织 (3) 主要适用于中短期政府债券，特别是国库券的发行
承受法	由金融机构承购全部公债，然后转向社会销售，未能售出的差额由金融机构自身承担
出卖法	政府委托推销机构利用金融市场直接售出公债
支付发行法	指政府将应支付现金的支出改为债券代付。一般在两种情况下使用：①国家暂时无力筹集大宗现金；②受款者无法拒绝非现金
强制摊派法	指国家利用政治强权迫使国民购买公债

Day 44

1. A [解析] 单利计息的公式为：$F = P(1+ni)$；复利计息的公式为：$F = P(1+i)^n$；式中，F 为本利和，P 为本金，i 为票面利率，n 为年限。

2. CDE [解析] 偿还期限较长的公债，利率应该定得高一些，A项错误。偿还期限较短的公债，利率应该定得低一些，B项错误。

3. B [解析] 在实际收益率相等的情况下，单利计息公债的票面利率一般高于复利计息公债的票面利率。

4. ABCD [解析] 公债利率的确定因素包括：①公债利率应参照金融市场利率而决定；②公债利率应参照银行利率而决定；③公债利率应依政府信用状况而决定；④公债利率应根据社会资金供给量的大小而决定。

5. C [解析] 我国公债利率主要以银行利率为基准，一般略高于同期银行存款的利率水平。

6. B [解析] 公债的偿还方式包括：①分期逐步偿还法，可以分散公债还本对国库的压力，避免集中偿还给政府财政带来的困难；②抽签轮次偿还法，对中签的债券来说，是一次还本付息；③到期一次偿还法，是一种传统的偿还方式，其优点是政府公债还本管理工作简单易行，且不必为公债的还本而频繁地筹措资金，缺点是集中一次偿还公债本金，有可能造成政府支出的急剧上升，给国库带来较大的压力；④市场购销偿还法，这种方式的优点是给投资者提供了中途兑现的可能性，并会对政府债券的价格起到支撑作用，缺点是政府需为市场购销开展大量复杂的工作，对从事此项业务的工作人员也有较高的素质要求，因而不宜全面推行；⑤以新替旧偿还法，如果经常使用这种偿还方式，实际上等于无限期推迟偿还，很可能损坏政府信誉。

7. ABCD [解析] 偿还公债的资金来源包括：①设立偿债基金；②依靠财政盈余；③通过预算列支；④举借新债。E项，增加税收不是偿还公债的资金来源。

8. B [解析] 从一般的情况来看，将财政盈余作为偿债来源的办法实属理论上的假定。

9. C [解析] 在选择各种偿债资金来源时，举借新债是比较可行的方式。从各国的财政实践来看，当今世界，各国政府公债的积累额十分庞大，每年的到期债务已远非正常的财政收入所能负担，偿还到期债务的资金来源只能依赖于不断地举借新债。

10. A [解析] 设立偿债基金的公债，较受投资者欢迎，因而发行的价格能高于条件相同或类似的同值债券，A项正确。

11. B [解析] 通过预算列支是指将每年的公债偿还数额作为财政支出的一个项目而列入当年支出预算，由正常的财政收入保证公债的偿还。

• 考点再现

Q_{7-11} 偿债的资金来源如表9-4所示。

表9-4 偿债的资金来源

偿债的资金来源	具体内容
设立偿债基金	由政府预算设置专项基金用以偿还公债；从历史经验看，设立偿债资金弊多利少
依靠财政盈余	实属理论上的假定
通过预算列支	从表面看似稳妥，在实践中会遇到种种问题
举借新债	既有理论上的合理性，也有实践上的必然性

本章强化测试

第十章 政府预算管理

学习指导

本章所涉知识点内容较多、较细。容易被考查的知识点也比较多,主要有:政府预算的基本特征、政府收支分类的一般方法和主要内容、政府预算收支测算的基本方法、部门预算的编制、政府预算执行的组织体系及其职责、政府预算收支的执行等。本章历年考查分数在 13 分左右。

本章涉及的原则、方法、类型比较多,极其容易混淆,因此,建议考生在学习完本章后自行总结各类原则及类型等,反复进行类比学习。

日期	考点
Day45	➢ 政府预算的概念 ➢ 政府预算的产生
Day46	➢ 政府预算的基本特征 ➢ 政府预算的期限与组成
Day47	➢ 分类的一般方法 ➢ 分类的主要内容 ➢ 政府预算编制的原则、部门设置与程序
Day48	➢ 政府预算收支测算的基本方法 ➢ 部门预算的编制及管理
Day49	➢ 跨年度预算平衡机制 ➢ 地方债务预算管理 ➢ 总预算的编制 ➢ 政府预算的审查批准
Day50	➢ 政府预算执行的组织体系及其职责
Day51	➢ 政府预算收支的执行
Day52	➢ 政府预算执行中的调整和调剂 ➢ 政府决算草案的编制 ➢ 政府决算草案的审查批准
Day53	➢ 政府预算的绩效管理 ➢ 政府预算违法行为的法律责任

Day 45

▶ **考点**：政府预算的概念

1. [单选]（　　）是指经法定程序审核批准的、具有法律效力的、综合反映年度国民经济和社会发展情况的政府财政收支计划。
   A. 政府决算 　　　　　　　　　　　　B. 政府税收
   C. 政府预算 　　　　　　　　　　　　D. 宏观调控

2. [单选] 从性质上看，政府预算（　　）。
   A. 是政府年度财政收支计划
   B. 是具有法律效力的文件
   C. 反映政府集中支配财力的分配过程
   D. 是政府调控经济的重要手段

3. [单选] 财政分配的中心环节是（　　）。
   A. 政府预算　　　B. 税收　　　C. 投资　　　D. 国债

▶ **考点**：政府预算的产生

4. [多选] 下列关于现代政府预算产生的说法，正确的有（　　）。
   A. 产生于封建社会
   B. 最早在中国确立
   C. 英国《权利法案》规定王室不得强迫任何人纳税
   D. 英国《统一基金法》通过后开始将所有财政收支统一于一个文件中
   E. 法国先于英国确立预算制度

5. [单选] 从世界范围看，现代预算制度产生的起点为（　　）。
   A. 英国《大宪章》的签订
   B. 英国《权利法案》的出台
   C. 美国《预算与会计法》的建立
   D. 中国《中华人民共和国预算法》（以下简称《预算法》）的颁布

6. [单选]（　　）是世界上最早确立现代政府预算的国家。
   A. 中国　　　B. 美国　　　C. 英国　　　D. 澳大利亚

7. [单选] 首次将"非赞同毋纳税"以法律形式确定下来的是（　　）。
   A.《大宪章》　　　　　　　　　　　B.《权利法案》
   C.《统一基金法》　　　　　　　　　D.《预算与会计法》

8. [单选] 我国历史上第一次现代意义上的政府预算产生于（　　）。
   A. 清朝末年　　　　　　　　　　　　B. 北洋军阀时期
   C. 国民党统治时期　　　　　　　　　D. 新中国成立以后

✎ 学习笔记

Day 46

考点：政府预算的基本特征

1. ［多选］政府预算的基本特征包括（　　）。
 A. 法律性
 B. 预测性
 C. 集中性
 D. 综合性
 E. 公平性

2. ［单选］现代政府预算应具备的典型特征是（　　）。
 A. 预测性
 B. 法律性
 C. 集中性
 D. 综合性

3. ［单选］政府通过编制预算可以对预算收支规模、收入来源和支出用途作出事先的设想和预计，体现了政府预算的（　　）特点。
 A. 综合性
 B. 公开性
 C. 预测性
 D. 集中性

4. ［单选］财政资金的规模、来源、去向、收支结构比例和平衡状况，由国家按照社会公共需要和政治经济形势的需要，从国家全局整体利益出发进行统筹安排，集中分配，这反映了我国政府预算的（　　）特点。
 A. 预测性
 B. 集中性
 C. 综合性
 D. 公开性

考点：政府预算的期限与组成

5. ［多选］按预算级次划分，政府预算是由（　　）组成的。
 A. 经常预算
 B. 资本预算
 C. 一般预算
 D. 中央预算
 E. 地方预算

6. ［多选］按照政府预算的内容性质划分，可将政府预算分为（　　）。
 A. 一般公共预算
 B. 政府性基金预算
 C. 国有资本经营预算
 D. 社会保险基金预算
 E. 国有资产经营预算

7. ［多选］政府预算年度采用历年制的国家包括（　　）。
 A. 法国
 B. 瑞典
 C. 英国
 D. 日本
 E. 印度

8. ［多选］政府预算的环节包括（　　）。
   A. 预算编制　　　　　　　　　B. 预算审议批准
   C. 预算执行　　　　　　　　　D. 决算编制
   E. 一般公共预算

✎ 学习笔记

Day 47

考点：分类的一般方法

1. [多选] 政府支出功能包括（　　）。
   A. 一般政府服务　　　　　　　　B. 社会服务
   C. 经济服务　　　　　　　　　　D. 其他支出
   E. 工商罚没收入

2. [多选] 下列关于政府收支分类的说法，正确的有（　　）。
   A. 政府收支分类是政府预算收支的总分类
   B. 政府收支分类统一规定政府预算收支的具体分类
   C. 政府收支分类由全国人民代表大会统一规定
   D. 政府收支分类在全国范围统一使用
   E. 政府收支分类属于法律法规

3. [单选] 我国财政部门在编制每年收支预算时，支出功能分类主要根据（　　）进行分类。
   A. 政府职能　　　　　　　　　　B. 社会要求
   C. 在社会再生产中的作用　　　　D. 经济性质

4. [单选] 支出（　　）分类明细反映政府的钱究竟是怎么花出去的。
   A. 经济　　　　　　　　　　　　B. 功能
   C. 数额　　　　　　　　　　　　D. 级次

考点：分类的主要内容

5. [单选] 目前我国收入分类分为（　　）级。
   A. 二　　　　　　　　　　　　　B. 三
   C. 四　　　　　　　　　　　　　D. 五

6. [多选] 下列属于政府支出功能分类科目的有（　　）。
   A. 一般公共服务支出
   B. 对个人和家庭的补助支出
   C. 国防支出
   D. 教育、科技、文化、卫生、体育支出
   E. 社会保障及就业支出

7. [单选] 下列政府预算支出中，属于按照经济性质分类的科目是（　　）。
   A. 一般公共服务支出　　　　　　B. 教育支出
   C. 商品和服务支出　　　　　　　D. 节能环保支出

考点：政府预算编制的原则、部门设置与程序

8. [多选] 政府预算编制的原则不包括（　　）。
   A. 要求及时、完整和真实
   B. 优先保障基本支出

C. 预算分配要统筹兼顾,确保均衡
D. 符合国家的法律法规和政策
E. 公开、透明的原则

9. [单选] 我国本级总预算的编制机关是( )。
   A. 本级人民代表大会   B. 本级人民政府
   C. 本级政府财政部门   D. 本级政府各职能部门

10. [多选] 政府预算的编制步骤一般分为( )。
    A. 测算收支指标   B. 编制预算草案
    C. 执行收支预算   D. 预算监督审查
    E. 预算绩效评价

11. [单选] 我国预算编制一般采用( )编制流程。
    A. 自上而下   B. 自下而上
    C. 一上一下   D. 两上两下

✎ 学习笔记

Day 48

考点：政府预算收支测算的基本方法

1. [多选] 政府预算收支的测算的基本方法包括（　　）。
   A. 基数法
   B. 系数法
   C. 比例法
   D. 定额法
   E. 分步法

2. [单选] 下列关于零基预算的说法中，错误的是（　　）。
   A. 并不是以零为基数来预测预算收支指标的
   B. 其特点就是对预算收支进行全面的分析后，得出计划年度预算收支指标
   C. 其编制是由总体到个体、综合到微观的过程
   D. 我国目前部门预算的编制方法是零基预算的方法加（综合）定额的方法

3. [单选] 不考虑以往已形成的收支基数，以零为起点来预测预算收支指标的方法称为（　　）。
   A. 基数法
   B. 系数法
   C. 比例法
   D. 零基预算法

4. [单选] 中央对地方转移支付额的计算通常采用的是（　　）。
   A. 定额法
   B. 综合法
   C. 零基预算法
   D. 标准收支法

5. [单选] 在政府收支测算的基本方法中，利用两项不同性质而又有内在联系的数值之间的比例关系，根据一项已知数值去求另一项数值的方法称为（　　）。
   A. 基数法
   B. 系数法
   C. 比例法
   D. 综合法

考点：部门预算的编制及管理

6. [单选] 部门项目支出预算的编制原则不包括（　　）。
   A. 综合预算的原则
   B. 科学论证、合理排序的原则
   C. 追踪问效的原则
   D. 监督检查原则

7. [单选] 根据（　　）原则，部门预算要先保证基本支出，后安排项目支出。
   A. 科学性
   B. 稳妥性
   C. 重点性
   D. 绩效性

8. [单选] 下列支出中，应列入部门预算中的项目支出的是（　　）。
   A. 某学校购入办公用品
   B. 某医院对全院病房进行大型修缮
   C. 某科学研究所每周例会支出
   D. 某文化馆人员工资支出

9. [多选] 部门预算的基本含义有（　　）。
   A. 由财政部门编制
   B. 部门是预算编制的基础单元

C. 预算管理以部门为依托

D. 部门本身要有严格的资质要求

E. 单项预算

10. [单选] 下列关于项目支出预算特征的说法中，不正确的是（　　）。

    A. 专项性　　　　　　　　　　　　B. 依附性

    C. 独立性　　　　　　　　　　　　D. 完整性

11. [单选] 部门预算中对"部门"有严格的资质要求，是指（　　）。

    A. 一级预算单位　　　　　　　　　B. 二级预算单位

    C. 三级预算单位　　　　　　　　　D. 报销单位

学习笔记

Day 49

▼ 考点：跨年度预算平衡机制

1. [单选] 下列关于年度预算平衡的说法，错误的是（　　）。

   A. 年度预算平衡有利于决策者尽早发现问题

   B. 年度预算平衡容易忽略潜在的财政风险

   C. 年度预算平衡限制了政府对未来更长远的考虑

   D. 年度预算平衡不能防患于未然

2. [单选] 我国初步实施的中期财政规划按照（　　）方式编制。

   A. 二年编制一次　　　　　　　　　　B. 三年编制一次

   C. 三年滚动　　　　　　　　　　　　D. 五年滚动

3. [单选] 应对预算执行中出现超收或短收的调节机制是（　　）。

   A. 超收或短收平衡机制　　　　　　　B. 赤字弥补机制

   C. 预算稳定调节基金机制　　　　　　D. 政府间转移支付制度

▼ 考点：地方债务预算管理

4. [单选] 下列关于地方债务预算管理的说法，错误的是（　　）。

   A. 举借的债务应当有偿还计划和稳定的偿还资金来源，只能用于公益性资本支出，不得用于经常性支出

   B. 地方政府及其所属部门可以任何方式举借债务

   C. 地方政府要将一般债务收支纳入一般公共预算管理

   D. 地方政府各部门、各单位要将债务收支纳入部门和单位预算管理

5. [多选] 我国允许地方政府适度举借债务的规定包括（　　）。

   A. 举债主体只能是省级政府

   B. 举借债务规模要在国务院规定的限额内

   C. 举债方式通过发行地方政府债券进行

   D. 举借的债务只能用于公益性资本支出

   E. 债务收支均纳入一般公共预算管理

▼ 考点：总预算的编制

6. [单选] 中央预算草案由（　　）具体编制，报（　　）审核后，提请（　　）审查和批准。

   A. 各部门，上一级部门，财政部

   B. 财政部，国务院，全国人民代表大会

   C. 各部门，财政部，全国人民代表大会

   D. 各部门，财政部，国务院

7. [多选] 中央预算的编制内容包括（　　）。

   A. 本级预算收入和支出　　　　　　　B. 上一年度结余用于本年度的支出

   C. 上解上级的支出　　　　　　　　　D. 地方上解收入

E. 返还和补助地方的支出

8. [单选] 批准中央预算正式成立的机关是（　　）。
   A. 财政部
   B. 审计署
   C. 国务院
   D. 全国人民代表大会常务委员会

▼ 考点：政府预算的审查批准

9. [单选] 关于全国人民代表大会对预算草案的审查批准过程，下列说法错误的是（　　）。
   A. 在审议过程中，人大代表有权就有关问题提出质询，国务院和财政部必须做出明确答复
   B. 在审议过程中，财政部要向大会作关于中央预算草案审查结果的报告，提请大会讨论审查
   C. 如果做出修改预算的决议，国务院应据此对原中央预算草案进行修改和调整
   D. 经过全国人民代表大会审查批准的中央预算，即为当年的中央预算

10. [单选] 本级财政部门应自本级人民代表大会批准本级预算之后（　　）日内向本级各部门批复预算。
    A. 10
    B. 15
    C. 20
    D. 30

11. [单选]《预算法》规定，地方各级政府预算由（　　）审查批准。
    A. 地方各级人民代表大会
    B. 地方各级政府
    C. 上级人民代表大会
    D. 上级政府

学习笔记

Day 50

考点：政府预算执行的组织体系及其职责

1. [单选] 负责预算执行的组织领导机构是（　　）。
   A. 财政部及地方各级财政主管部门
   B. 国务院及地方各级人民政府
   C. 全国人民代表大会及地方各级人民代表大会
   D. 全国人民代表大会常务委员会及地方各级人民代表大会常务委员会

2. [多选] 国库体制的类型一般分为（　　）。
   A. 承包制
   B. 银行制
   C. 独立国库制
   D. 委托国库制
   E. 分散国库制

3. [单选] 我国的国家金库的类型为（　　）。
   A. 独立国库制
   B. 委托国库制
   C. 银行制
   D. 分散制

4. [单选] 预算收入以缴入基层金库的数额作为入库的标准，基层金库是指（　　）。
   A. 省级金库
   B. 市级金库
   C. 地级金库
   D. 县级金库

5. [单选] 我国实行委托国库制，负责经理国家金库的机构是（　　）。
   A. 中国人民银行
   B. 商业银行
   C. 政策性银行
   D. 金融机构

6. [单选] 国务院组织中央预算和地方预算的执行，其主要职责不包括（　　）。
   A. 执行国家预算法律、法令，制定预算管理方针、政策
   B. 核定政府预算、决算草案
   C. 组织、领导并监督本级各部门和下级政府的预算执行
   D. 决定中央预算预备费的动用

7. [单选] 下列政府预算执行的职责中，属于各级人民政府的职责是（　　）。
   A. 决定本级预算预备费的动用
   B. 组织预算收入及时足额缴入国库
   C. 及时向预算部门拨付资金

D. 检查预算收支执行情况

8. [单选] 审查批准政府预算调整方案的机关是（　　）。

    A. 各级立法机关
    B. 各级人民政府
    C. 各级财政部门
    D. 各级审计部门

学习笔记

Day 51

考点：政府预算收支的执行

1. [多选] 国库集中收付制度规定的缴库方式包括（　　）。
   A. 直接缴库
   B. 集中汇缴
   C. 自动汇缴
   D. 季度缴库
   E. 年度缴库

2. [多选] 预算收入的退库项目包括（　　）。
   A. 激励性退库
   B. 技术性差错退库
   C. 结算性退库
   D. 政策性退库
   E. 提留性退库

3. [多选] 政府预算支出的拨款原则主要包括（　　）。
   A. 按照预算拨付
   B. 按照规定的预算级次和程序拨付
   C. 按照进度拨付
   D. 按部门要求拨付
   E. 按预算需求的规模拨款

4. [单选] 采用财政授权支付方式的支出是（　　）。
   A. 工资支出
   B. 财政直接支付的购买支出
   C. 零星支出
   D. 专项转移支付

5. [单选] 我国政府采购适用的资金范围是（　　）。
   A. 财政资金和国有银行资金
   B. 财政性资金
   C. 财政资金和国有企业资金
   D. 行政事业部门资金

6. [多选] 我国政府采购的原则包括（　　）。
   A. 公开透明原则
   B. 公平竞争原则
   C. 公正原则
   D. 诚实信用原则
   E. 积极稳妥原则

7. [单选] 要求给予每一个参加竞争的投标商均等的机会，使其享有同等的权利并履行同等的义务，不歧视任何一方。这是我国政府采购制度坚持的（　　）。
   A. 公开透明原则
   B. 公平竞争原则
   C. 公正原则
   D. 诚实信用原则

8. [单选] 在政府采购活动中，采购人员及相关人员与供应商有利害关系的，必须回避。这体现了政府采购的（　　）原则。
   A. 公开透明
   B. 公平竞争
   C. 公正
   D. 诚实信用

9. ［多选］一般来说，我国政府采购程序主要包括 7 个阶段，其中有（　　）。

　　A. 确定采购需求　　　　　　　　B. 预测采购风险

　　C. 选择采购方式　　　　　　　　D. 成立采购机构

　　E. 采购验收和评估

学习笔记

Day 52

▼ 考点：政府预算执行中的调整和调剂

1. [多选] 政府预算的调整形式一般包括（　　）。
   A. 动用预备费
   B. 动用预算周转金
   C. 预算的追加追减
   D. 科目经费流用
   E. 预算划转

2. [多选] 在政府预算调整中，出现（　　）情况的时候，应当进行预算调整。
   A. 需要增加或者减少预算总支出的
   B. 需要调入预算稳定调节基金的
   C. 需要调减预算安排的重点支出数额的
   D. 需要增加举借债务数额的
   E. 需要动用预算费的

3. [单选] 县级以上地方各级预算的调整方案应当提请（　　）审查和批准。
   A. 本级人民代表大会常务委员会
   B. 全国人民代表大会常务委员会
   C. 本级财政部门
   D. 国务院

▼ 考点：政府决算草案的编制

4. [单选] 年终清理在政府预算的环节中属于（　　）。
   A. 预算编制环节
   B. 审议批准环节
   C. 预算执行环节
   D. 决算编制环节

5. [单选] 年终结算指各级财政在（　　）的基础上，结清上下级财政总预算之间的预算调拨收支和往来款项。
   A. 拟定国家决算的编审办法
   B. 年终清理
   C. 季度收支计划
   D. 本年度政府预算报告

6. [多选] 年终清理的主要内容包括（　　）。
   A. 核实年度预算数字
   B. 清理预算应收应支款项
   C. 清理往来款项
   D. 核实预算外资金收支数
   E. 检查预算调整内容

7. [单选] 预算管理的最终环节是（　　）。
   A. 编制季度性收支计划
   B. 政府决算
   C. 国家预算情况审计
   D. 下一年度的预算草案

▼ 考点：政府决算草案的审查批准

8. [单选] 关于决算草案的审批程序，下列说法错误的是（　　）。
   A. 县级以上地方各级政府财政部门编制本级决算草案，需经本级政府审计部门审计
   B. 国务院财政部门编制中央决算草案，由国务院提请全国人民代表大会常务委员会审查

和批准

C. 乡、民族乡、镇政府编制本级决算草案，提请本级人民代表大会审查和批准。

D. 县级以上地方各级政府财政部门编制本级决算草案，由国务院提请全国人民代表大会常务委员会审查和批准

9. ［单选］各级政府财政部门应当在本级人民代表大会常务委员会举行会议审查和批准本级决算草案的（　　）日前，将上一年度本级决算草案提交本级人民代表大会财政经济委员会或有关专门委员会进行初步审查。

A. 7　　　　　　　　　　　　B. 15
C. 30　　　　　　　　　　　　D. 60

10. ［单选］各部门应当在接到本级政府财政部门批复的本部门决算后（　　）日内向所属单位批复决算。

A. 5　　　　　　　　　　　　B. 10
C. 15　　　　　　　　　　　　D. 20

学习笔记

Day 53

考点：政府预算的绩效管理

1. [单选] 我国新修订的《预算法》规定，各级预算的收入和支出实行（　　）。特定事项按照国务院的规定实行（　　）的有关情况，应当向本级人民代表大会常务委员会报告。
   A. 收付实现制，权责发生制
   B. 权责发生制，收付实现制
   C. 权责发生制，权责发生制
   D. 收付实现制，收付实现制

2. [单选] 预算绩效管理的核心是（　　）。
   A. 绩效运行的跟踪　　　　　　　　B. 绩效目标设定
   C. 支出绩效评价　　　　　　　　　D. 评价结果的运用

3. [多选] 美国政府绩效评价的组织实施部门包括（　　）。
   A. 美国国会　　　　　　　　　　　B. 国会会计总署
   C. 总统预算与管理办公室　　　　　D. 联邦政府各部门
   E. 参议院

4. [多选] 我国政府全面预算绩效管理的维度包括（　　）。
   A. 全方位的预算绩效管理格局
   B. 全过程的预算绩效管理链条
   C. 全覆盖的预算绩效管理格局
   D. 全地域的预算绩效管理系统
   E. 全覆盖的预算绩效管理体系

5. [多选] 政府构建绩效预算管理框架体系的主要内容有（　　）。
   A. 建立结果导向的年度绩效计划
   B. 定期或不定期地提交绩效报告
   C. 严格控制部门管理自主权
   D. 进行绩效评价
   E. 反馈绩效评价结果

6. [单选]（　　）是预算绩效管理的基础，是整个预算绩效管理系统的前提，包括绩效内容、绩效指标和绩效标准。
   A. 绩效目标　　　　　　　　　　　B. 绩效结果
   C. 绩效内容　　　　　　　　　　　D. 绩效预算

考点：政府预算违法行为的法律责任

7. [单选] 现代公共预算制度最重要、最基本的核心功能是（　　）。
   A. 法定授权　　　　　　　　　　　B. 预算形式
   C. 行政规定　　　　　　　　　　　D. 公共性

8. [多选] 政府及有关部门（　　）行为需要追究行政责任。
   A. 违反规定进行预算调整的

B. 未依照规定对有关预算事项进行公开和说明的

C. 违反规定开设财政专户的

D. 违反规定改变预算支出用途的

E. 擅自改变上级政府专项转移支付资金用途的

9. [单选] 对于政府人员截留、占用、挪用或者拖欠应当上缴国库的预算收入的,应当承担的法律责任是（　　）。

A. 给予撤职、开除处分　　　　　　B. 依法给予处分

C. 给予降级、撤职、开除的处分　　D. 追究行政责任

10. [单选] 各级政府、各部门、单位违法规定举借债务或者为他人债务提供担保,责令改正,对负有直接责任的主管人员和其他直接责任人员（　　）。

A. 给予撤职、开除处分　　　　　　B. 依法给予处分

C. 依法追究刑事责任　　　　　　　D. 给予降级、撤职、开除处分

11. [多选] 下列行为中,应该对负有直接责任的主管人员和其他直接责任人员依法给予处分的有（　　）。

A. 以虚报、冒领等手段骗取预算资金的

B. 违反规定扩大开支范围、提高开支标准的

C. 违反法律、法规的规定,改变预算收入上缴方式的

D. 对于违反《预算法》有关规定构成犯罪的

E. 截留、占用、挪用或者拖欠应当上缴国库的预算收入的

学习笔记

本章学习检查表

知识点名称	初次学习		第一次复习		第二次复习	
	做对题目数/总题目数	学习日期	做对题目数/总题目数	复习日期	做对题目数/总题目数	复习日期
政府预算的概念						
政府预算的产生						
政府预算的基本特征						
政府预算的期限与组成						
分类的一般方法						
分类的主要内容						
政府预算编制的原则、部门设置与程序						
政府预算收支测算的基本方法						
部门预算的编制及管理						
跨年度预算平衡机制						
地方债务预算管理						
总预算的编制						
政府预算的审查批准						
政府预算执行的组织体系及其职责						
政府预算收支的执行						
政府预算执行中的调整和调剂						
政府决算草案的编制						
政府决算草案的审查批准						
政府预算的绩效管理						
政府预算违法行为的法律责任						

填写建议：

"做对题目数/总题目数"记录自己各知识点做题的情况，比如，某知识点总题目数10题，自己做对了其中7题，记录为7/10。

"学习日期"和"复习日期"记录自己学习和复习各知识点的日期。

备忘录

参考答案及解析

Day 45

1. C [解析] 政府预算是指经法定程序审核批准的、具有法律效力的、综合反映国民经济和社会发展情况的政府财政收支计划,是政府筹集、分配和管理财政资金的重要工具,也是调节、控制、管理社会经济活动的重要经济杠杆。

2. B [解析] 政府预算的含义:①政府预算以年度政府财政收支计划的形式存在;②政府预算是具有法律效力的文件;③政府预算反映政府集中支配财力的分配过程;④政府预算是政府调控经济和社会发展的重要手段(作用)。因此,A 项是形式,B 项是性质,C 项是内容,D 项是作用。

3. A [解析] 政府预算是政府调控经济和社会发展的重要手段。政府预算是财政分配的中心环节。

4. CD [解析] 现代政府预算产生于资本主义社会时期,A 项错误。现代政府预算最早在英国确立,B 项错误。英国是世界上最早确立现代政府预算的国家,E 项错误。

5. A [解析] 从世界范围看,作为现代财政管理核心的政府预算制度起源于英国。以1215年《大宪章》的签订为起点,英国政府预算制度开始了其漫长的形成过程。

6. C [解析] 英国是世界上最早确立现代政府预算的国家。

7. A [解析] 英国的《大宪章》具有极其深远的意义:一是确立了"法律至上,王在法下"的原则,这一原则成为英国宪法政治的基础;二是向国王宣告国民有被协商权,并明确规定国王必须召开有若干贵族组成的议会,为议会制度的形成奠定基础;三是首次将"非赞同毋纳税"和"无代表权不纳税"等预算原则以法律形式确立下来。

8. A [解析] 我国的政府预算产生于清代。晚清时期,有关预算制度逐步建立,清政府于1910年编制预算,是我国历史上第一次现代意义上的政府预算。

Day 46

1. ABCD [解析] 政府预算的基本特征包括法律性、预测性、集中性、综合性和公开性。

2. B [解析] 法律性是现代政府预算应具备的典型特征,政府预算的法律性是预算计划性的前提和保证,缺乏法律约束的预算不能称为真正意义上的现代政府预算。

3. C [解析] 政府预算的预测性指政府通过编制预算可以对预算收支规模、收入来源和支出用途作出事先的设想和预计。

4. B [解析] 政府预算的集中性指预算资金作为集中性的财政资金,它的规模、来源、去向、收支结构比例和平衡状况,从国家全局整体利益出发依法进行统筹安排、集中分配。

● 考点再现

Q_{1-4} 政府预算的特征如表 10-1 所示。

表 10-1 政府预算的特征

特征	内容
法律性	政府预算的形成和执行结果都要经过立法机关审查批准。政府预算的法律性是预算计划性的前提和保证

特征	内容
预测性	政府通过编制预算可以对预算收支规模、收入来源和支出用途作出事先的设想和预计
集中性	预算资金作为集中性的财政资金，它的规模、来源、去向、收支结构比例和平衡状况，从国家全局整体利益出发依法进行统筹安排，集中分配
综合性	政府预算是各项财政收支的汇集点和枢纽，综合反映了国家财政收支活动的全貌
公开性	政府预算收支计划的制订、执行以及决算的形成，要向公众全面公开，以便公众审查和监督

5. DE [解析] 按预算级次划分，政府预算是由中央预算和地方预算组成的。

6. ABCD [解析] 按照政府预算的内容性质划分，可将政府预算分为一般公共预算、政府性基金预算、国有资本经营预算、社会保险基金预算。

7. AB [解析] 历年制按日历年度计算，由1月1日至12月31日为一个预算年度，如法国、瑞典、中国。跨历年制是一个预算年度跨越两个日历年度，具体起讫时间又有若干不同的情况，如美国（每年10月1日到次年9月30日）、英国、日本、印度（每年4月1日至次年3月31日）。

8. ABCD [解析] 按政府预算的环节划分，政府预算包括预算编制、预算审议批准、预算执行和决算的编制、审议批准。E项，一般公共预算是按照政府预算的内容和性质划分的。

Day 47

1. ABCD [解析] 支出功能分类主要根据政府职能进行分类，说明政府做了什么。一国财政支出的功能分类大体包括四个方面：①一般政府服务（公共管理、国防、公共秩序与安全等）；②社会服务（教育、卫生、社会保障等）；③经济服务（交通、电力、农业和工业等）；④其他支出（利息、政府间的转移支付）。

2. ABD [解析] 政府收支分类由财政部统一规定，C项错误。政府收支分类属于财政部下发的通知，E项错误。

3. A [解析] 支出功能分类主要根据政府职能进行分类，说明政府做了什么。而支出经济分类是按支出的经济性质和具体用途所作的一种分类。

4. A [解析] 支出经济分类是按支出的经济性质和具体用途所作的一种分类。即在支出功能分类明确反映政府职能活动的基础上，支出经济分类明细反映政府财政资金的具体用途（反映政府的钱究竟是怎么花出去的），A项正确。

◆考点再现

Q_{1-4} 政府支出分类如表10-2所示。

表10-2 政府支出分类

分类方式	主要内容
支出功能分类（政府做什么）	主要根据政府职能进行分类，说明政府做了什么。包括： (1) 一般政府服务（公共管理、国防、公共秩序与安全等） (2) 社会服务（教育、卫生、社会保障等） (3) 经济服务（交通、电力、农业和工业） (4) 其他支出（利息、政府间的转移支付）

续表

分类方式	主要内容
支出经济分类 (政府钱究竟怎么花)	按支出的经济性质和具体用途所作的一种分类。即在支出功能分类明确反映政府职能活动的基础上,支出经济分类明细反映政府财政资金的具体用途

5. C [解析] 目前我国收入分类分为类、款、项、目四级,一般公共财政预算类级科目设置有:税收收入、非税收入、债务收入和转移性收入。

6. ACDE [解析] 我国政府支出功能分类主要包括:①一般公共服务支出;②外交、公共安全、国防支出;③农业、环境保护支出;④教育、科技、文化、卫生、体育支出;⑤社会保障及就业支出。B项是政府支出经济性质分类科目。

7. C [解析] 支出经济分类主要包括工资福利支出、商品和服务支出、对个人和家庭的补助、对企事业单位的补助、资本性支出等。A、B、D三项是按政府支出功能分类。

● 考点再现

Q_{5-7} 政府收支分类的主要内容。

(1) 政府收入分类分为类、款、项、目四级。

一般公共财政预算类级科目有:税收收入、非税收入、债务收入和转移性收入。

(2) 政府支出功能分类分为类、款、项三级。

我国一般公共预算支出功能分类主要包括一般公共服务支出,外交、国防、公共安全、教育、科学技术、社会保障和就业、卫生健康、节能环保、城乡社区服务、农林水支出等。

(3) 政府支出经济性质分类分为类、款两级。

支出经济分类主要包括工资福利支出、商品和服务支出、对个人和家庭的补助、对企事业单位的补助、资本性支出等。

8. BCE [解析] 政府预算编制的原则包括:①符合国家的法律法规和政策制度;②以国民经济和社会发展计划为基础;③预算分配要统筹兼顾,确保重点;④预算编制要求及时、完整和真实。A、D两项为政府预算的编制的原则,C项不是。B项是基本支出预算的编制原则中的优先保障原则。E项,公开、透明是部门预算的透明性原则。

9. C [解析] 根据我国《预算法》规定,各级政府是预算编制的组织领导机关,总预算编制机关是各级政府财政部门。各部门、各单位负责编制本部门、本单位的预算。

10. AB [解析] 政府预算编制的程序,一般分为两个阶段:一是测算收支指标,二是编制预算草案。

11. D [解析] 预算草案的编制程序一般采取自下而上和自上而下,逐级汇总的程序。实行"两上两下"的编制方法,有利于提高预算的科学性、真实性和完整性,有利于编制单位与财政部门的信息沟通,从而保证预算执行的严肃性。

Day 48

1. ABCD [解析] 我国测算政府预算收支指标的基本方法有基数法、系数法、比例法、定额法、综合法、零基预算法、标准收支法。

2. A [解析] 零基预算法就是以零为起点来预测预算收支指标。我国目前部门预算的编制方法就是零基预算加定额的方法，A 项错误。

3. D [解析] 零基预算法就是不考虑以往已形成的收支基数，以零为起点来预测预算收支指标，D 项正确。

4. D [解析] 标准收支法主要用于中央对地方转移支付额的计算当中。转移支付额一般按"（某地区标准财政支出－标准财政收入）×转移支付系数"确定。

5. B [解析] A 项，基数法亦称基数增减法，以报告年度预算收支的执行数或者预计执行数为基础，分析影响计划年度预算收支的各种因素，并预测这些因素对预算收支的影响程度，从而测算出计划年度预算收支数额的一种方法。B 项，系数法是利用两项不同性质而又有内在联系的数值之间的比例关系（系数），根据其中一项已知数值，求得另外一项指标数值的方法。C 项，比例法是利用局部占全部的比例关系，根据其中一项已知数值，计算另一项数值的一种方法。D 项，综合法是综合运用系数法和基数法测算预算收支的一种方法。

6. D [解析] 项目支出预算的编制原则包括：①综合预算的原则；②科学论证、合理排序的原则；③追踪问效的原则。D 项，监督检查原则不是项目支出预算的编制原则。

7. C [解析] 部门预算的编制有八项原则：①合法性原则；②真实性原则；③完整性原则；④科学性原则；⑤稳妥性原则（量入为出，收支平衡，不得编制赤字预算）；⑥重点性原则（在兼顾一般的同时，优先保证重点支出；先保证基本支出，后安排项目支出；先重点、急需项目，后一般项目）；⑦透明性原则；⑧绩效性原则。

8. B [解析] 项目支出预算是单位为完成其特定的行政工作任务或事业发展目标，在基本支出预算之外编制的年度项目支出计划，包括基本建设、有关事业发展专项计划、专项业务费、大型修缮、大型购置、大型会议等项目支出。B 项为项目支出预算。A、C、D 三项都是基本支出预算。

9. BCD [解析] 部门预算的含义：①以部门作为预算编制的基础单元，财政预算从部门编起，从基层单位编起；②财政预算要落实到每一个具体部门，预算管理以部门为依托；③"部门"本身要有严格的资质要求，限定那些与财政直接发生经费领拨关系的一级预算单位为预算部门。部门预算是国家财政预算管理的基本组织形式，是总预算的基础，它由各预算部门编制可以说是一个综合预算，A、E 两项错误。

10. B [解析] 项目支出预算是单位为完成其特定的行政工作任务和事业发展目标，在基本支出预算之外编制的年度项目支出计划。项目支出预算的特征包括：①专项性；②独立性；③完整性。

11. A [解析] 部门预算中对"部门"有严格的资质要求，限定那些与财政直接发生经费领拨关系的一级预算单位为预算部门。

Day 49

1. A [解析] 单纯的年度预算平衡存在如下一些缺陷：①容易忽略潜在的财政风险；②在年度预算中，各项收支已由预算确定好了，具有法律性，这样，在一个预算年度内进行收支结构的调整就受到了限制，与年度内的不确定因素产生矛盾；③年度预算平衡限制了政府对未来更长远的考虑。跨年度预算平衡的突出优点是有利于政策的长期可持续性，使决策者能够尽早发现问题，鉴别风险，采取措施，防患于未然。A项错误。

2. C [解析] 我国初步实施的中期财政规划按照3年滚动方式编制。

3. A [解析] 预算超收或短收的平衡机制：对于一般公共预算执行中出现的超收收入，在冲减赤字或化解债务后用于补充预算稳定调节基金；出现短收则采取调入预算稳定调节基金或其他预算资金进行补充、削减支出等实现平衡，如若仍不能平衡则通过调整预算、增列赤字来实现。

4. B [解析] 除了按照相关规定外，地方政府及其所属部门不得以任何方式举借债务，B项错误。

5. ABCD [解析]《预算法》规定，经国务院批准的省、自治区、直辖市的预算中必需的建设投资的部分资金，可以在国务院确定的限额内，通过发行地方政府债券举借债务的方式筹措。举借债务的规模，由国务院报全国人民代表大会或者全国人民代表大会常务委员会批准。省、自治区、直辖市依照国务院下达的限额举借的债务，列入本级预算调整方案，报本级人民代表大会常务委员会批准。举借的债务应当有偿还计划和稳定的偿还资金来源，只能用于公益性资本支出，不得用于经常性支出。除上述规定外，地方政府及其所属部门不得以任何方式举借债务。除法律另有规定外，地方政府及其所属部门不得为任何单位和个人的债务以任何方式提供担保。A、B、C、D四项正确。一般债务收支纳入一般公共预算管理，E项错误。

6. B [解析] 中央预算草案由财政部汇总编制，报国务院审核后，提请全国人民代表大会审查和批准。

7. ABDE [解析] 中央预算是经法定程序批准的中央政府的财政收支计划，它主要由中央各部门（含直属单位）的预算组成，并包括地方向中央上缴的收入数额和中央对地方返还或者给予补助的数额，以及国内外债务收支。因此只有C项不是中央预算编制的内容。上解上级支出是地方各级一般公共预算支出编制内容。

8. D [解析] 全国人民代表大会常务委员会监督中央和地方预算的执行，审查和批准中央预算的调整方案，D项正确。国务院及地方各级政府是负责预算执行的组织领导机构。各级政府财政部门是预算执行的具体负责和管理机构，是执行预算收支的主管机构。审计署直接审计中央预算执行情况和其他财政收支等，出具审计报告。

9. B [解析] 在审议过程中，全国人民代表大会财经委员会要向大会做关于中央预算草案审查结果的报告，提请大会讨论审查，而不是财政部，B项错误。

10. C [解析] 本级财政部门应自本级人民代表大会批准本级预算之后20日内向本级各部门批复预算。

11. A [解析] 地方各级政府预算的审查和批准，由各级政府在本级人民代表大会举行会议期间，向大会提交关于本级总预算草案的报告，经讨论审查，批准本级预算。地方各级政府组织地方预算的执行。

Day 50

1. B [解析] 各级政府财政部门是预算执行的具体负责和管理机构，是执行预算收支的主管机构；国务院及地方各级政府负责预算执行的组织领导机构；全国人民代表大会常务委员会及地方各级人民代表大会常务委员会负责监督预算的执行，审查和批准预算的调整方案；全国人民代表大会及地方各级人民代表大会审查批准各级预算草案。

2．BCD［解析］从世界范围看，国库体制的类型一般有三种：①独立国库制，采用独立国库制的国家很少，如芬兰；②委托国库制，采用这种类型的国家较多，如美、英、法、德、日等；③银行制，如美国的州和地方财政及蒙古国。A、E两项不是国库体制的类型。

3．B［解析］我国采用委托国库制，由中央银行即中国人民银行经理国家金库，执行政府预算出纳业务。不设中央银行的地方，国库业务委托当地的商业银行办理。独立国库制，即国家特设专门机构办理政府预算收支的出纳业务，如芬兰。银行制，即国家不设国库，也不委托中央银行代理国库，而是由财政部门在银行开立账户，办理预算收支业务，财政账户的性质同一般存款户，实行存款有息，结算付费。美国的州和地方财政及蒙古国实行银行制。

4．D［解析］国家金库对每天收纳入库的预算收入都要按预算级次逐级划分、上报和留解。各级预算收入一律以缴入基层国库即县级支库的数额为正式入库。

5．A［解析］我国采用委托国库制，由中央银行即中国人民银行代理国家金库，执行政府预算出纳业务。不设中央银行的地方，国库业务委托当地的商业银行代理。

6．C［解析］国务院组织中央预算和地方预算的执行，其主要职责包括：①执行国家预算法律、法令，制定预算管理方针、政策；②颁发全国性的、重要的财政预算规章制度；③核定政府预算、决算草案；④组织、领导并监督中央各部门和地方预算的执行；⑤决定中央预算预备费的动用；⑥编制中央预算调整方案；⑦向全国人民代表大会及其常务委员会报告中央和地方预算执行情况等。C项属于各级地方政府组织地方预算的执行职责。

7．A［解析］地方各级政府组织地方预算的执行，其主要职责包括：①颁发本级预算执行的规定、法令；②组织、领导并监督本级各部门和下级政府的预算执行；③决定本级预算预备费的动用；④编制本级预算调整方案；⑤按规定执行预算调剂权，按规定安排使用本级预算结余；⑥向本级人民代表大会及其常务委员会报告本级总预算的执行情况等。

8．A［解析］各级立法机关包括：①全国人民代表大会常务委员会监督中央和地方预算的执行，审查和批准中央预算的调整方案；②县级以上地方各级人民代表大会常务委员会监督本级总预算的执行，审查和批准本级预算的调整方案；③乡、民族乡、镇的人民代表大会监督本级预算的执行，审查和批准本级预算的调整方案。

Day 51

1．AB［解析］预算收入的缴库方式包括：①直接缴库，是由缴款单位或者缴款人按有关法律法规规定，直接将应缴收入缴入国库单一账户或者预算外资金财政专户；②集中汇缴，是由征收机关按有关法律法规规定，将所收的应缴收入汇总缴入国库单一账户或预算外资金财政专户。

2．BCDE［解析］预算收入的退库项目包括：①技术性差错退库；②结算性退库；③政策性退库；④提留性退库。

3．ABC［解析］预算支出的拨款原则包括：①按照预算拨付，即按照批准的年度预算和用款计划拨付资金。不得办理无预算、无用款计划、超预算或者超计划的资金拨付，不得擅自改变支出用途。但《预算法》第五十四条规定，预算年度开始后，各级预算草案在本级

第十章 政府预算管理

人民代表大会批准前可以安排的支出除外，包括上一年度结转的支出，参照上一年同期的预算支出数额安排必须支付的本年度部门基本支出、项目支出，以及对下级政府的转移性支出；法律规定必须履行支付义务的支出，以及用于自然灾害等突发事件处理的支出。②按照规定的预算级次和程序拨付，即根据用款单位的申请，按照用款单位的预算级次、审定的用款计划和财政部门规定的预算资金拨付程序拨付资金。③按照进度拨付，即根据用款单位的实际用款进度拨付资金。

4．C [解析] 预算支出的拨款方式包括：①支出类型。总体上分为购买性支出和转移性支出。根据支付管理需要，具体分为四类（工资支出、购买支出、零星支出、转移支出）。②支付方式包括财政直接支付和财政授权支付。财政授权支付指预算单位根据财政授权，自行开具支付令，通过国库单一账户体系将资金支付到收款人账户。实行财政授权支付的支出包括未实行财政直接支付的购买支出和零星支出。

5．B [解析]《中华人民共和国政府采购法》（以下简称《政府采购法》）对政府采购所做的界定是：政府采购是指各级国家机关、事业单位和团体组织，使用财政性资金采购依法制定的集中采购目录以内的或者采购限额标准以上的货物、工程和服务的行为。

6．ABCD [解析] 我国政府采购的基本原则包括：①公开透明原则，是指政府采购的有关信息、法律、政策、程序以及采购过程都要公开；②公平竞争原则，要求给予每一个参加竞争的投标商均等的机会，使其享有同等的权利并履行同等的义务，不歧视任何一方；③公正原则，是指监管部门、采购人和代理机构相对于作为投标人、潜在投标人的若干供应商而言，应站在公允的立场上；④诚实信用原则；⑤讲求绩效原则，指预算部门和单位应当落实全过程绩效管理要求，根据部门预算绩效目标合理确定采购需求、采购计划和采购合同，提升财政支出绩效水平。

7．B [解析] 公平竞争原则要求给予每一个参加竞争的投标商均等的机会，使其享有同等的权利并履行同等的义务，不歧视任何一方。

8．C [解析] 公正原则是指监管部门、采购人和代理机构相对于作为投标人、潜在投标人的若干供应商而言，应站在公允的立场上。为了确保政府采购活动中的公正原则，《政府采购法》建立了回避制度，即在政府采购活动中，采购人员及相关人员与供应商有利害关系的，必须回避。

9．ABCE [解析] 一般来说，政府采购程序主要包括以下几个阶段：①确定采购需求；②预测采购风险；③选择采购方式；④进行资格审查；⑤执行采购方式；⑥签订并履行采购合同；⑦采购验收和评估。

Day 52

1．ACD [解析] 预算调整的主要形式有：①动用预备费；②预算资金的调剂。预算资金的调剂主要包括：①追加追减预算；②科目经费流用（在不突破原定预算支出总额的前提下）；③预算级次划转；④预算项目间调剂。

2．ABCD [解析] 预算调整的范围包括：①需要增加或者减少预算总支出的；②需要调入预算稳定调节基金的；③需要调减预算安排的重点支出数额的；④需要增加举借债务数额的。

3. A [解析] 中央预算的调整方案应当提请全国人民代表大会常务委员会审查和批准；县级以上地方各级预算的调整方案应当提请本级人民代表大会常务委员会审查和批准；乡、民族乡、镇预算的调整方案应当提请本级人民代表大会审查和批准。题目问的是县级以上，因此是本级人民代表大会常务委员会。

4. D [解析] 决算包括年终清理、编制决算表格、事后审计、评估分析和财务报告等内容。

5. B [解析] 年终结算指各级财政在年终清理的基础上，结清上下级财政总预算之间的预算调拨收支和往来款项。

6. ABCD [解析] 年终清理的主要内容有：核实年度预算数字、清理预算应收应支款项、结清预算拨借款、清理往来款项、清理财产物资、核对决算收支数、核实预算外资金收支数。

7. B [解析] 政府决算是按照法定程序编制的反映政府预算执行结果的会计报告，由决算报表和文字说明两部分构成。政府决算是预算执行的总结，是预算管理的最终环节。

8. D [解析] 县级以上地方各级政府财政部门编制本级决算草案，经本级政府审计部门审计后，报本级政府审定，由本级政府提请本级人民代表大会常务委员会审查和批准，D项错误。

9. C [解析] 各级政府财政部门应当在本级人民代表大会常务委员会举行会议审查和批准本级决算草案的30日前，将上一年度本级决算草案提交本级人民代表大会财政经济委员会或有关专门委员会进行初步审查，或者送交本级人民代表大会常务委员会有关工作机构征求意见。

10. C [解析] 本级政府财政部门应自本级人民代表大会批准本级预算之后20日内向本级各部门批复预算。各部门应在接到本级政府财政部门批复的本部门预算后15日内向所属单位批复预算。

Day 53

1. A [解析] 我国新修订的《预算法》规定，各级预算的收入和支出实行收付实现制。特定事项按照国务院的规定实行权责发生制的有关情况，应当向本级人民代表大会常务委员会报告。

2. C [解析] 预算支出绩效评价是预算绩效管理的核心。预算执行结束后，要及时对预算资金的产出和结果进行绩效评价，重点评价产出和结果的经济性、效率性和效益性。

3. BCD [解析] 美国绩效评价的组织实施部门包括：①国会会计总署；②总统预算与管理办公室；③联邦政府各部门。国会会计总署代表国会对联邦政府各部门进行年度绩效考评，接受国会的委托，对部门、计划、项目、专项工作的绩效进行专题评估。A项，美国国会不是美国绩效评价的组织实施部门。E项，参议院是立法机构，不参与美国绩效评价。

4. ABE [解析] 按照《预算法》的要求，我国政府全面预算绩效管理的维度包括：①全方位的预算绩效管理格局；②全过程的预算绩效管理链条；③全覆盖的预算绩效管理体系。

5. ABDE [解析] 政府构建绩效预算管理框架体系的主要内容包括：①建立以结果为导向的年度绩效计划；②定期或不定期地提交绩效报告；③进行绩效评价；④反馈绩效评价结果。

6. A ［解析］绩效目标是预算绩效管理的基础，是整个预算绩效管理系统的前提，包括绩效内容、绩效指标和绩效标准。

7. A ［解析］现代公共预算制度最重要、最基本的核心功能是法定授权。本质上，《预算法》就是一部旨在建构和确立预算授权（以法定授权形式呈现）的法典化的预算制度，以规范和约束政府的预算收支行为。

8. ABC ［解析］各级政府及有关部门有下列行为之一的，责令改正，对负有直接责任的主管人员和其他直接责任人员追究行政责任：①未依照规定编制、报送预算草案、预算调整方案、决算草案和部门预算、决算以及批复预算、决算的；②违反规定进行预算调整的；③未依照规定对有关预算事项进行公开和说明的；④违反规定设立政府性基金项目和其他财政收入项目的；⑤违反法律、法规规定使用预算预备费、预算周转金、预算稳定调节基金、超收收入的；⑥违反规定开设财政专户。D、E两项属于需要对相关人员依法给予降级、撤职、开除的处分。

9. C ［解析］各级政府及有关部门、单位有下列行为之一的，责令改正，对负有直接责任的主管人员和其他直接责任人员依法给予降级、撤职、开除的处分：①未将所有政府收入和支出列入预算或者虚列收入和支出的；②违反法律、行政法规的规定，多征、提前征收或者减征、免征、缓征应征预算收入的；③截留、占用、挪用或者拖欠应当上缴国库的预算收入的；④违反规定改变预算支出用途的；⑤擅自改变上级政府专项转移支付资金用途的；⑥违反规定拨付预算支出资金，办理预算收入收纳、划分、留解、退付，或者违反规定冻结、动用国库库款或者以其他方式支配已入国库库款的。

10. A ［解析］A项，各级政府、各部门、各单位违反规定举借债务或者为他人债务提供担保，或者挪用重点支出资金，或者在预算之外及超预算标准建设楼堂馆所的，责令改正，对负有直接责任的主管人员和其他直接责任人员给予撤职、开除的处分。B项，各级政府有关部门、单位及其工作人员有下列行为之一的，责令改正，追回骗取、使用的资金，有违法所得的没收违法所得，对单位给予警告或者通报批评；对负有直接责任的主管人员和其他直接责任人员依法给予处分：①违反法律、法规的规定，改变预算收入上缴方式的；②以虚报、冒领等手段骗取预算资金的；③违反规定扩大开支范围、提高开支标准的；④其他违反财政管理规定的行为。C项，对于违反《预算法》有关规定构成犯罪的，依法追究刑事责任。D项，各级政府及有关部门、单位有下列行为之一的，责令改正，对负有直接责任的主管人员和其他直接责任人员依法给予降级、撤职、开除的处分：①未将所有政府收入和支出列入预算或者虚列收入和支出的；②违反法律、行政法规的规定，多征、提前征收或者减征、免征、缓征应征预算收入的；③截留、占用、挪用或者拖欠应当上缴国库的预算收入的；④违反规定改变预算支出用途的；⑤擅自改变上级政府专项转移支付资金用途的；⑥违反规定拨付预算支出资金，办理预算收入收纳、划分、留解、退付，或者违反规定冻结、动用国库库款或者以其他方式支配已入国库库款的。

11. ABC ［解析］对负有直接责任的主管人员和其他直接责任人员依法给予处分：①违反法律、法规的规定，改变预算收入上缴方式的（C项正确）；②以虚报、冒领等手段骗取预算资金的（A 项正确）；③违反规定扩大开支范围、提高开支标准的（B 项正确）；④其他违反财政管理规定的行为。D 项应该依法追究刑事责任；E 项给予降级、撤职、开除处分。

本章强化测试

思维导图

Day 54

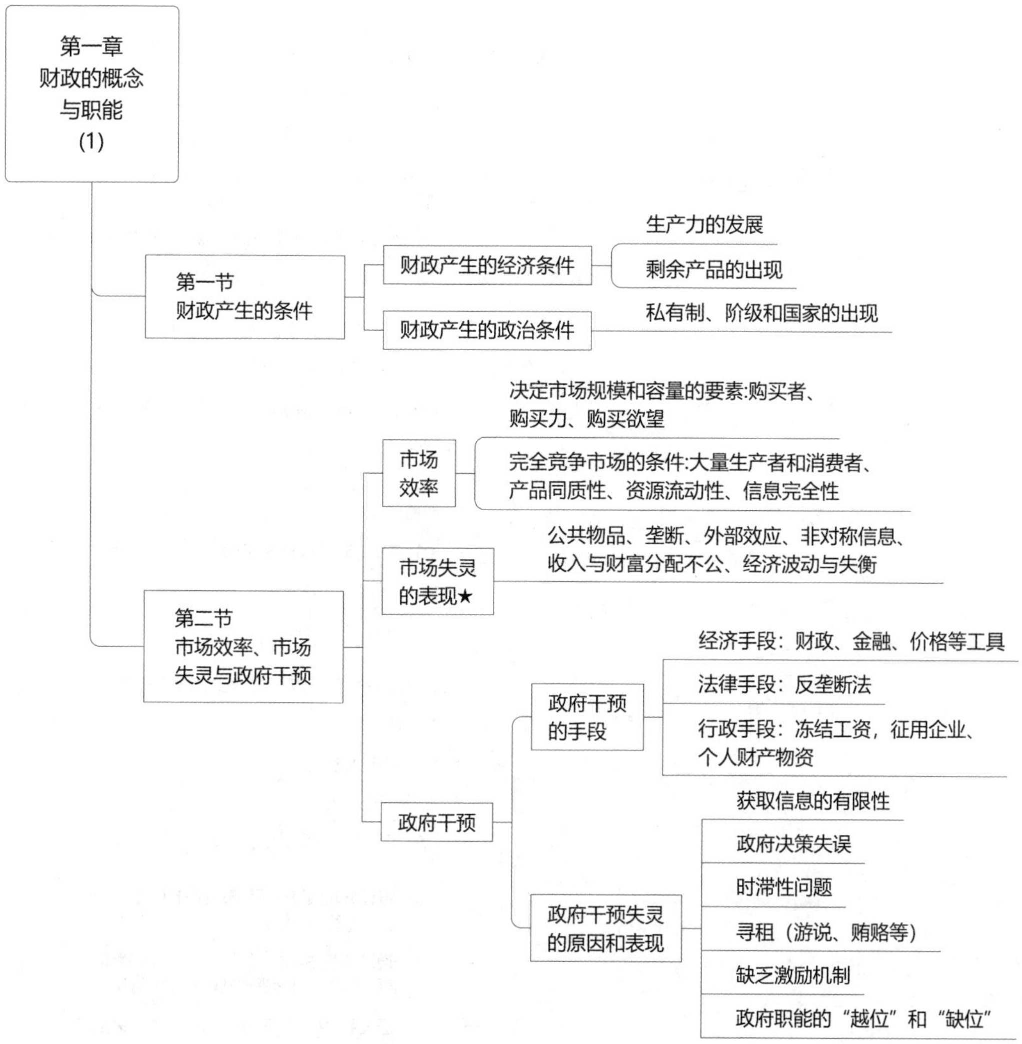

```
第一章 财政的概念与职能(1)
├─ 第一节 财政产生的条件
│   ├─ 财政产生的经济条件
│   │   ├─ 生产力的发展
│   │   └─ 剩余产品的出现
│   └─ 财政产生的政治条件 —— 私有制、阶级和国家的出现
└─ 第二节 市场效率、市场失灵与政府干预
    ├─ 市场效率
    │   ├─ 决定市场规模和容量的要素：购买者、购买力、购买欲望
    │   └─ 完全竞争市场的条件：大量生产者和消费者、产品同质性、资源流动性、信息完全性
    ├─ 市场失灵的表现★ —— 公共物品、垄断、外部效应、非对称信息、收入与财富分配不公、经济波动与失衡
    └─ 政府干预
        ├─ 政府干预的手段
        │   ├─ 经济手段：财政、金融、价格等工具
        │   ├─ 法律手段：反垄断法
        │   └─ 行政手段：冻结工资，征用企业、个人财产物资
        └─ 政府干预失灵的原因和表现
            ├─ 获取信息的有限性
            ├─ 政府决策失误
            ├─ 时滞性问题
            ├─ 寻租（游说、贿赂等）
            ├─ 缺乏激励机制
            └─ 政府职能的"越位"和"缺位"
```

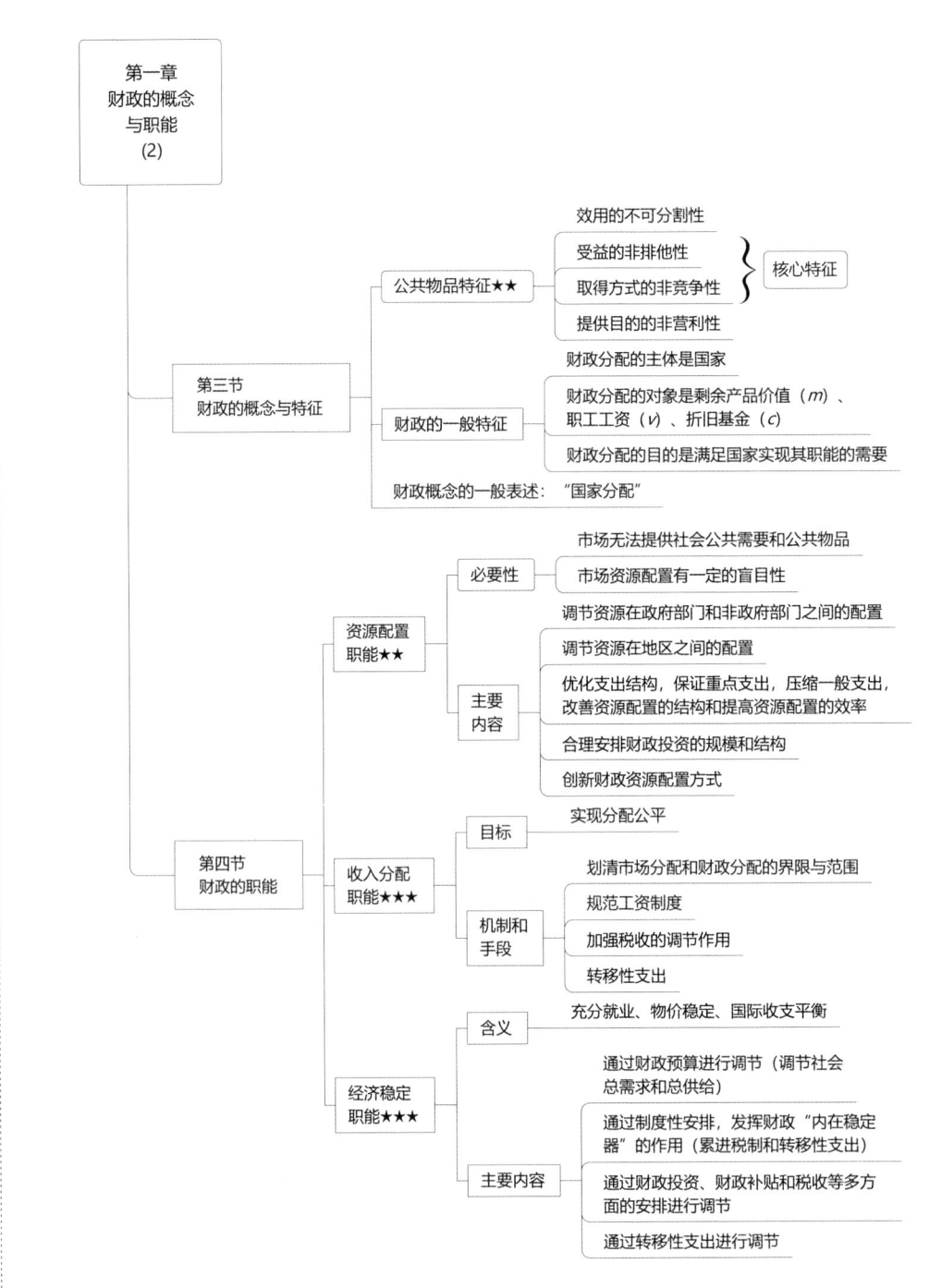

> **温馨贴士**

第一节注意财政既是经济范畴,也是历史范畴。第二节注意区分市场失灵的表现和政府干预失效的原因。第三节重点记忆公共物品的四大特征及核心特征,区分财政分配的主体和对象。第四节重点理解记忆并区分财政三大职能的内容。

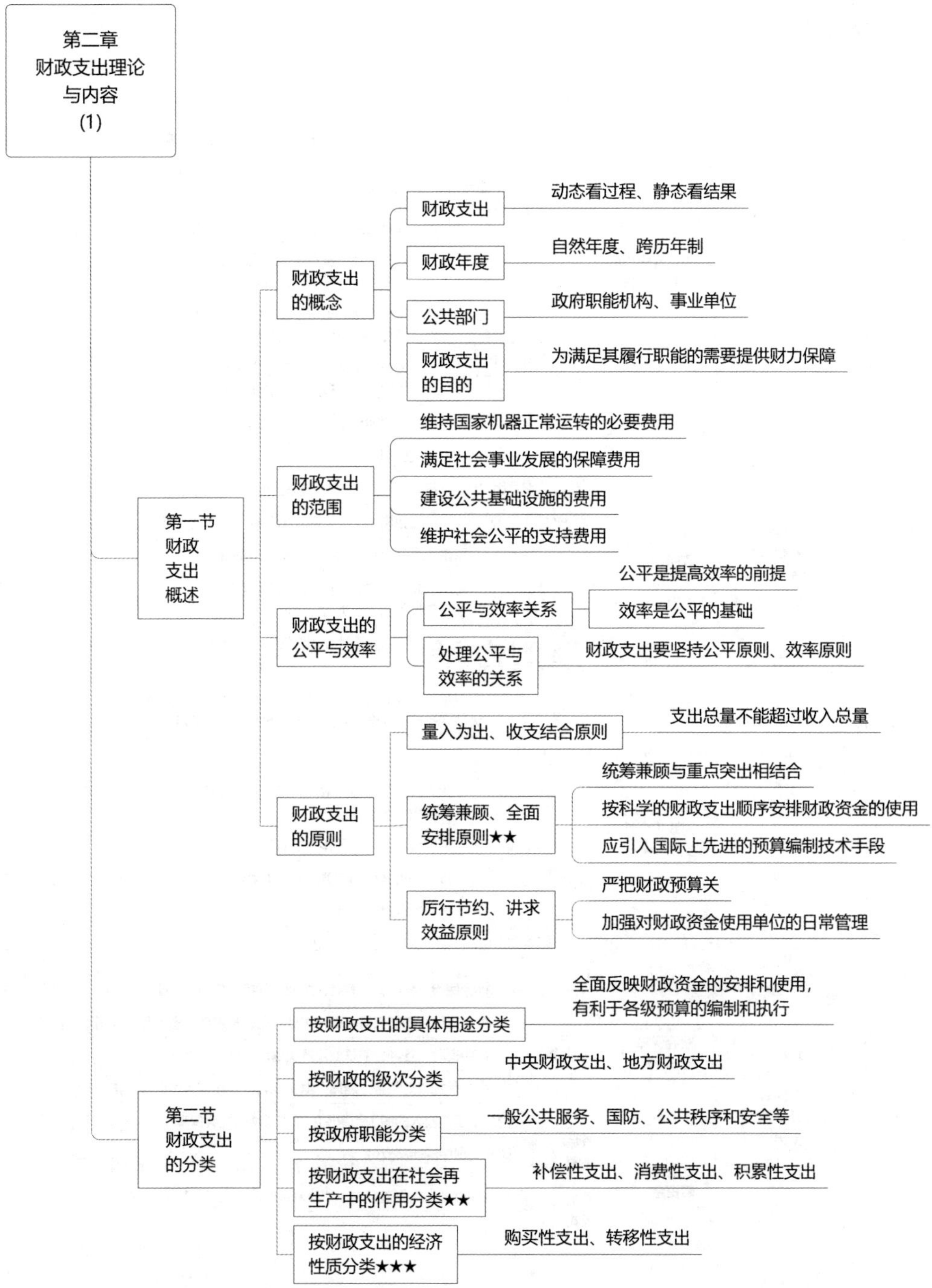

思维导图

第二章 财政支出理论与内容（1）

第一节 财政支出概述

- **财政支出的概念**
  - 财政支出：动态看过程、静态看结果
  - 财政年度：自然年度、跨历年制
  - 公共部门：政府职能机构、事业单位
  - 财政支出的目的：为满足其履行职能的需要提供财力保障

- **财政支出的范围**
  - 维持国家机器正常运转的必要费用
  - 满足社会事业发展的保障费用
  - 建设公共基础设施的费用
  - 维护社会公平的支持费用

- **财政支出的公平与效率**
  - 公平与效率关系
    - 公平是提高效率的前提
    - 效率是公平的基础
  - 处理公平与效率的关系：财政支出要坚持公平原则、效率原则

- **财政支出的原则**
  - 量入为出、收支结合原则：支出总量不能超过收入总量
  - 统筹兼顾、全面安排原则★★
    - 统筹兼顾与重点突出相结合
    - 按科学的财政支出顺序安排财政资金的使用
    - 应引入国际上先进的预算编制技术手段
  - 厉行节约、讲求效益原则
    - 严把财政预算关
    - 加强对财政资金使用单位的日常管理

第二节 财政支出的分类

- 按财政支出的具体用途分类：全面反映财政资金的安排和使用，有利于各级预算的编制和执行
- 按财政的级次分类：中央财政支出、地方财政支出
- 按政府职能分类：一般公共服务、国防、公共秩序和安全等
- 按财政支出在社会再生产中的作用分类★★：补偿性支出、消费性支出、积累性支出
- 按财政支出的经济性质分类★★★：购买性支出、转移性支出

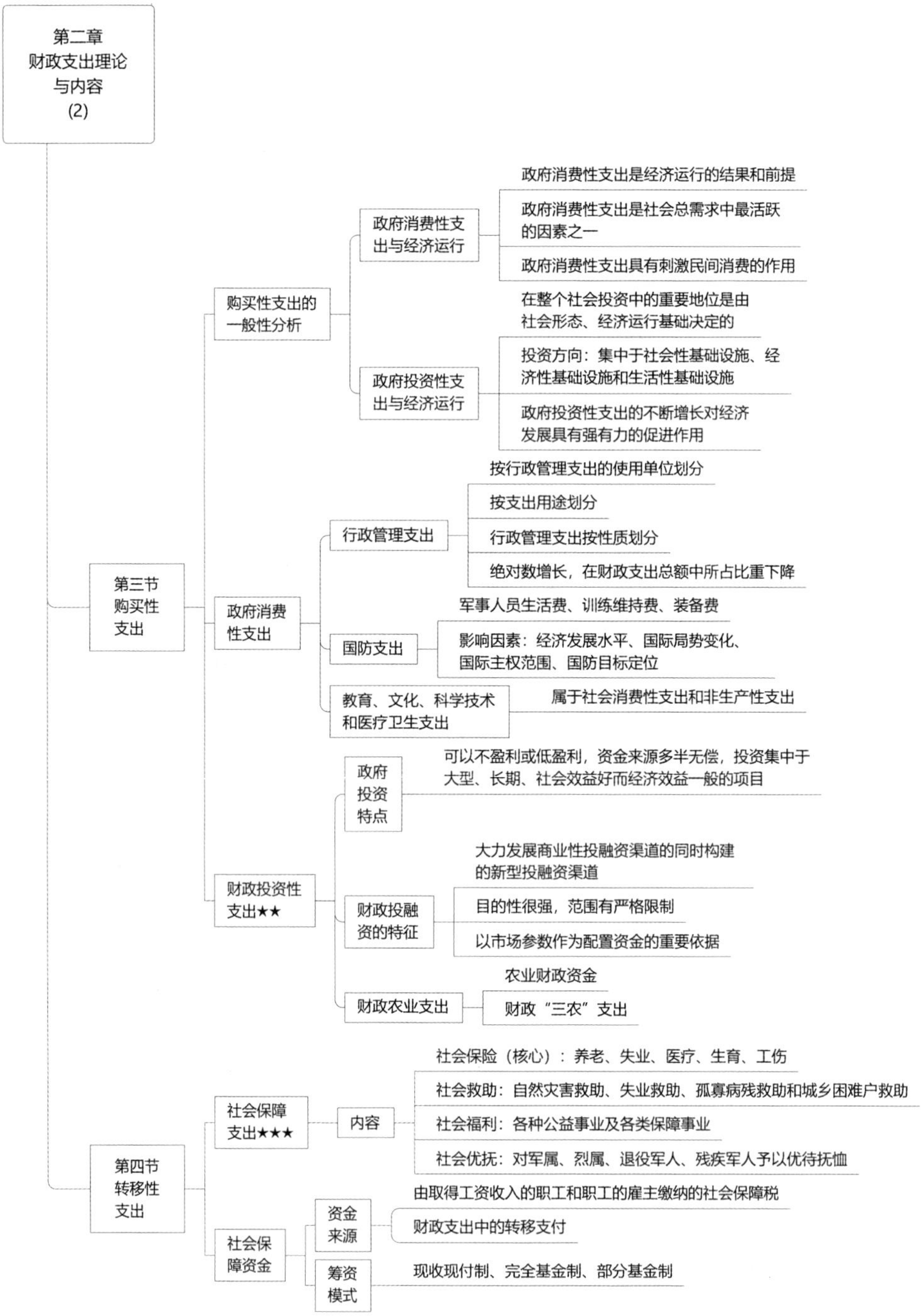

第二章 财政支出理论与内容（2）

第三节 购买性支出

购买性支出的一般性分析

- **政府消费性支出与经济运行**
  - 政府消费性支出是经济运行的结果和前提
  - 政府消费性支出是社会总需求中最活跃的因素之一
  - 政府消费性支出具有刺激民间消费的作用

- **政府投资性支出与经济运行**
  - 在整个社会投资中的重要地位是由社会形态、经济运行基础决定的
  - 投资方向：集中于社会性基础设施、经济性基础设施和生活性基础设施
  - 政府投资性支出的不断增长对经济发展具有强有力的促进作用

政府消费性支出

- **行政管理支出**
  - 按行政管理支出的使用单位划分
  - 按支出用途划分
  - 行政管理支出按性质划分
  - 绝对数增长，在财政支出总额中所占比重下降

- **国防支出**
  - 军事人员生活费、训练维持费、装备费
  - 影响因素：经济发展水平、国际局势变化、国际主权范围、国防目标定位

- **教育、文化、科学技术和医疗卫生支出**
  - 属于社会消费性支出和非生产性支出

财政投资性支出★★

- **政府投资特点**
  - 可以不盈利或低盈利，资金来源多半无偿，投资集中于大型、长期、社会效益好而经济效益一般的项目

- **财政投融资的特征**
  - 大力发展商业性投融资渠道的同时构建的新型投融资渠道
  - 目的性很强，范围有严格限制
  - 以市场参数作为配置资金的重要依据

- **财政农业支出**
  - 农业财政资金
  - 财政"三农"支出

第四节 转移性支出

社会保障支出★★★

- **内容**
  - 社会保险（核心）：养老、失业、医疗、生育、工伤
  - 社会救助：自然灾害救助、失业救助、孤寡病残救助和城乡困难户救助
  - 社会福利：各种公益事业及各类保障事业
  - 社会优抚：对军属、烈属、退役军人、残疾军人予以优待抚恤

社会保障资金

- **资金来源**
  - 由取得工资收入的职工和职工的雇主缴纳的社会保障税
  - 财政支出中的转移支付

- **筹资模式**
  - 现收现付制、完全基金制、部分基金制

思维导图

第二章 财政支出理论与内容（3）

第四节 转移性支出

社会保障支出★★★
- 社会保障资金
  - 管理模式：高度集中的管理模式、分散管理模式、统分结合的管理模式
  - 中国的社会保险项目和社会保险支出
    - 养老保险（城镇职工养老保险、城乡居民养老保险、机关事业单位工作人员养老保险）
    - 医疗保险（城镇职工医疗保险、城乡居民医疗保险）
    - 失业保险
    - 工伤保险
    - 生育保险

财政补贴支出★★
- 性质
  - 主体：国家
  - 对象：企业和居民
  - 目的：为了贯彻一定的政策，满足某种特定的需要，实现特定的政治、经济和社会目标
  - 性质：通过财政资金的无偿补助而进行的一种社会财富的再分配
- 分类
  - 按补贴主体和隶属关系确定的财政补贴：中央财政补贴、地方财政补贴
  - 按经济性质确定的财政补贴：价格补贴、财政贴息、企业亏损补贴
  - 按再生产环节确定的财政补贴：生产补贴、流通补贴、消费补贴
  - 按透明程度确定的财政补贴：明补、暗补
  - 按存续时间确定的财政补贴：经常性补贴、临时性补贴
  - 按补贴的对象不同：工业、农业、城市公用企业等生产环节的补贴，商业、粮食等流通环节的补贴，职工或居民消费环节的补贴等
  - 按补贴的形式不同：价格补贴、亏损补贴、职工和居民生活补贴、利息补贴等
- 财政补贴的经济效应
  - 财政补贴的积极效应
    - 有效贯彻国家的经济政策
    - 以少量财政资金带动社会资金，扩大财政资金的经济效应
    - 加大技术改造力度，推动产业升级
    - 消除"排挤效应"
    - 社会经济的稳定效应
  - 过度财政补贴的消极作用：过多过滥地运用财政补贴手段会产生消极作用

税收支出
- 特点
  - 很强的法制性
  - 显著的宏观性
- 形式：税收豁免、纳税扣除、税收抵免、优惠税率、延期纳税、盈亏相抵、加速折旧、优惠退税

➢ **温馨贴士**

第二节重点掌握财政支出的分类形式，采用多题型练习巩固。第三节购买性支出的细碎知识点较多，且容易混淆，需要细心加以理解记忆，并分清主次。第四节转移性支出的知识点多且细，尤其是财政补贴支出的分类为重点考查对象，学习时应注重方法和技巧。

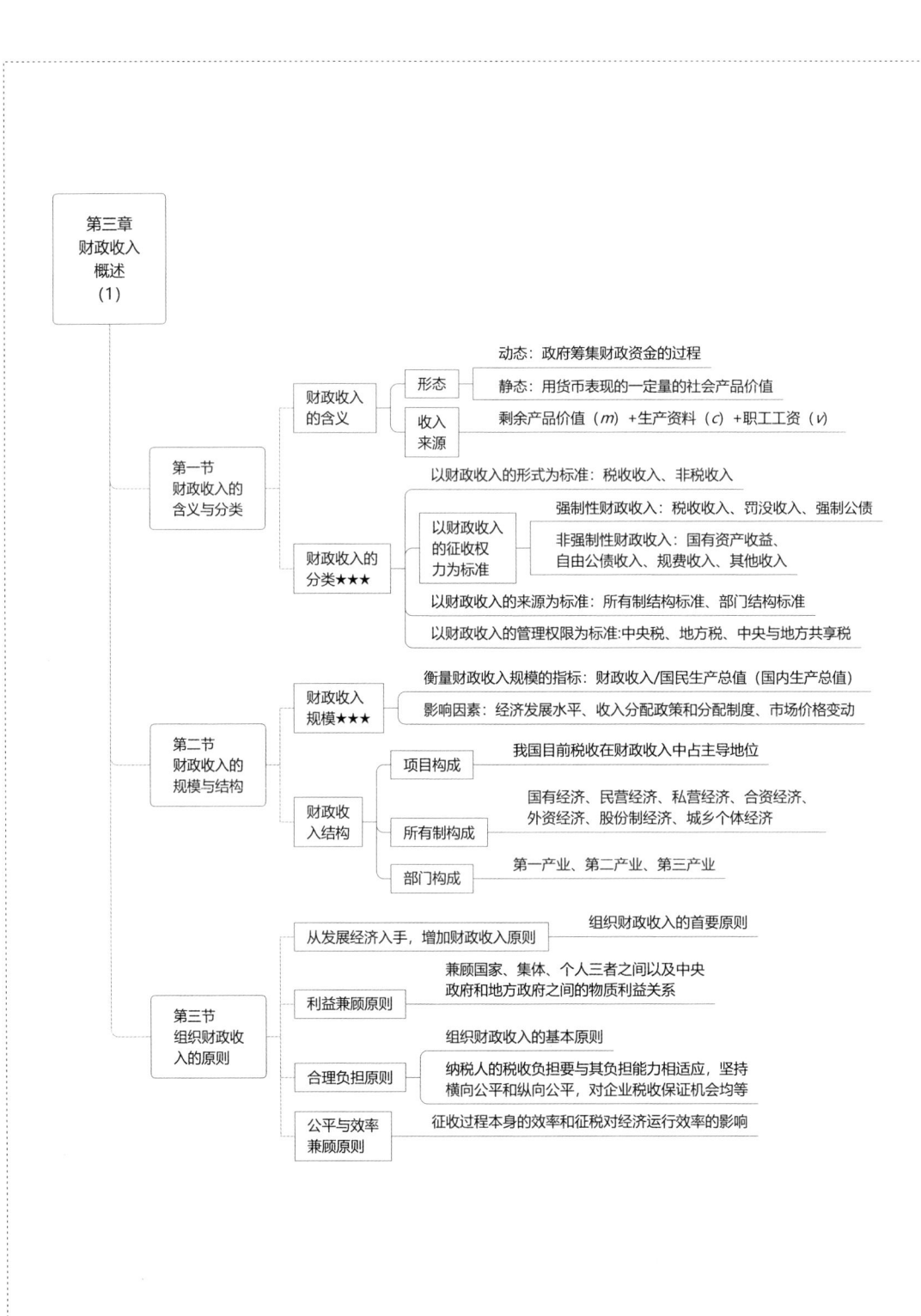

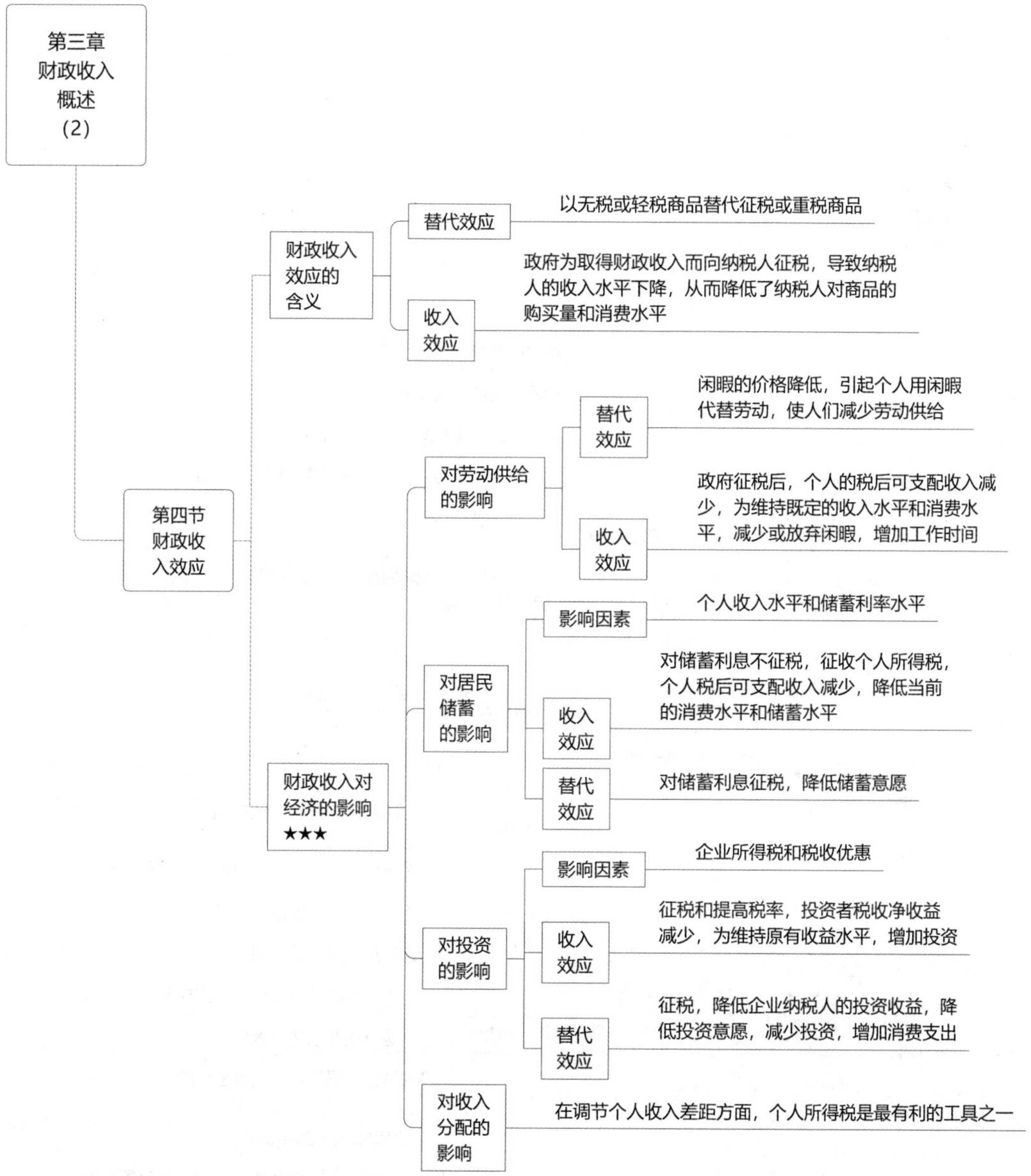

思维导图

第三章 财政收入概述（2）

第四节 财政收入效应

- **财政收入效应的含义**
  - 替代效应：以无税或轻税商品替代征税或重税商品
  - 收入效应：政府为取得财政收入而向纳税人征税，导致纳税人的收入水平下降，从而降低了纳税人对商品的购买量和消费水平

- **财政收入对经济的影响 ★★★**
  - 对劳动供给的影响
    - 替代效应：闲暇的价格降低，引起个人用闲暇代替劳动，使人们减少劳动供给
    - 收入效应：政府征税后，个人的税后可支配收入减少，为维持既定的收入水平和消费水平，减少或放弃闲暇，增加工作时间
  - 对居民储蓄的影响
    - 影响因素：个人收入水平和储蓄利率水平
    - 收入效应：对储蓄利息不征税，征收个人所得税，个人税后可支配收入减少，降低当前的消费水平和储蓄水平
    - 替代效应：对储蓄利息征税，降低储蓄意愿
  - 对投资的影响
    - 影响因素：企业所得税和税收优惠
    - 收入效应：征税和提高税率，投资者税收净收益减少，为维持原有收益水平，增加投资
    - 替代效应：征税，降低企业纳税人的投资收益，降低投资意愿，减少投资，增加消费支出
  - 对收入分配的影响：在调节个人收入差距方面，个人所得税是最有利的工具之一

> **温馨贴士**
> 财政收入的分类是第一节重难点，需要借助题目反复练习。复习第三节时，建议先从宏观上去记忆组织财政收入的四个原则，在此基础上去拓展细节内容。第四节的内容重在理解，重点理解税收对劳动供给的收入效应及替代效应，以及征税的收入效应及替代效应。

Day 55

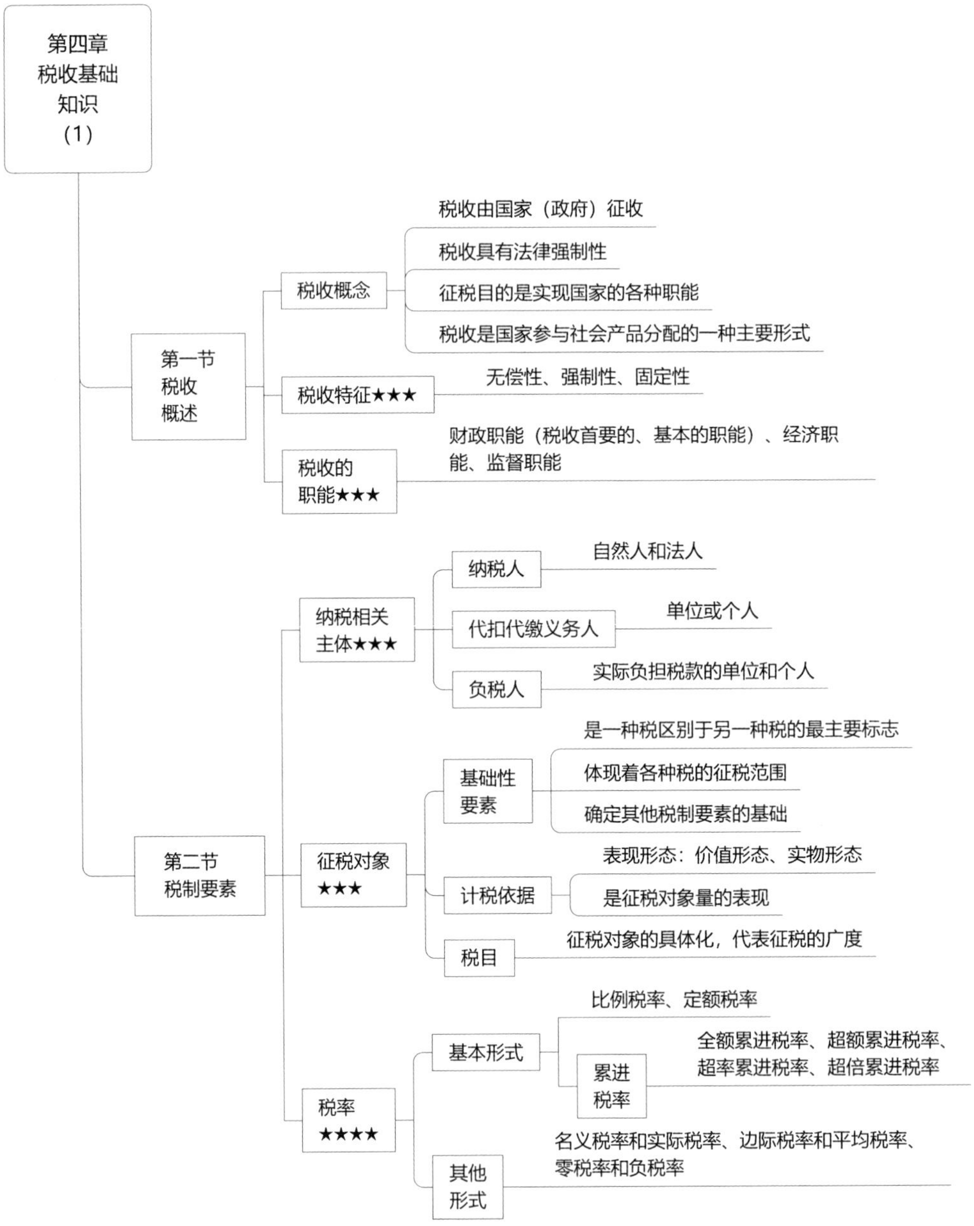

```
第四章 税收基础知识 (1)
├─ 第一节 税收概述
│   ├─ 税收概念
│   │   ├─ 税收由国家（政府）征收
│   │   ├─ 税收具有法律强制性
│   │   ├─ 征税目的是实现国家的各种职能
│   │   └─ 税收是国家参与社会产品分配的一种主要形式
│   ├─ 税收特征★★★ ── 无偿性、强制性、固定性
│   └─ 税收的职能★★★ ── 财政职能（税收首要的、基本的职能）、经济职能、监督职能
└─ 第二节 税制要素
    ├─ 纳税相关主体★★★
    │   ├─ 纳税人 ── 自然人和法人
    │   ├─ 代扣代缴义务人 ── 单位或个人
    │   └─ 负税人 ── 实际负担税款的单位和个人
    ├─ 征税对象★★★
    │   ├─ 基础性要素
    │   │   ├─ 是一种税区别于另一种税的最主要标志
    │   │   ├─ 体现着各种税的征税范围
    │   │   └─ 确定其他税制要素的基础
    │   ├─ 计税依据
    │   │   ├─ 表现形态：价值形态、实物形态
    │   │   └─ 是征税对象量的表现
    │   └─ 税目 ── 征税对象的具体化，代表征税的广度
    └─ 税率★★★★
        ├─ 基本形式
        │   ├─ 比例税率、定额税率
        │   └─ 累进税率 ── 全额累进税率、超额累进税率、超率累进税率、超倍累进税率
        └─ 其他形式 ── 名义税率和实际税率、边际税率和平均税率、零税率和负税率
```

思维导图

第四章 税收基础知识（2）

第二节 税制要素

- **减免税 ★★★★**
  - 基本形式
    - 税基式减免（起征点、免征额、项目扣除和跨期结转）
    - 税率式减免（重新确定税率、选用其他税率、零税率）
    - 税额式减免（全部免征、减半征收、核定减免率、另定减征税额）
  - 其他形式：法定减免、特定减免、临时减免
- **纳税环节**：一次课征制、多次课征制
- **纳税期限**：按期纳税（商品税）、按次纳税、按年计征、分期预缴（所得税）

第三节 税收分类

- 按征税对象分类：所得税、货物和劳务税、财产税、资源税、行为目的税
- 按征税标准分类：从价税（增值税）、从量税（车船税）
- 按税收与价格的关系分类：价内税（消费税、关税）；价外税（增值税）
- 按税收负担能否转嫁分类 ★★★：直接税（所得税、财产税）；间接税（消费税、增值税）
- 按税收的管理权限分类：中央税、地方税、中央与地方共享税

第四节 税制结构

- **我国现行税制结构 ★★★★**
  - 以货物和劳务税、所得税为主体，其他税种相互配合发挥作用
  - 货物和劳务税类：增值税、消费税、关税
  - 所得税类：企业所得税、个人所得税
  - 财产和行为税类：房产税、城镇土地使用税、土地增值税、契税、耕地占用税、印花税、城市维护建设税、车船税、车辆购置税、船舶吨税、环境保护税、资源税、烟叶税
- **深化税制改革**：着力完善直接税体系，健全间接税体系，积极稳妥推进地方税体系改革，全面落实税收法定原则

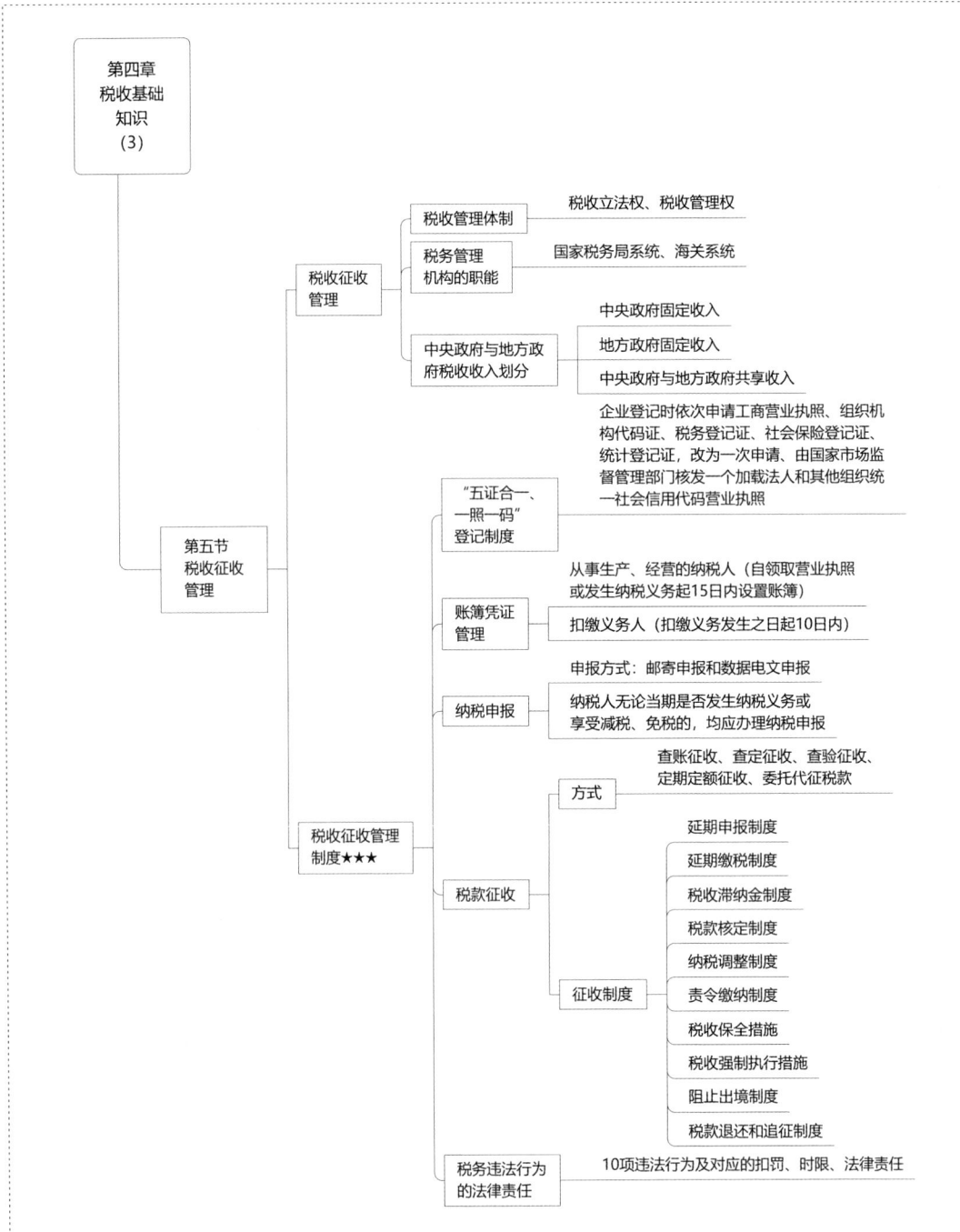

> 温馨贴士

第二节税制要素是本章重点，也是学习各种税收制度的基础，因此需要熟练掌握，可通过题目反复练习，加强记忆。第三节、第四节内容可以结合起来学习，需要归纳总结，梳理脉络，注意此部分极易考查多选题。注意对第五节税收管理制度中的一些日期、时限的考查，内容极易混淆，需要留意细节，掌握规律。

思维导图

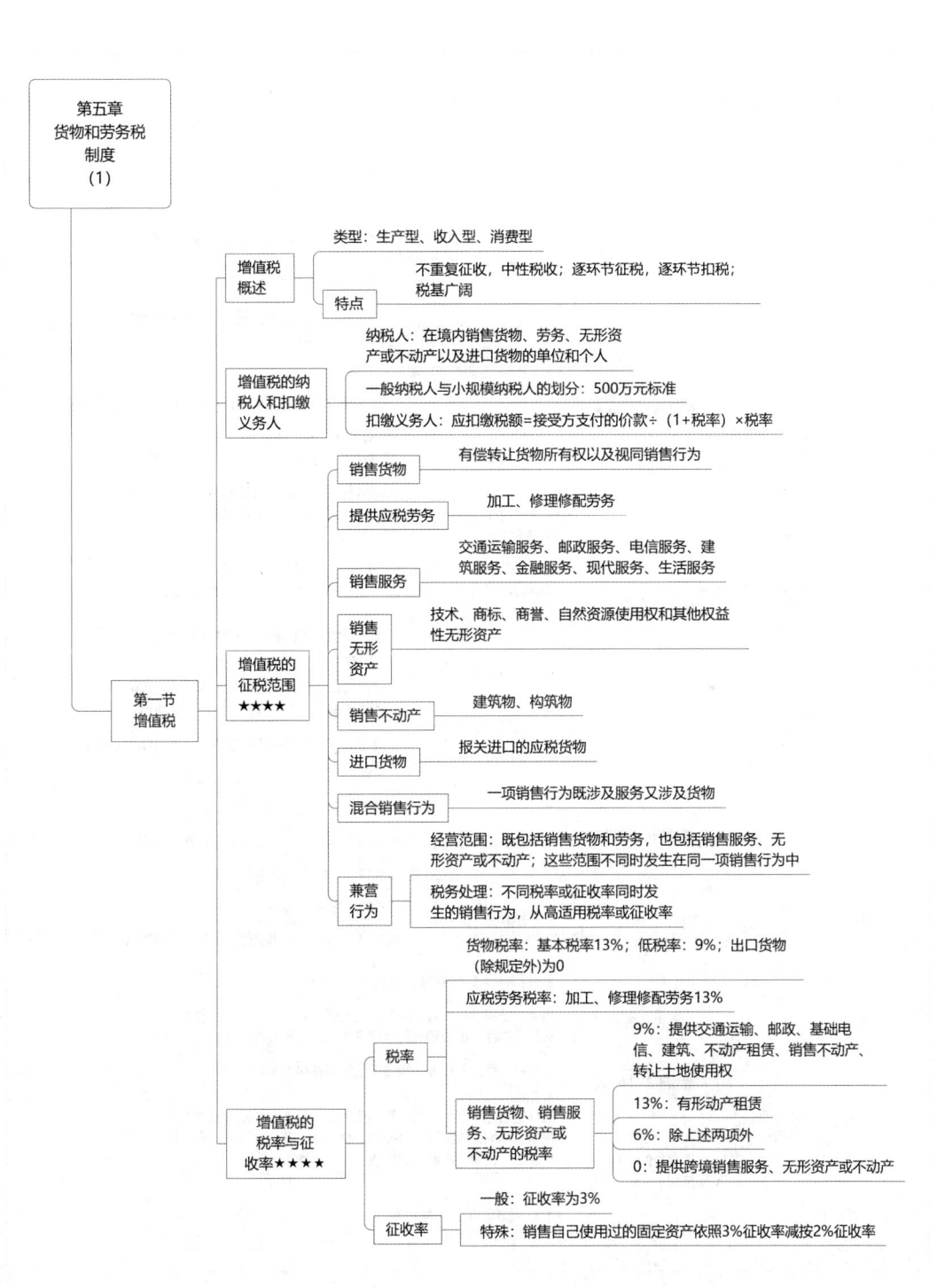

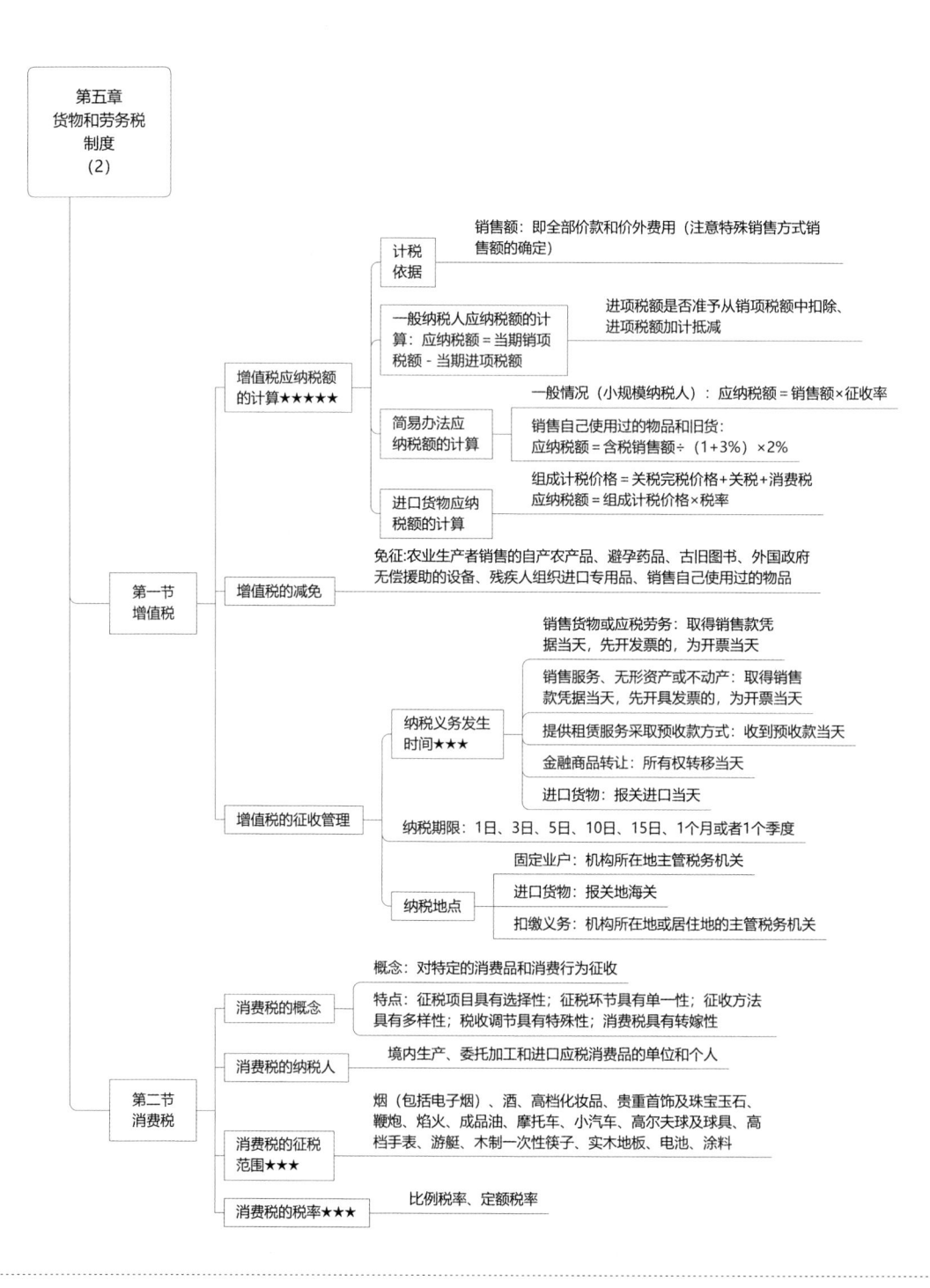

思维导图

- **第五章 货物和劳务税制度（3）**
  - **第二节 消费税**
    - 消费税的计税依据★★★★★
      - 自行销售应税消费品
        - 从量定额
        - 从价定率：应税消费品的销售额
      - 自产自用应税消费品
        - 有同类消费品，按同类消费品的销售价格
        - 无同类消费品，按组成计税价格
      - 委托加工应税消费品
        - 有同类消费品，按受托方的同类消费品的销售价格
        - 无同类消费品，按组成计税价格
    - 消费税应纳税额的计算★★★★★
      - 自行销售应税消费品：从价定率、从量定额，复合计税
      - 自产自用应税消费品：有同类按同类，无同类按组成计税价格
      - 委托加工：有同类按同类，无同类按组成计税价格
        组成计税价格＝（材料成本＋加工费）÷（1-消费税比例税率）
      - 进口应税消费品：从价定率
        组成计税价格＝（关税完税价格＋关税）÷（1-消费税比例税率）
      - 进口应税消费品：从量定额
        应纳税额＝应税消费品数量×消费税单位税额
      - 进口卷烟：复合计征组成计税价格＝（关税完税价格＋关税＋消费税定额税）÷（1-进口卷烟消费税比例税率）
    - 消费税的税收优惠
      - 直接出口的应税消费品，按实际出口数量免税
      - 成品油生产企业自用油免税，绝缘油类产品不征税
    - 消费税的征收管理
      - 纳税义务发生时间
        - 销售方式不同，纳税义务发生时间不同
      - 纳税期限
        - 1日、3日、5日、10日、15日、1个月或1个季度
      - 纳税地点
        - 到外县（市）或委托外县（市）代销：机构所在地或居住地税务机关
        - 总分支机构不在同一县（市）：分别向机构所在地税务机关申报纳税；经批准可由总机构汇总向总机构所在地主管税务机关申报纳税
        - 委托加工：委托方向其机构所在地或居住地主管税务机关
        - 进口：进口人或代理人向报关地海关
  - **第三节 关税**
    - 关税的概念
      - 对进出境的货物、物品征收
    - 关税的纳税人
      - 货物：进口货物的收货人、出口货物的发货人
      - 物品：各种携带物品的人员
    - 关税的征税范围
      - 国家允许，属于《进出口税则》规定应税的货物、物品，均属于关税的征收范围
    - 关税的税率
      - 进口货物税率：普通税率和优惠税率
      - 出口货物税率：差别比例税率
      - 税率运用：货物按照税则归类，按适用税率征收

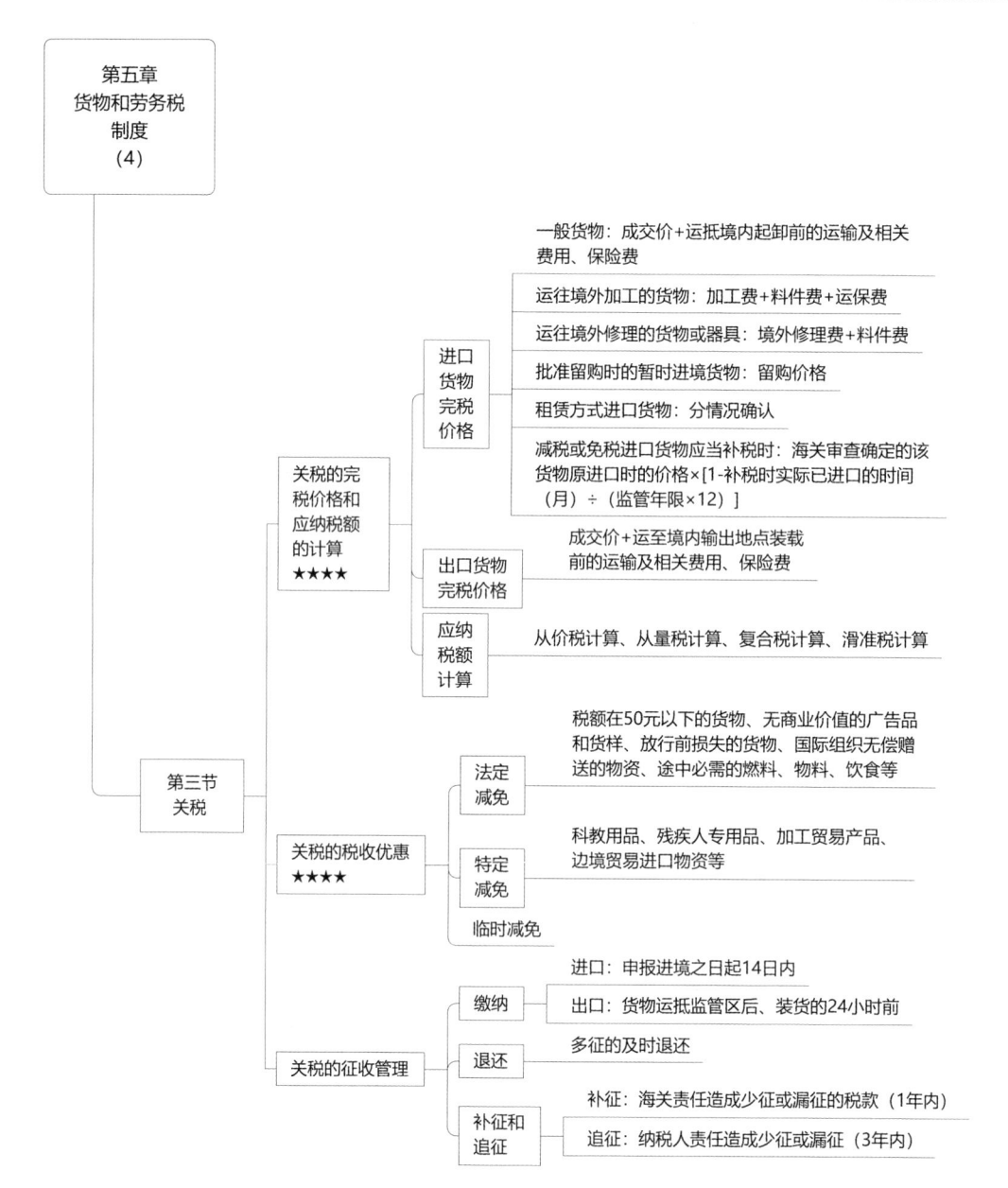

> **温馨贴士**

　　第一节增值税的计算需要基于对增值税的征税范围、税率及计税依据的综合理解，部分知识需要系统化、综合化理解掌握。第二节消费税的知识点虽然较多，但是比较有条理，按照总结的知识点重点记忆，注意消费税应纳税额的计算公式，不能死记硬背，需要理解掌握。第三节中关税应纳税额的计算和关税税收优惠是重点，尤其是关税的税收优惠，注意细节内容的区分掌握。

Day 56

```
第六章 所得税制度 (1)
└─ 第一节 企业所得税
    ├─ 企业所得税纳税人
    │   ├─ 基本界定：企业和其他取得收入组织（个人独资企业、合伙企业除外）
    │   ├─ 居民纳税人：境内成立，或依外国法律成立但实际管理机构在境内
    │   └─ 非居民纳税人：依外国法律成立且实际管理机构不在境内，但境内有机构、场所；境内未设场所，但有来源于中国境内所得
    ├─ 企业所得税的征税对象：销售货物、提供劳务、转让财产、股息红利等权益性投资、利息、租金、特许权使用费、接受捐赠和其他所得
    ├─ 企业所得税的税率
    │   ├─ 法定税率：25%
    │   └─ 优惠税率
    │       ├─ 小型微利企业：20%
    │       ├─ 高新技术企业：15%
    │       ├─ 技术先进型服务企业：15%
    │       ├─ 西部地区鼓励类企业：15%
    │       └─ 非居民企业：10%
    ├─ 企业所得税的计税依据
    │   ├─ 应纳税所得额的计算原则：权责发生制原则、税法优先原则
    │   ├─ 应纳税所得额计算：应纳税所得额=收入总额-不征税收入-免税收入-各项扣除-允许弥补的以前年度亏损
    │   └─ 亏损弥补：结转年限不得超过5年
    ├─ 企业所得税的收入确认
    │   ├─ 收入总额：货币或非货币形式取得的各项收入
    │   ├─ 不征税收入：财政拨款、行政事业性收费、政府性基金、国务院规定的其他不征税收入
    │   ├─ 免税收入：国债利息收入、地方政府债券利息收入、居民企业之间的股息、红利等权益性投资收益、非营利组织收入
    │   ├─ 一般收入项目确认：销售货物收入、提供劳务收入
    │   └─ 特殊收入项目确认：股息、红利、利息、租金、接受捐赠等
    └─ 企业所得税的税前扣除
        ├─ 基本原则：真实性、相关性和合理性原则；区分收益性支出和资本性支出原则；不征税收入形成支出不得抵扣原则；不得重复扣除原则
        ├─ 扣除项目：工资、薪金，补充保险（5%），利息，职工福利费（14%），工会经费（2%），职工教育经费（8%），业务招待费（5‰），广告费和业务宣传费（15%），公益性捐赠支出（12%），党组织工作经费（1%）
        └─ 禁止扣除项目：企业所得税税款、税收滞纳金、罚金、罚款、赞助支出、非公益性捐赠支出等
```

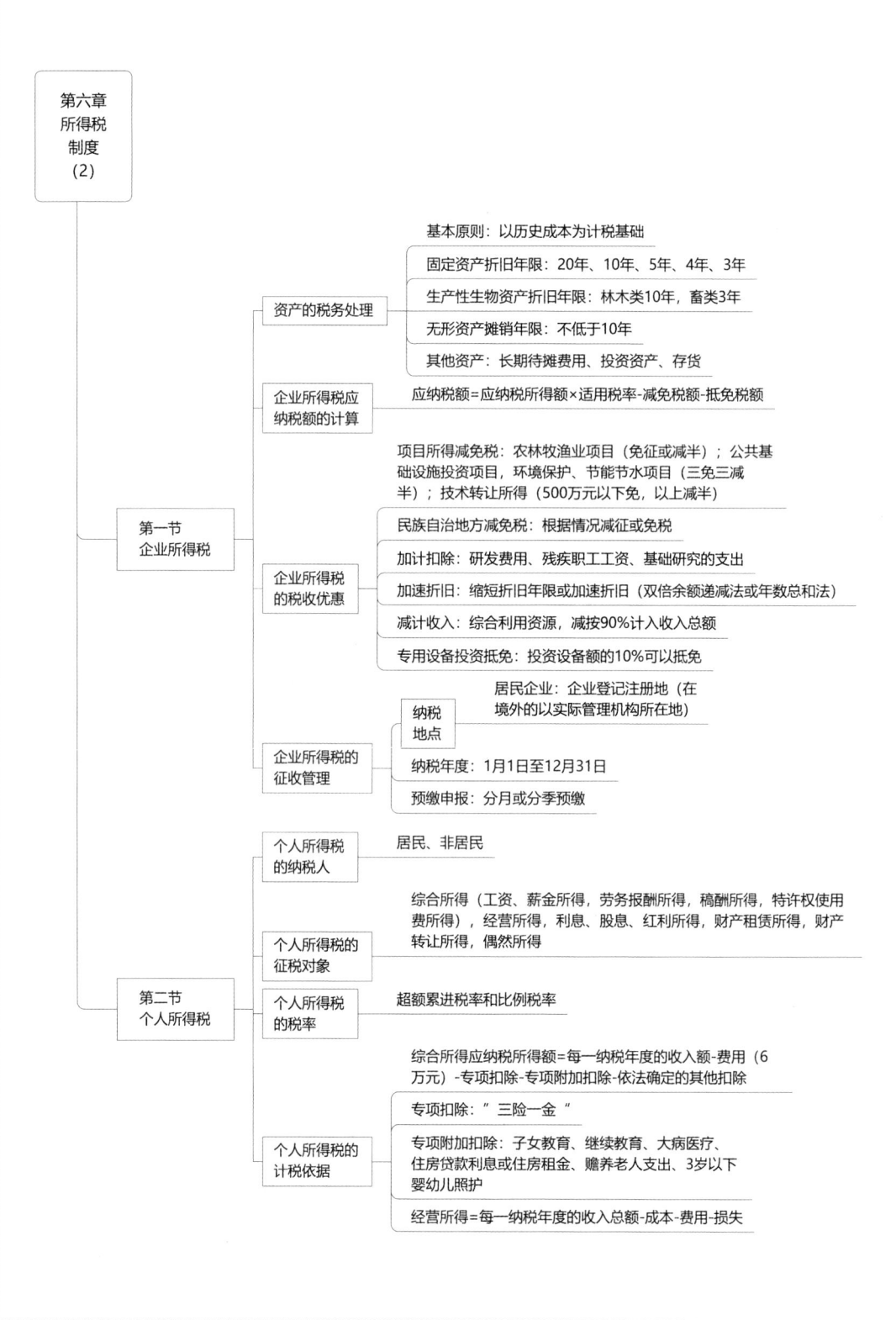

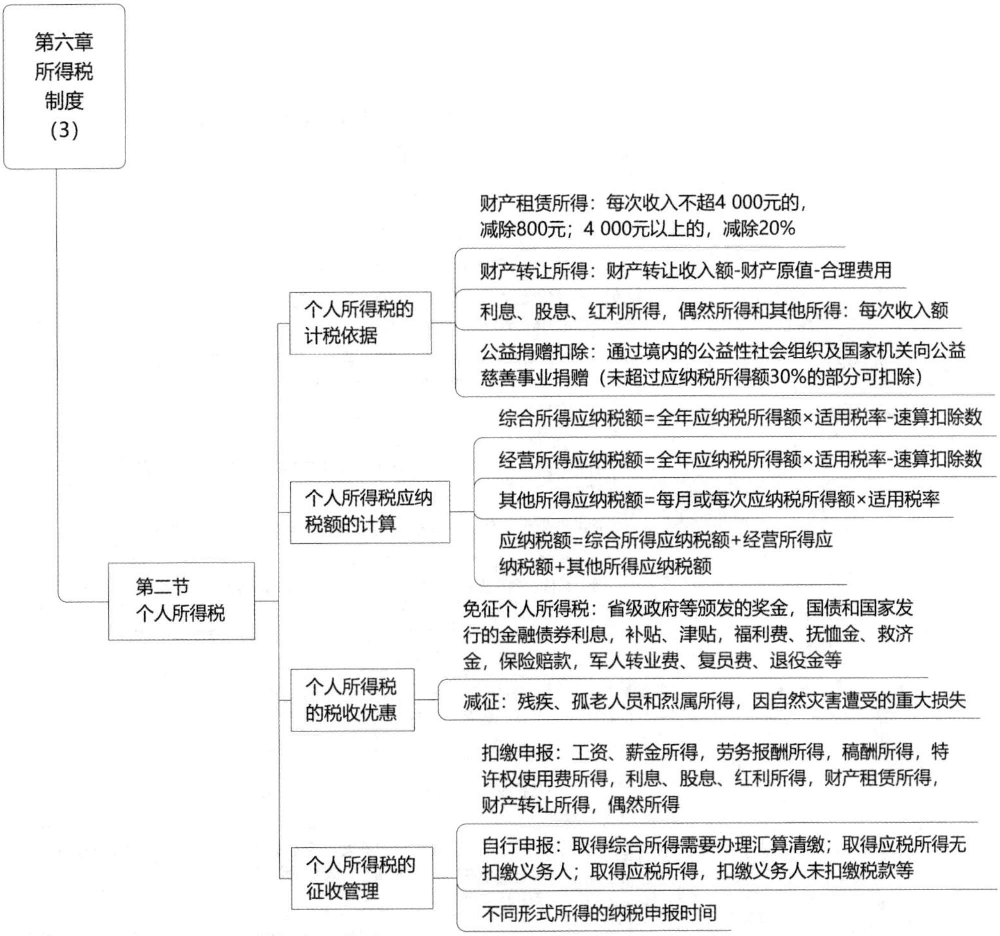

思维导图

```
第六章 所得税制度(3)
└─ 第二节 个人所得税
   ├─ 个人所得税的计税依据
   │  ├─ 财产租赁所得：每次收入不超4 000元的，减除800元；4 000元以上的，减除20%
   │  ├─ 财产转让所得：财产转让收入额-财产原值-合理费用
   │  ├─ 利息、股息、红利所得，偶然所得和其他所得：每次收入额
   │  └─ 公益捐赠扣除：通过境内的公益性社会组织及国家机关向公益慈善事业捐赠（未超过应纳税所得额30%的部分可扣除）
   ├─ 个人所得税应纳税额的计算
   │  ├─ 综合所得应纳税额=全年应纳税所得额×适用税率-速算扣除数
   │  ├─ 经营所得应纳税额=全年应纳税所得额×适用税率-速算扣除数
   │  ├─ 其他所得应纳税额=每月或每次应纳税所得额×适用税率
   │  └─ 应纳税额=综合所得应纳税额+经营所得应纳税额+其他所得应纳税额
   ├─ 个人所得税的税收优惠
   │  ├─ 免征个人所得税：省级政府等颁发的奖金，国债和国家发行的金融债券利息，补贴、津贴，福利费、抚恤金、救济金，保险赔款，军人转业费、复员费、退役金等
   │  └─ 减征：残疾、孤老人员和烈属所得，因自然灾害遭受的重大损失
   └─ 个人所得税的征收管理
      ├─ 扣缴申报：工资、薪金所得，劳务报酬所得，稿酬所得，特许权使用费所得，利息、股息、红利所得，财产租赁所得，财产转让所得，偶然所得
      ├─ 自行申报：取得综合所得需要办理汇算清缴；取得应税所得无扣缴义务人；取得应税所得，扣缴义务人未扣缴税款等
      └─ 不同形式所得的纳税申报时间
```

> **温馨贴士**

第一节企业所得税知识点较为细碎，且容易被考查。本节计算题目较多，需要综合掌握税收优惠、扣除、税率。复习第二节时，要在理解的基础上学习个人所得税，一定注意区分预扣预缴和汇算清缴，明确计税依据和适用税率。

第七章 财产和行为税制度（1）

第一节 房产税和城镇土地使用税

房产税 ★★★

- **纳税人和征税范围**
  - 纳税人：征税范围内的房屋产权所有人
  - 征税范围：城市、县城、建制镇、工矿区
- **计税依据和税率**
  - (1) 从价计征：1.2%
  - (2) 从租计征：12%或4%
- **应纳税额的计算**：应纳税额=房产计税余值(或租金收入)×适用税率
- **税收优惠**：国家机关、人民团体、军队、事业单位、公园、名胜古迹等自用房产等免税

城镇土地使用税 ★★★

- **纳税人和征税范围**
  - 纳税人：城市、县城、建制镇、工矿区范围内使用土地的单位和个人
  - 征税范围：城市、县城、建制镇、工矿区
- **计税依据和税率**：按纳税人实际占用的土地面积征收，实行分级幅度税额税率
- **应纳税额的计算**：应纳税额=实际占用的应税土地面积×适用税额
- **税收优惠**：个人出租住房；国家机关、人民团体、军队自用；宗教寺庙、公园、名胜古迹；市政街道、广场、绿化地带等的用地免税

第二节 土地增值税、契税和耕地占用税

土地增值税 ★★★

- **纳税人和征税范围**
  - 纳税人：转让国有土地使用权、地上的建筑物及其附着物并取得收入的单位和个人
  - 征税范围："转让"征收，"出让"不征收，且是"有偿"转让，继承、赠与不征收
- **计税依据和税率**
  - 税率：四级超率累进税率
  - 应税收入：货币收入、实物收入、其他收入
  - 新建房地产可扣除项目：取得土地使用权所支付的金额；房地产开发成本；房地产开发费用（销、管、财）；与转让房地产有关的税金；财政部规定的其他扣除项目
  - 转让旧房及建筑物可扣除项目：房屋及建筑物的评估价格（房）；取得土地使用权所支付的地价款（地）；按国家统一规定缴纳的有关费用以及在转让环节缴纳的税金（税）
- **应纳税额的计算**：应纳税额=增值额×适用的税率-扣除项目金额×速算扣除系数
- **税收优惠**：普通住宅增值额未超过扣除项目金额之和20%的，免征；因国家建设征用、收回的，免征；个人销售住房免征

思维导图

- 第七章 财产和行为税制度（2）
  - 第二节 土地增值税、契税和耕地占用税
    - 契税★★
      - 纳税人和征税范围
        - 纳税人：境内转移土地、房屋权属，承受的单位和个人
        - 征税范围：土地使用权出让；土地使用权转让；房屋买卖、赠与、互换
      - 税率：幅度比例税率，3%—5%
      - 应纳税额的计算：应纳税额=计税依据×税率
      - 税收优惠：国家机关、事业单位、社会团体、军事单位承受土地、房屋用于办公、教学、医疗等的，免税
    - 耕地占用税★
      - 纳税人和征税范围
        - 纳税人：占用耕地建设建筑物、构筑物或从事非农业建设的单位和个人
        - 征税范围：为建设建筑物、构筑物或从事其他非农业建设而占用的国家所有和集体所有的耕地
      - 税率：地区差别定额税率
      - 应纳税额的计算：应纳税额=实际占用的耕地面积×适用定额税率
      - (1) 免征：军事设施、学校、幼儿园、养老院、医院占用耕地
      - (2) 减征：铁路线路、公路线路、飞机场跑道等占用耕地
  - 第三节 印花税、城市维护建设税和教育费附加
    - 印花税★★★
      - 纳税人和征税范围
        - 纳税人：在我国境内书立应税凭证、进行证券交易的单位和个人
        - 征税范围：合同；产权转移书据；营业账簿；证券交易
      - 税率和计税依据
        - 税率：比例税率、定额税率
        - 计税依据：合同所列金额；产权转移书据所列金额；实收资本和资本公积合计金额；成交金额
      - 应纳税额的计算：应纳税额=计税依据×适用税率
      - 税收优惠：应税凭证副本或抄本、个人销售或购买住房、贴息借款合同等免税；证券交易印花税减半征收
    - 城市维护建设税、教育费附加和地方教育附加★
      - 纳税人和征税范围
        - 纳税人：负有缴纳"两税"义务的单位和个人
        - 征税范围：同增值税和消费税一致
      - 税率
        - 城市维护建设税：三档比例税率1%、5%、7%
        - 教育费附加：3%，地方教育附加：2%
      - 应纳税额的计算：应纳税额=实际缴纳的"两税"税额×征收比率（或适用税率）
      - 税收优惠：进口不征，出口不退

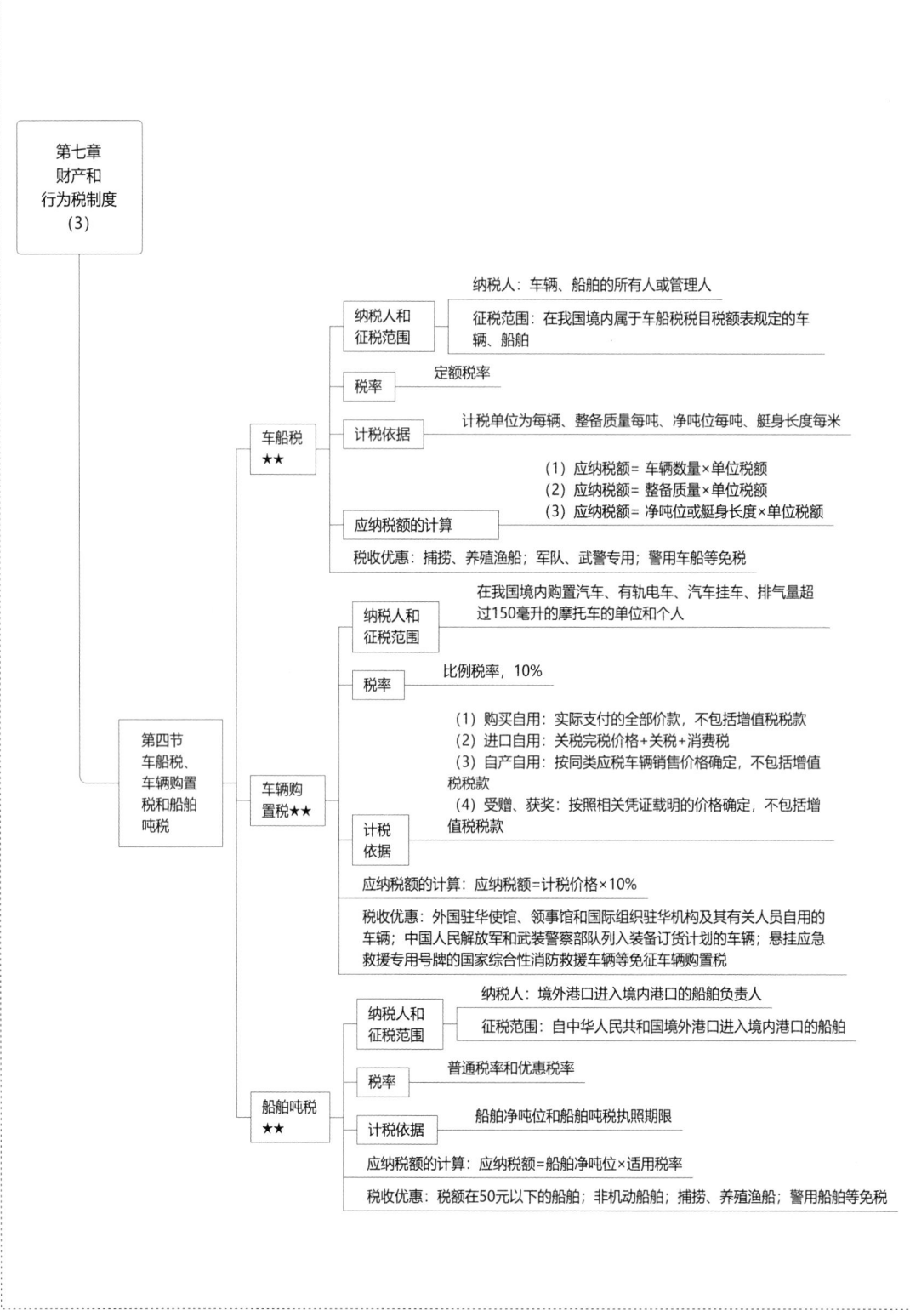

思维导图

```
第七章 财产和行为税制度(4)
└─ 第五节 环境保护税、资源税和烟叶税
   ├─ 环境保护税 ★★
   │  ├─ 纳税人和征税范围
   │  │  ├─ 纳税人：向我国领域和我国管辖海域，直接排放应税污染物的企业事业单位和其他生产经营者
   │  │  └─ 征税范围：大气污染物、水污染物、固体废物和噪声
   │  ├─ 税率：根据四种征税范围各自具体规定
   │  ├─ 计税依据
   │  │  ├─ (1) 大气污染物、水污染物：污染当量数
   │  │  ├─ (2) 固体废物：排放量
   │  │  └─ (3) 噪声：超过国家规定标准的分贝数
   │  ├─ 应纳税额的计算
   │  │  ├─ (1) 应税大气污染物的应纳税额=污染当量数×适用税额
   │  │  ├─ (2) 应税水污染物的应纳税额=污染当量数×适用税额
   │  │  └─ (3) 应税固体废物的应纳税额=固体废物排放量×适用税额
   │  └─ 税收优惠：农业生产（不包括规模化养殖）、综合利用固体废物免征
   ├─ 资源税 ★
   │  ├─ 纳税人和征税范围
   │  │  ├─ 纳税人：开发应税资源的单位和个人（进口矿产品或盐以及经营已税矿产品或盐的单位和个人不是资源税纳税人）
   │  │  └─ 征税范围：能源矿产、金属矿产、非金属矿产、水气矿产、盐
   │  ├─ 税率：固定比例税率、幅度比例税率、定额税率
   │  ├─ 计税依据和应纳税额
   │  │  ├─ (1) 从量定额：应纳税额=实际重量或体积×适用税率
   │  │  └─ (2) 从价定率：应纳税额=销售额×适用税率
   │  └─ 税收优惠：开采原油以及在油田范围内运输原油过程中用于加热的原油、天然气免征资源税
   └─ 烟叶税 ★
      ├─ 纳税人和征税范围
      │  ├─ 纳税人：境内收购烟叶的单位
      │  └─ 征税范围：烟叶，包括烤烟叶、晾晒烟叶
      ├─ 税率：比例税率，20%
      ├─ 计税依据：支付给烟叶生产销售单位和个人的烟叶收购价款和价外补贴
      └─ 应纳税额的计算：应纳税额=收购金额×20%
```

> **温馨贴士**

第一节中，考生可以根据税制要素进行对比学习，应重点掌握房产税的计算。第二节中，土地增值税的内容越来越重要，尤其要掌握土地增值税计算中的可扣除项目金额。第三节中，考生应重点关注近年刚立法的印花税。第四节中，考生应主要掌握"三车船"的计税依据及税收优惠。第五节中，考生应重点掌握环境保护税和资源税的税收优惠。

Day 57

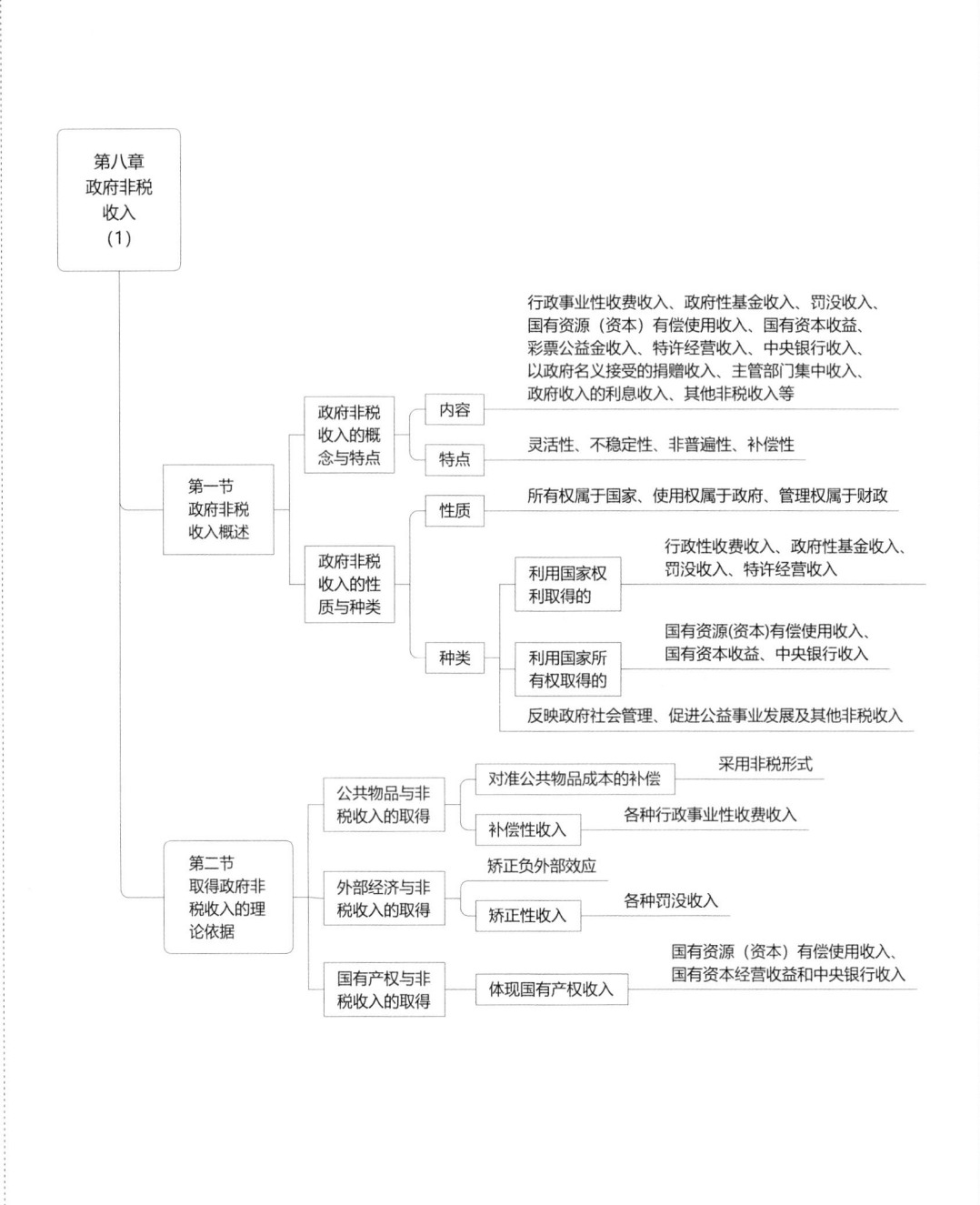

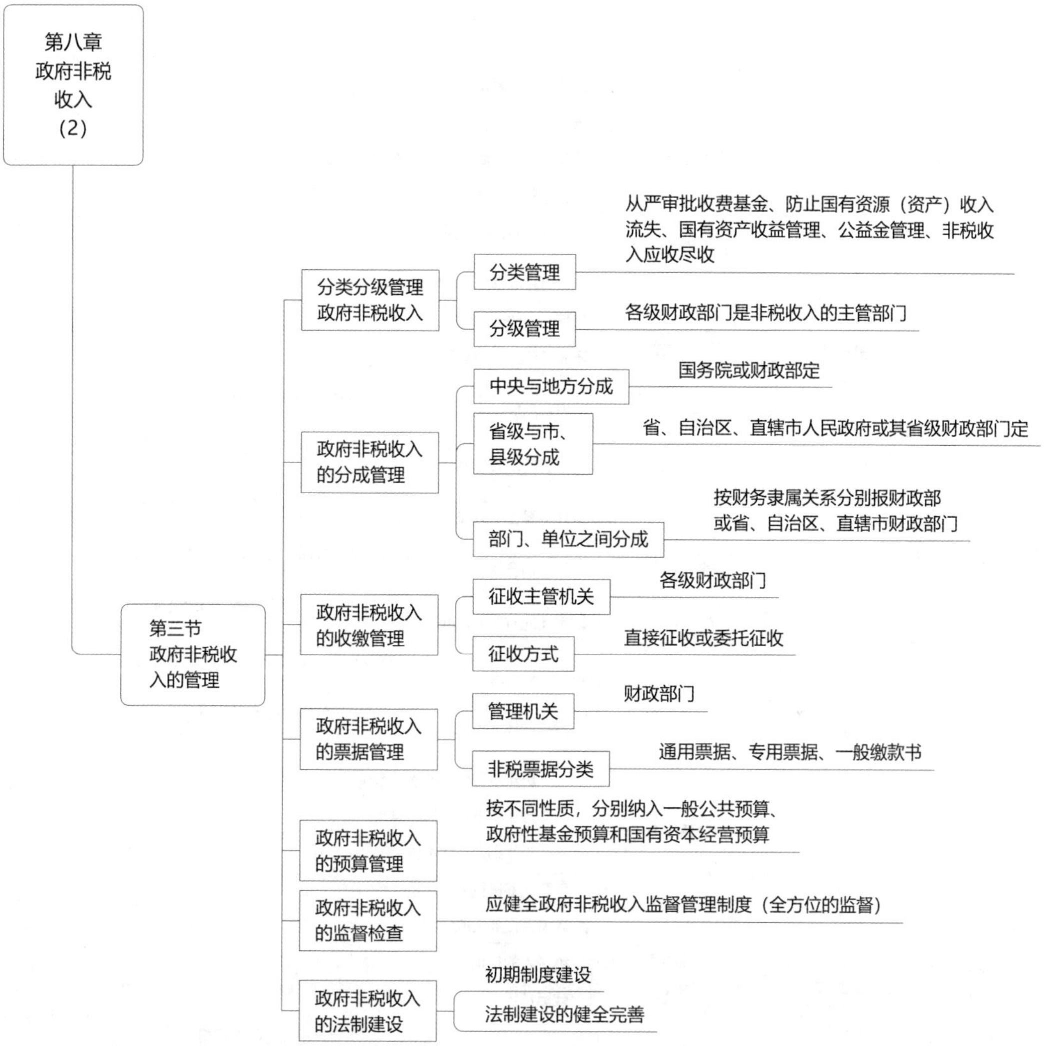

思维导图

```
第八章
政府非税
收入
(2)
            ├─ 第三节
            │  政府非税收
            │  入的管理
            │
            ├── 分类分级管理      ┌─ 分类管理 ── 从严审批收费基金、防止国有资源（资产）收入
            │   政府非税收入      │             流失、国有资产收益管理、公益金管理、非税收
            │                    │             入应收尽收
            │                    └─ 分级管理 ── 各级财政部门是非税收入的主管部门
            │
            ├── 政府非税收入      ┌─ 中央与地方分成 ── 国务院或财政部定
            │   的分成管理        ├─ 省级与市、
            │                    │  县级分成 ────── 省、自治区、直辖市人民政府或其省级财政部门定
            │                    └─ 部门、单位之间分成 ── 按财务隶属关系分别报财政部
            │                                            或省、自治区、直辖市财政部门
            │
            ├── 政府非税收入      ┌─ 征收主管机关 ── 各级财政部门
            │   的收缴管理        └─ 征收方式 ───── 直接征收或委托征收
            │
            ├── 政府非税收入      ┌─ 管理机关 ───── 财政部门
            │   的票据管理        └─ 非税票据分类 ── 通用票据、专用票据、一般缴款书
            │
            ├── 政府非税收入 ── 按不同性质，分别纳入一般公共预算、
            │   的预算管理      政府性基金预算和国有资本经营预算
            │
            ├── 政府非税收入 ── 应健全政府非税收入监督管理制度（全方位的监督）
            │   的监督检查
            │
            └── 政府非税收入    ┌─ 初期制度建设
                的法制建设      └─ 法制建设的健全完善
```

> **温馨贴士**
>
> 第一节要掌握各种政府非税收入的性质与种类，避免混淆。第二节重在理解取得政府非税收入的理论依据。第三节重点掌握政府非税收入的分类、分级、分成管理，可结合现实进行理解记忆。

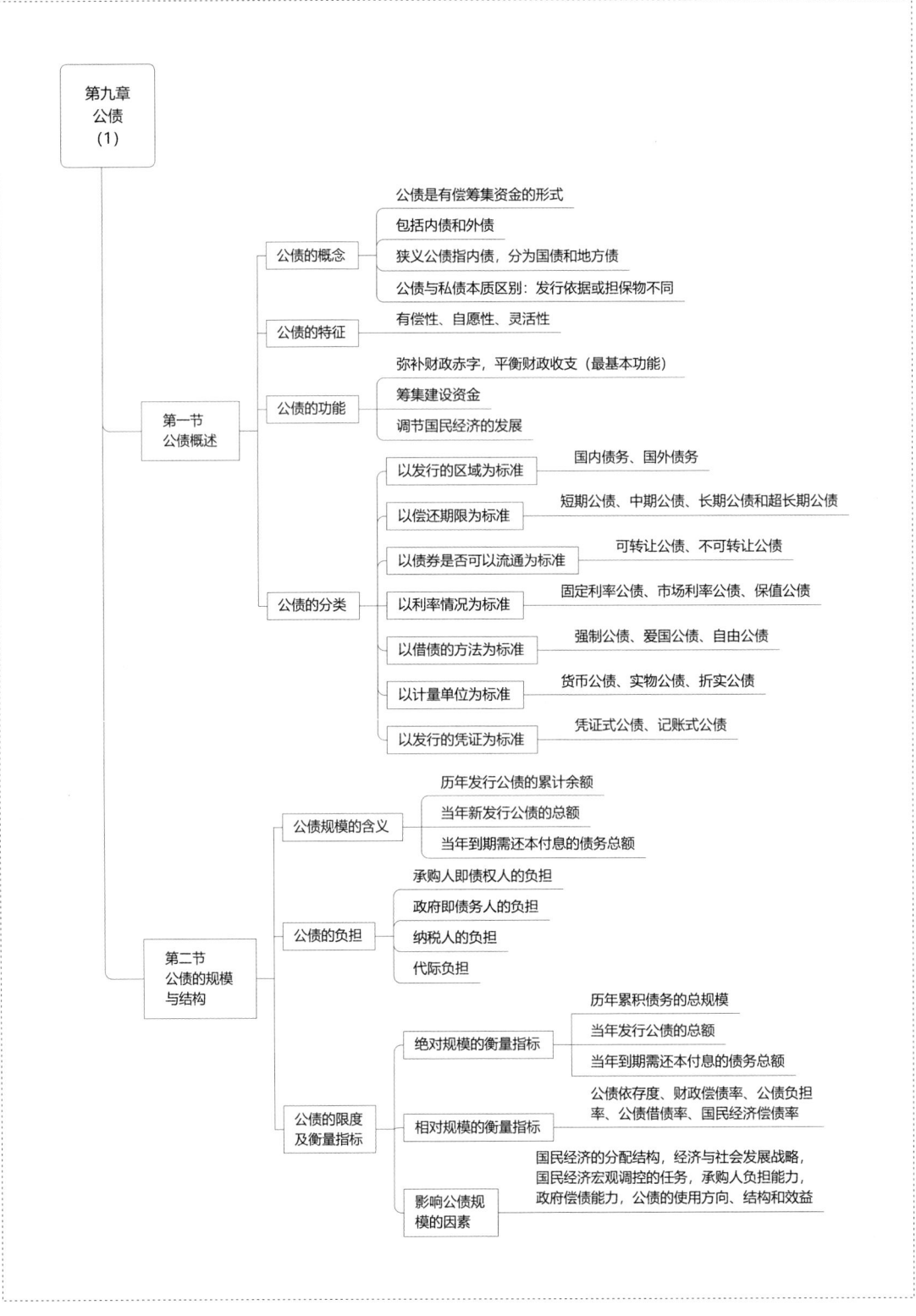

思维导图

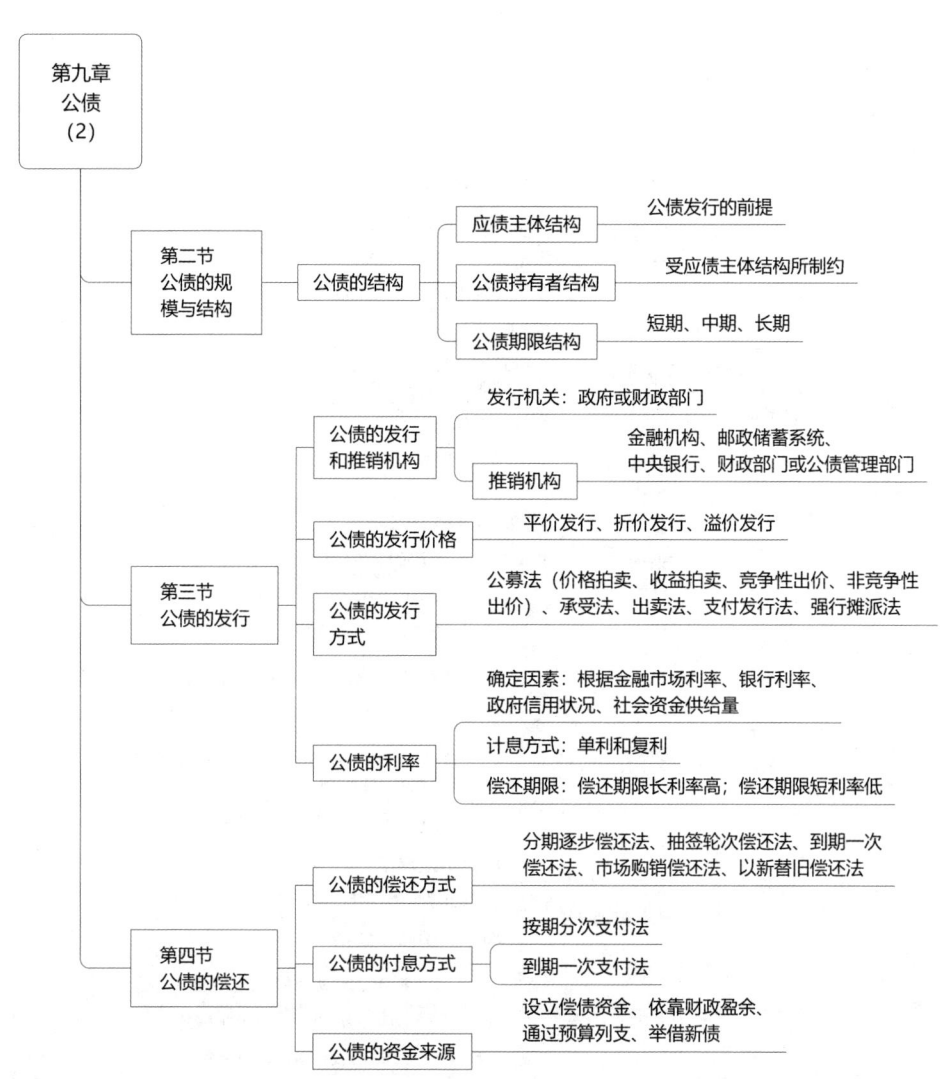

> **温馨贴士**
> 第一节需要考生重点掌握公债的功能及公债的分类，常考查多选题。复习第二节的公债限度及衡量指标时，尤其要注意公债相对规模的衡量指标，其涉及的几个公式需要全面理解并掌握。第三节中公债的发行方式和公债的偿还方式需要考生重点区分记忆，通过做题的方式复习巩固。

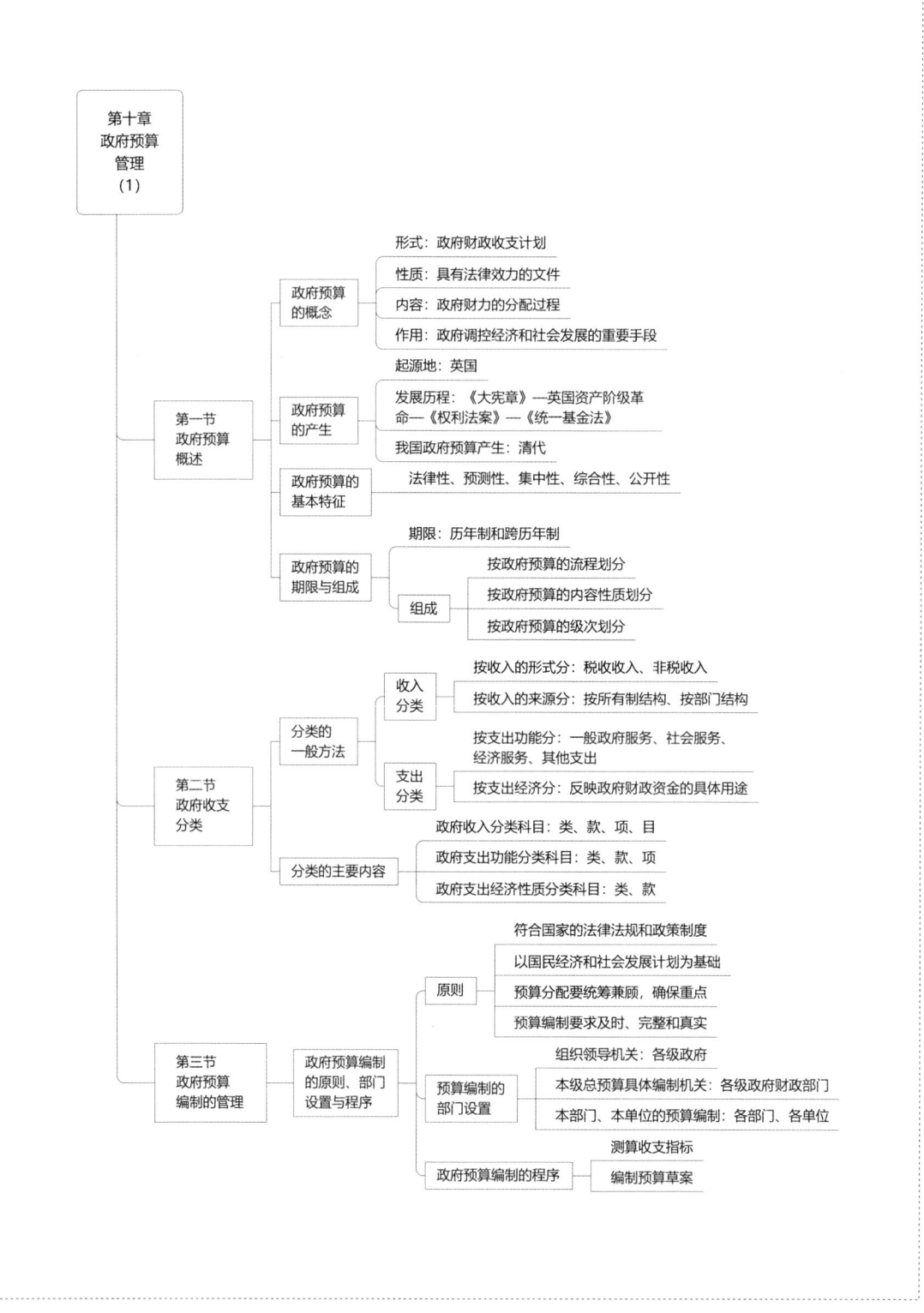

思维导图

第十章 政府预算管理（2）

第三节 政府预算编制的管理

- **政府预算收支测算的基本方法**：基数法、系数法、比例法、定额法、综合法、零基预算法、标准收支法

- **部门预算的编制**
  - 含义
    - 部门为预算编制的基础单元
    - 预算管理以部门为依托
    - 预算部门为与财政直接发生经费领拨关系的一级预算单位
  - 原则：合法、真实、完整、科学、稳妥、重点、透明、绩效
  - 基本内容
    - 部门收入预算：各种形式的收入
    - 部门支出预算：基本支出预算、项目支出预算

- **跨年度预算平衡机制**
  - 年度预算平衡与跨年度预算平衡
  - 构建跨年度预算平衡机制
    - 预算超收及短收的平衡机制
    - 预算赤字的弥补机制
    - 实施中期财政规划管理

- **地方债务预算管理**
  - 允许地方政府适度举借债务
    - 限额发行、有序偿还
    - 只能用于公益性资本支出
  - 地方政府债务归类
    - 一般债务收支纳入一般公共预算管理
    - 专项债务收支纳入政府性基金预算管理
    - 政府与社会资本合作项目中的财政补贴等支出按性质纳入相应政府预算管理
    - 各部门、各单位将债务收支纳入部门和单位预算管理
    - 地方政府或其部门、单位需偿还的或有债务纳入相应预算管理

- **总预算的编制**
  - 中央预算的编制
  - 地方预算的编制

- **政府预算的审查批准**
  - 财政部门对政府预算的审查
    - 中央预算草案由财政部编制
    - 全国预算草案由财政部汇编
  - 各级人民代表大会对政府预算的初审、审查和批准
    - 初审：人民代表大会召开前
    - 审查和批准：会议期间，提交本级预算草案的报告

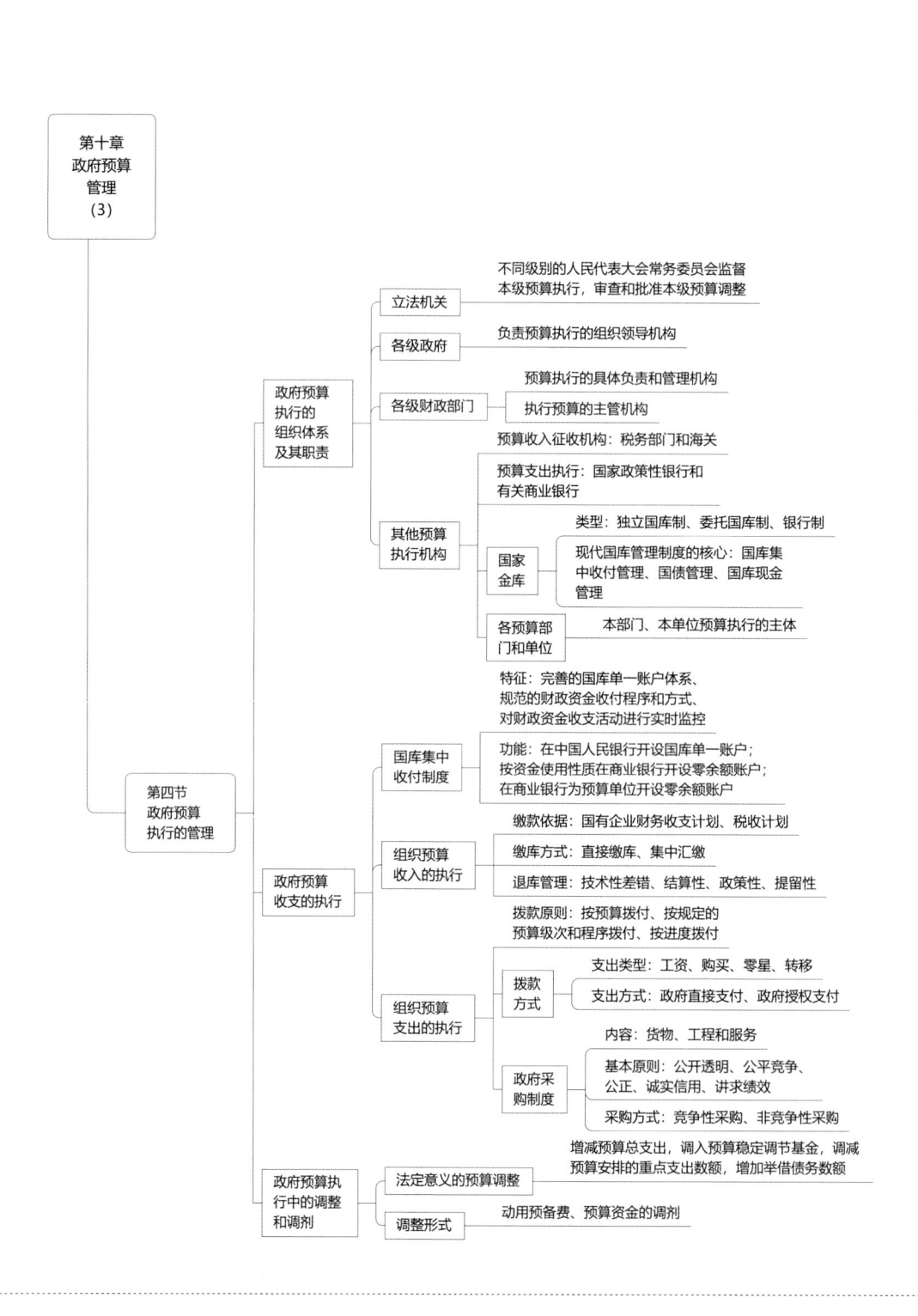

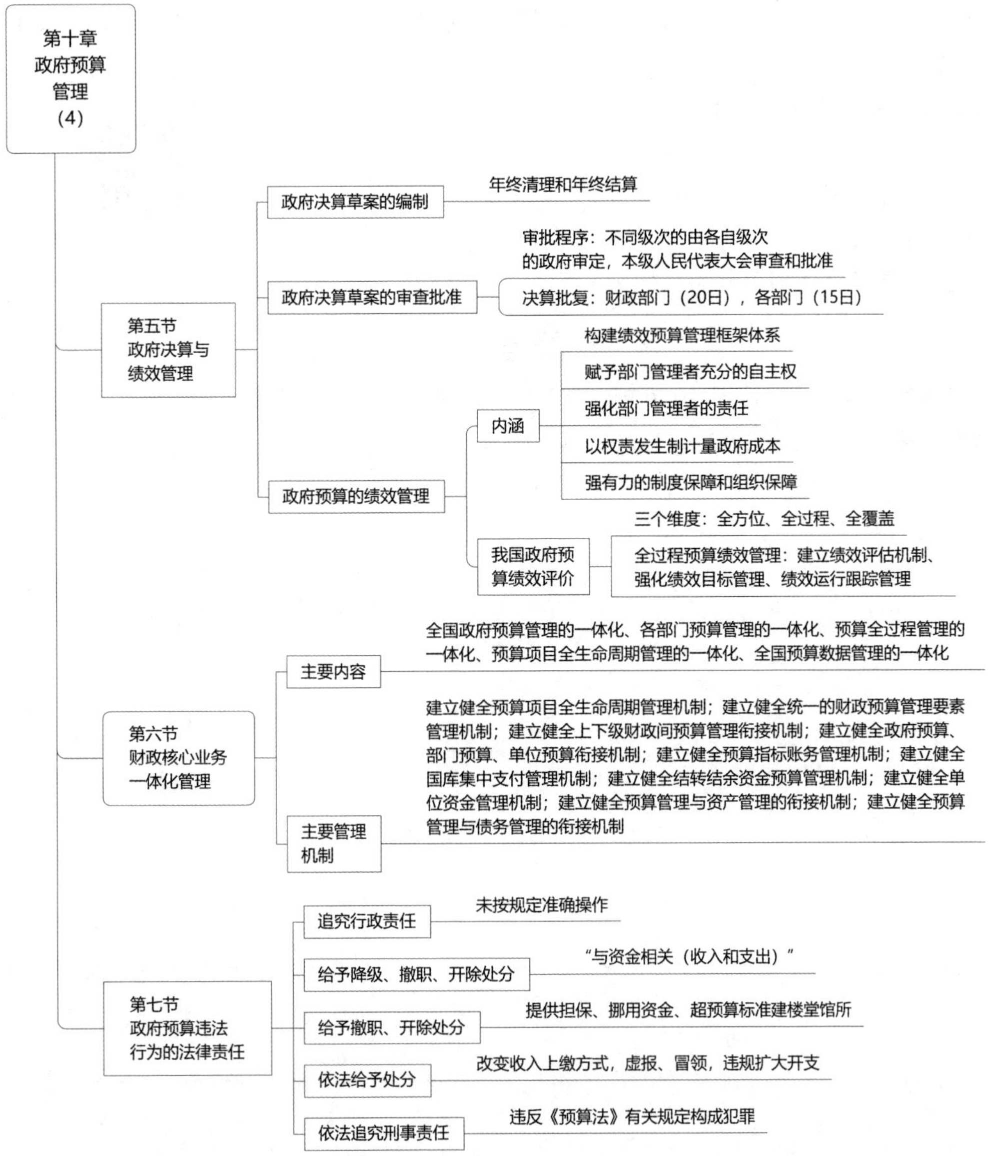

思维导图

- 第十章 政府预算管理（4）
  - 第五节 政府决算与绩效管理
    - 政府决算草案的编制 —— 年终清理和年终结算
    - 政府决算草案的审查批准
      - 审批程序：不同级次的由各自级次的政府审定，本级人民代表大会审查和批准
      - 决算批复：财政部门（20日），各部门（15日）
    - 政府预算的绩效管理
      - 内涵
        - 构建绩效预算管理框架体系
        - 赋予部门管理者充分的自主权
        - 强化部门管理者的责任
        - 以权责发生制计量政府成本
        - 强有力的制度保障和组织保障
      - 我国政府预算绩效评价
        - 三个维度：全方位、全过程、全覆盖
        - 全过程预算绩效管理：建立绩效评估机制、强化绩效目标管理、绩效运行跟踪管理
  - 第六节 财政核心业务一体化管理
    - 主要内容：全国政府预算管理的一体化、各部门预算管理的一体化、预算全过程管理的一体化、预算项目全生命周期管理的一体化、全国预算数据管理的一体化
    - 主要管理机制：建立健全预算项目全生命周期管理机制；建立健全统一的财政预算管理要素管理机制；建立健全上下级财政间预算管理衔接机制；建立健全政府预算、部门预算、单位预算衔接机制；建立健全预算指标账务管理机制；建立健全国库集中支付管理机制；建立健全结转结余资金预算管理机制；建立健全单位资金管理机制；建立健全预算管理与资产管理的衔接机制；建立健全预算管理与债务管理的衔接机制
  - 第七节 政府预算违法行为的法律责任
    - 追究行政责任 —— 未按规定准确操作
    - 给予降级、撤职、开除处分 —— "与资金相关（收入和支出）"
    - 给予撤职、开除处分 —— 提供担保、挪用资金、超预算标准建楼堂馆所
    - 依法给予处分 —— 改变收入上缴方式、虚报、冒领、违规扩大开支
    - 依法追究刑事责任 —— 违反《预算法》有关规定构成犯罪

> **温馨贴士**

第一节注意政府预算的基本特征，其内容需要重点掌握，并且可以通过概念描述进行区分选择。第二节区分政府收入分类和政府支出分类的内容，常出多选题。第三节内容较多且细碎，涉及的原则或方法也较多，因此需要进行汇总对比，并进行区分记忆。第四节需要重点学习政府预算收支的执行，尤其是政府采购制度的具体内容，如采购的原则和方法。

全真机考模拟

Day 58 至 Day 60

由于经济师考试形式为机考,为了真实模拟考场环境,本书提供三套试卷,需要通过电脑在线做题。

【领取试卷及做题步骤】

- 请扫右侧码领取模拟试卷。
- 登录环球网校官网(www.hqwx.com)。
- 点击《60天过经济师》全真机考模拟试卷。
- 进入界面之后即可开始做题。

模考说明

【答题时长要求】3小时40分钟,两门考试中间有40分钟休息时间

【时间安排】8:30—10:00,10:40—12:10

亲爱的读者：

如果您对本书有任何 感受、建议、纠错，都可以告诉我们。

我们会精益求精，为您提供更好的产品和服务。

祝您顺利通过考试！

扫码参与调查

环球网校经济师考试研究院